Journal d'une adoption en Colombie

Aller simple Cali-Paris

***Collection* Recherches et Documents -Amériques latines**
dirigée par Denis Rolland, Pierre Ragon
Joëlle Chassin et Idelette Muzart Fonseca dos Santos

Dernières parutions

ROLLAND Denis, *Mémoire et imaginaire de la France en Amérique latine*, 1999.
BOSI Alfredo, *Culture Brésilienne : une dialectique de la colonisation*, 2000.
ROUX Jean-Claude, *Les Orients de la Bolivie*, 2000.
CHARIER Alain, *Le mouvement noir au Venezuela*, 2000.
ALMEIDA de Paulo Roberto, *Le Mercosud*, 2000.
BENOIT Sébastien, *Henri Anatole Coudreau (1855-1899)*,2000.
ZAVALA José Manuel, *Les Indiens Mapuche du Chili, dynamiques inter-ethniques et stratégies de résistance, XVIIIe siècle*, 2000.
CROUZET François, BONNICHON Philippe et ROLLAND Denis (sous la direction de), *Pour l'histoire du Brésil. Hommage à Katia de Queirós Mattoso*, 2000.
NAVARRETTE William, *La chanson cubaine (1902-1959) textes et contexte*, 2000.
PERRONE-MOISÉS Leyla et RODRÍGUEZ MONEGAL Emir, *Lautréamont. Une écriture transculturelle*, 2001.
D'ADESKY Jacques, *Racismes et antiracismes au Brésil*, 2001.
LIENHARD Martin, *Le discours de esclaves de l'Afrique à l'Amérique latine*, 2001.
HERZOG Tamar, *Rendre la justice à Quito, 1650-1750*, 2001.
HOSSARD Nicolas, *Aimé Bonpland, 1773-1858, médecin, naturaliste, explorataur en Amérique du Sud*, 2001.
FERNANDES Carla, *Augusto Roa Bastos Écriture et oralité*, 2001.
DUROUSSET Éric, *À qui profitent les actions de développement ? La parole confisquée des petits paysans (Nordeste, Brésil)*, 2001.
GRUNBERG Bernard, *Dictionnaire des Conquistadores de Mexico*, 2001.
ODGERS Olga, *Identités frontalières, immigrés mexicains aux Etats-Unis*, 2001.
SALAZAR-SOLER Carmen, *Anthropologie des mineurs des Andes*, 2002.
PERISSAT Karine, *Lima fête ses rois*, 2002.

Guylaine ROUJOL-PEREZ

Journal d'une adoption en Colombie

Aller simple Cali-Paris

L'Harmattan
5-7, rue de l'École-Polytechnique
75005 Paris
FRANCE

L'Harmattan Hongrie
Hargita u. 3
1026 Budapest
HONGRIE

L'Harmattan Italia
Via Bava, 37
10214 Torino
ITALIE

ISBN : 2-7475-3173-2

A Jesús Antonio, notre fils,

et à sa *mamita*, sa bonne étoile

« Il n'y a pas d'enfant mauvais,

mais des circonstances dans la vie... »

Père Edward Flanagan,

(à l'origine du système éducatif La Cité des enfants)

Avant-propos

Mi Casa est une maison de protection et d'éducation des enfants en détresse, fondée en 1968, en partant de rien, par le père Luis Madina, assomptionniste espagnol aujourd'hui décédé. C'était un expert. Il avait déjà créé auparavant plusieurs cités d'enfants, notamment en Espagne, au Costa Rica et à Panamá : toujours florissantes, elles sont à présent devenues de grands ensembles de formation professionnelle, où des milliers de jeunes apprennent à prendre en main leur propre futur, avec des principes chrétiens de liberté et de solidarité.

Commencée avec une vingtaine d'enfants, dans un préau loué au centre de la ville, *Mi Casa* occupe aujourd'hui une belle propriété de six hectares, ancienne ferme donnée au père Madina. L'ensemble de bâtiments solides et fonctionnels abrite l'internat, l'école primaire, l'école professionnelle et des services sociaux ouverts aux gens des environs : dispensaire, cabinet dentaire, médecin, psychologue, espaces récréatifs, etc.

L'œuvre est placée sous la responsabilité du diocèse de Cali, dont la collaboration se borne aux bénédictions, encouragements et soutien moral, choses positives, mais guère comestibles...

L'internat, entièrement à la charge de l'œuvre, accueille des garçons de huit à dix-huit ans – cent cinquante environ –, en situation d'abandon total ou partiel.

Sans famille normale, fruits de la décomposition sociale du pays et du sous-développement, originaires des immenses bidonvilles qui ceinturent la ville (Cali, deux millions cent mille habitants environ, toujours accrus par l'afflux de paysans chassés des campagnes par la misère et la violence de la guérilla), la plupart sont amenés ici par un familier (maman, tante, voisine), la police ou le juge des mineurs. Souvent, ils arrivent tout seuls, comme des chiens battus, sans autre recommandation que leur détresse. Ils sont reçus, compris, aimés : peu de questions, peu d'exigences... Faim d'amour et ventre creux, faible santé, au physique et au moral. Une fois la glace rompue, se sentant acceptés, respectés et aimés, c'est l'éclosion de la joie, des rires et des jeux : des enfants qui deviennent eux-mêmes...

Les externes – mille environ –, ce sont des élèves d'origine fort modeste, qui auraient bien peu de chances de promotion sans une école comme la nôtre, la seule de ce genre dans le sud de la ville.

Ils paient un minerval que l'on fixe en accord avec les possibilités économiques de chacun. Parfois, rien du tout. Bon nombre y reçoivent le seul vrai repas chaud de la journée, presque tous un complément alimentaire et des soins de santé.

Internes et externes suivent ici l'école primaire. Après, ils poursuivent le secondaire dans l'enseignement technique ou reçoivent une formation professionnelle en quatre ans dans le métier de leur choix, tout en améliorant leurs connaissances générales. D'autres reçoivent un entraînement intensif en six ou dix-huit mois dans l'une de nos spécialités : fer, plomberie, électricité, ordinateurs, mécanique générale, mécanique automobile, menuiserie, etc., leur permettant de trouver un emploi et de poursuivre d'autres études, s'ils le souhaitent.

Cette préparation leur donnera une meilleure chance d'insertion sociale, en leur apportant aussi un bagage moral solide et la conscience de leur valeur, afin qu'ils sachent lutter pour leurs droits.

Une équipe d'éducateurs qualifiés encadre ces enfants.

L'université *del Valle*, toute proche, l'hôpital universitaire nous procurent l'assistance psychologique, médicale et éducative nécessaire.

Le *Centro Educativo Industrial Luis Madina* de *Mi Casa* est à la base d'une organisation qui rassemble les principales écoles techniques du département afin d'élaborer des programmes communs, de faire valoir nos droits au niveau officiel et de travailler en liaison avec les industries locales dans la préparation des techniciens de main-d'œuvre qualifiée, ayant une chance certaine d'embauche. C'est le *Centre de Fomento de la Capacitación técnica*, fondé avec l'assistance de la mission technique allemande du gouvernement de l'ex-RFA.

Quant au financement de l'œuvre, cela tient à la providence de Dieu, à travers des bienfaiteurs. Nous n'avons aucune allocation officielle. Les seules entrées fixes, les mensualités de l'école, suffisent à peine à couvrir les honoraires des éducateurs. Souvent, c'est un poids lourd à porter !

Pour l'internat, et l'ensemble de la direction et de l'administration, nous sommes deux Frères des Augustins de l'Assomption et trois Sœurs de la Sagesse.

Tout le reste du personnel éducatif ou d'encadrement est colombien, payé selon les lois du pays. Inutile de parler des tracasseries administratives et d'autres difficultés propres aux pays du tiers-monde...

C'est ici qu'arriva un jour Jesús Antonio, traîné par la main par sa vieille grand-mère malade. Devant rentrer à l'hôpital, elle voulait lui assurer un foyer d'accueil plutôt que de le laisser se débrouiller seul dans la rue...

Je le vois encore, tout petit et chétif, ravalant ses larmes et sa peur, mais vite apprivoisé par la gentillesse rassurante de sœur Laetitia. Aussitôt nommé « *Manchitas* » (« le Tacheté ») par ses camarades, à cause d'une affection cutanée, il donna sa mesure dès le premier soir au dortoir : espiègle, facétieux, remuant, en guerre contre toute discipline, mutin... Il allait joyeux à l'école le lendemain apprendre grâce à sa patiente institutrice, *Doña* Maria.

Cinq ans à *Mi Casa*. Compréhension, appui, tendresse. Il a vite fait d'y gagner tous les cœurs. Plus de nouvelles de la famille, et, comme beaucoup d'autres avant lui, la possibilité d'une adoption se pose. Les démarches discrètes, la difficulté toute spéciale de placer un « grand », les vidéos si engageantes du bonheur évident d'autres garçons déjà partis, ces entretiens avec les assistantes sociales qui posent des questions bêtes, tant d'angoisse rentrée... Puis un jour, Guylaine et Jean surviennent. Coup de foudre dès le premier contact. Trop beau pour être vrai ! Et pourtant si, c'est vrai : Jesús aussi a des parents !

La plupart de nos enfants ont pourtant un semblant de famille, souvent une mère seule accablée de misère. Nous réussissons presque toujours à refaire des liens, à sécuriser, à faire accepter les enfants qui ne seront plus à charge, mais qui ont besoin de tendresse, d'avoir un « chez soi » digne et aimable. Il faut user de bien des préventions par une politique soutenue d'éducation de la famille, d'entretiens, de partage...

Ils nous arrivent souvent dans un état lamentable de malnutrition, avec des signes des conséquences des mauvais traitements subis.

La violence actuelle se fait sentir partout, dans une ambiance de peur, d'insécurité, d'agressivité. Personne n'est à l'abri. Même notre institut a été assailli cinq fois dans l'année par des bandes armées, des éléments de valeur volés (ordinateurs, machines) et nous-mêmes menacés et agressés.

Beaucoup de nos enfants sont déplacés par la violence. Ils ont dû quitter les campagnes, abandonnant tout, se réfugiant dans les bidonvilles de Cali et d'autres cités. Certains chez nous sont sous identité d'emprunt. C'est notre *Au revoir les enfants* local...

Des chiffres du chômage maquillés à 20 % – c'est déjà beaucoup –, mais qui atteignent facilement le double. Aucun avenir pour tous ces jeunes, qui traînent leur oisiveté et leur frustration dans les ruisseaux des immenses bidonvilles. Le fléau de la drogue pénètre toutes les couches sociales, offrant le mirage d'un argent facilement gagné, d'une fuite de la réalité. Cela explique ces bandes de jeunes délinquants, toujours en guerre contre la société, et aussi entre eux.

Rien que dans le département du *Valle*, dont Cali est la capitale, environ huit cent mille jeunes n'ont pas trouvé de place dans les écoles cette année.

Cali, plus de deux millions d'habitants dont les deux tiers

au seuil de la pauvreté, qui manquent des conditions minimales qui leur apporteraient un peu de dignité : pas de logement, pas de travail, pas de santé... (1)

En Colombie, plus de deux millions sept cent mille enfants sont exploités : travail au-dessus de leur condition physique, pour des enfants trop jeunes, mal payés, et la prostitution, la mendicité...

Dans un pays aux multiples possibilités, riche, d'une beauté indescriptible, avec un peuple charmant... La guerre d'un côté, l'indifférence et la corruption d'un autre. De quoi avoir *La Rage au cœur* !

Mi Casa se veut un espace de liberté, une option pour la vie. D'autres enfants s'y préparent dans la joie. Certains attendent aussi la chance d'une vraie famille, comme Jesús.

Padre *Victor Blanco, Cali, le 15 juin 2002*

(http://www.micasacali.org)

---

(1) Le 24 juin 2002, le quotidien *El Pais* rendait compte d'une étude commandée par l'*ICBF* (Institut colombien du bien-être familial) au sujet des enfants travaillant dans la rue. 278 mineurs ont été comptabilisés à Cali, faisant l'aumône ou « travaillant » aux feux rouges, vendant des fruits ou nettoyant les pare-brise des voitures. 124 autres ont élu domicile dans les galeries du centre pour leur petit commerce. La fondation *Bosconia*, comptait elle, en décembre 2001, 1 207 enfants vivant dans la rue. Ces gamins rapportent rarement plus 10 000 pesos par jour à leurs parents, soit environ cinq euros. Leonardo, 15 ans, « travaille » au feu rouge du carrefour de la *Carrera* 52 avec la *Avenida Tercera Norte*. « *J'arrive à 10 heures le matin et je repars à 17 heures. Je ramène tout l'argent chez moi car je n'ai pas de vice. Je vis avec ma mère, qui a perdu son travail au restaurant depuis qu'elle est malade. Elle y était depuis un an. J'aimerais retourner finir ma primaire à la rentrée scolaire* », confiera le gamin à la journaliste.

PREFACE

L'adoption d'un enfant. Une entreprise chargée de joies, d'inquiétudes, d'attentes. De fantasmes et de peurs aussi, remontant à la nuit des temps. Après tout, deux des personnalités les plus incontournables de notre civilisation judéo-chrétienne, Moïse et Jésus, ne sont-ils pas des enfants adoptés (adoption simple sans rupture des liens du sang pour le premier, adoption de l'enfant du conjoint pour le second, mais adoption d'amour dans les deux cas) ?

Aujourd'hui, comment définir l'adoption ? Est-ce donner un enfant à une famille ou ne serait-ce pas plutôt offrir un foyer à un enfant qui n'en a pas ? Notre culture latine privilégie cette seconde solution, laissant la première à une obédience plutôt anglo-saxonne. En France, l'adoption se conçoit avant tout comme une rencontre, au bout d'une voie plus ou moins longue sur laquelle les parents cheminent vers l'enfant. Une rencontre que les mots sont incapables de dire. Je vous attendrai au bout d'une longue route, dit l'enfant, mais que cette longue route vaut la peine d'être parcourue, répondent les parents.

Tout enfant a le droit à son histoire, tout enfant a droit à connaître ses racines. Qu'il est important pour nous, parents, de pouvoir lui conter cette histoire en le regardant droit dans les yeux, sans que ne transparaisse jamais aucune zone d'ombre dans le récit de nos démarches vers lui. Dans ce contexte, merci à la Colombie qui, par une volonté et un courage politiques, a mis en place tous les dispositifs nécessaires pour que les procédures d'adoption soient limpides, transparentes, sans ambiguïté, nous permettant ainsi d'offrir à nos enfants, sans détours ni faux-fuyants, toutes les informations disponibles sur leur vie avant nous.

Certains fantasmes ont toutefois la vie dure et s'éternisent, faisant les choux gras d'une certaine presse. Ainsi, en 1981, une émission de télévision intitulée *Adoption : la filière colombienne*, présentait l'adoption dans ce pays comme un trafic d'enfants.

Indignés par des images détournées de leur sens initial afin d'étayer la doctrine souhaitée par les auteurs de ce programme et décidés à protéger leurs enfants d'une vision fausse et injuste concernant leurs racines, des parents adoptifs se sont regroupés pour que ce documentaire infamant et faux ne puisse plus jamais être projeté. Ainsi est née l'APAEC (Association des parents adoptifs d'enfants colombiens), dont le but initial était de demander réparation à la justice et d'obtenir l'interdiction de ce film.

Tant de parents se sont manifestés pour la rejoindre qu'une fois le procès gagné, l'association a dû se structurer pour devenir ce qu'elle est aujourd'hui, plus de vingt ans après, un espace d'amitié, d'échanges, d'aides, de discussions, de joies. Plus de huit cents familles adhérentes dans l'ensemble de la France, avec un réseau organisé autour de délégués régionaux, des relations étroites et reconnues avec tous les partenaires français et colombiens se consacrant à l'adoption, une présence dans de nombreuses manifestations, tant festives que formatrices, avec pour objectif majeur la défense de nos enfants et de l'adoption internationale, en Colombie principalement.

Quel bonheur d'organiser une immense fête, pour les quinze ou les vingt ans de l'association, avec cinq cents à six cents personnes (dont plus d'une centaine d'enfants de tous âges), des représentants de la Colombie en France (ambassadeur, consul,..) ou de l'ICBF (Institut colombien du bien-être familial) venus de Bogotá, et regroupés autour d'un dîner latino-américain, au son de la musique et des danses colombiennes. Quelle fierté aussi de pouvoir doter un quartier déshérité de la banlieue de Bogotá d'une bibliothèque (meubles, livres, cahiers, matériel pédagogique) pour que des enfants ne pouvant être scolarisés faute de place dans leur école locale puissent néanmoins acquérir les connaissances de base. Quel sentiment de solidarité d'accompagner des candidats à l'adoption dans leurs démarches sur le chemin de l'enfant. Tout ceci – et bien d'autres choses encore ! – forme le quotidien de notre association.

Aider les postulants dans leurs démarches par des informations pertinentes et actualisées, par des conseils, par des témoignages, par l'apport de notre expérience est l'un des principaux objectifs de l'APAEC, la réalisation d'une authentique chaîne de solidarité. Le témoignage de Guylaine et Jean – et de Chucho bien sûr ! – que vous allez lire est, à cet égard, passionnant et s'inscrit totalement dans notre volonté d'abolir les tabous, les peurs de l'inconnu, les idées reçues en matière d'adoption. Oui, l'adoption est possible et ne constitue pas forcément le « parcours du combattant » décrit par certains. Oui, on peut aller en Colombie sans risquer la mort à chaque pas, mais au contraire y rencontrer un accueil tendre, joyeux et chaleureux (j'ai l'habitude de dire que le plus grand danger qui vous guette en Colombie c'est d'en tomber amoureux !). Oui, enfin, on peut adopter des enfants grands, qui ont une histoire souvent difficile mais comprennent tout à fait les enjeux de cette adoption et peuvent les verbaliser.

Ce dernier point est, à mes yeux, l'aspect le plus intéressant de ce récit, car il tord le cou à l'idée reçue – et largement répandue – de la nécessité d'adopter un enfant le plus jeune possible afin qu'il n'ait pas un vécu trop lourd, trop malaisé à gérer ensuite.

Pour l'enfant adopté, l'adoption n'est pas une tare, c'est son abandon qui pose problème. La question « Pourquoi ma mère n'a-t-elle pas voulu de moi? », déclinée sous diverses formes, est récurrente chez tous les enfants adoptés, quels que soient leur âge au moment de l'adoption, leur sexe, leur pays d'origine, leur couleur de peau. Pour eux, c'est comme s'ils étaient porteurs d'une tache indélébile, visible à tout moment aux yeux du monde entier. Une tache d'infamie, « ma mère m'a rejeté ». A nous parents, par notre patience, par notre compréhension, par notre amour, d'essayer de leur montrer que cette tache est invisible ou, du moins, qu'on peut vivre avec. Plus l'enfant est âgé et plus cette discussion peut s'instaurer tôt. Plus aussi il est à même de comprendre le bonheur qui lui tend la main. Cours-y vite, Jesús, cours-y vite et ne le laisse pas filer.

Ce témoignage jour après jour ne peut nous laisser indifférents. Guylaine n'aura pas pouponné ? Bah ! Est-ce finalement si grave ? Elle a connu des instants certainement aussi forts – voire peut-être beaucoup plus intenses. Et pour Jean, avoir un fils avec lequel les relations s'établissent en termes de dialogue, de complicité, d'alter ego – d'affrontement aussi sans doute – n'est-ce pas là un attrait profond pour un père ayant atteint la cinquantaine ?

Alors, comme l'a demandé un jour Jesús à sa mère : « *Pourquoi les enfants grands n'auraient-ils pas, eux aussi, leur chance ?* ». Faudrait peut-être qu'on lui réponde, vous ne croyez pas ?

Plongez dans ce journal de bord. Laissez-vous imprégner des odeurs, des arômes, des musiques qu'il contient (*cumbias* et *vallenatos* plus que *salsas*). Dégustez un *aguardiente* en pensant qu'il fait trente degrés autour de vous. Et méditez ces mots que m'a dits un jour un directeur de l'*ICBF* : « *¡ Ojalá hayan padres de amor para todos los niños !* » (Si tous les enfants pouvaient avoir des parents qui les aiment !) Guylaine et Jean contribuent à ce désir.

Bernard Tomianka
Président de l'APAEC (Association des parents adoptifs d'enfants colombiens)
11, quai Anatole-France, 75007 Paris
(apaec.fr.st – apaec@fr.st)

INTRODUCTION

L'obtention des visas d'adoptants

Jeudi 23 août 2001

Je suis partie tôt de la maison. Ce jeudi matin, rien ne pourrait altérer ma bonne humeur. Ni la fatigue accumulée semaine après semaine à jongler avec un emploi du temps éreintant, ni le résultat de mes dernières analyses sanguines confirmant une anémie récurrente, ni les caprices de ma thyroïde complétant un tableau clinique peu glorieux...

La météo est à la hauteur de mon enthousiasme. Et c'est sous un soleil radieux que le métro me jette sur les Champs-Elysées.

Tout à l'heure, j'aurai les visas. Ceux qui nous ouvriront les portes de la Colombie en tant qu'adoptants. Ceux dont je rêve depuis des années.

Le consulat de Colombie se situe 12, rue de Berri, dans le 8e arrondissement de Paris. Dans la rue, rien n'indique sa présence. Alors que des plaques attestent de l'existence de cabinets médicaux ou d'avocats. Etrange. Pas non plus de drapeau jaune, bleu, rouge. Je suis un peu déçue. Je m'imaginais un petit bout de terre colombienne en plein cœur de la capitale... Je suis pourtant sûre de l'adresse, je la connais par cœur. Je vérifie quand même sur les documents de ma serviette. Tout au long de la procédure, j'ai été habituée à tout vérifier.

Dans l'entrée, un homme attend, assis sur une chaise. Un gardien ? Il m'indique le troisième étage. Arrivée au deuxième, je croise dans l'ascenseur un homme désemparé qui me demande si je parle espagnol dans un français approximatif. J'acquiesce. Il me tend des documents. Il s'agit de pièces officielles délivrées par le consulat indiquant que les enfants mineurs nés de parents colombiens sur le sol français ne peuvent devenir colombiens qu'à la condition de séjourner dans ce pays. Je le lui explique et il me remercie d'un sourire humble. Je gravis le dernier étage qui me sépare des bureaux.

Les locaux sont décidément anonymes. Mais il y a bien une

queue, derrière un comptoir. En tête, un couple. La femme, d'une cinquantaine d'années, est d'origine colombienne mais s'exprime dans un français parfait, l'homme est français. Deux jeunes Colombiennes attendent séparément à la queue leu leu. Je prends la dernière place. Mon tour arrive rapidement et Anita, la réceptionniste, me fait asseoir dans la salle d'attente réservée aux demandes de visa. Une femme d'une quarantaine d'années, européenne, feuillette une revue, accompagnée de celle qui semble être sa mère et une autre femme, aussi française, tourne la tête vers la porte lorsque j'entre.

L'attente dure moins d'une demi-heure.

Je repense à ces dernières semaines. L'espérance de plusieurs années enfin récompensée. Le soulagement en même temps que la joie. La délivrance est survenue le mardi 7 août. En consultant la messagerie de mon portable en sortant du journal où je travaille, je trouve un message d'Isabelle Pillaz de la MAI (Mission de l'adoption internationale) (1). Elle m'informe qu'elle cherche à nous joindre et nous laisse ses coordonnées en nous précisant qu'elle s'absente deux jours. Tout adoptant ayant envoyé un dossier transitant par la MAI sait ce qu'un appel d'un de ses fonctionnaires, plusieurs mois ou plusieurs années après, signifie : un gros problème dans la procédure ou beaucoup plus vraisemblablement l'arrivée du dossier de son enfant. Je sais qu'il s'agit de la seconde solution car notre avocate, sur place, m'a confirmé une accélération de notre procédure ces dernières semaines.

Jean et moi passons néanmoins les deux jours les plus longs de notre vie !

Jeudi 9 août, je me rue sur le téléphone. Les bureaux de la

(1) La Mission de l'adoption internationale dépend du ministère des Affaires étrangères. Elle a été créée en 1988 par Michèle Barzach, alors ministre de la Santé. La loi Mattei de 1996 lui a conféré ses fonctions actuelles. Informant en outre les futurs parents, par le biais de fiches résumant la législation et les exigences de chaque pays pour l'adoption et mises à leur disposition, elle est également l'organisme central chargé de la transmission des dossiers, tel que l'a défini la convention de La Haye.

MAI ouvrent à 9 h 30. À 9 h 29, le téléphone sonne dans le vide. A 9 h 31, il est occupé... en continu jusqu'à 10 heures. Je finis par avoir mon interlocutrice. Elle semble gênée et me pose de nombreuses questions sur l'enfant que nous souhaiterions adopter. Je trépigne, mais je réponds avec le plus grand calme. Passé ces préliminaires peu agréables, elle m'informe de l'assignation d'un enfant de douze ans et demi. Son étonnement vient de l'âge avancé de Jesús alors que nous avons « droit » à un enfant plus jeune. Elle croyait à une erreur. Si elle avait bien lu notre lettre de motivation envoyée à l'Institut colombien du bien-être familial, elle saurait que, malgré un agrément pour un enfant entre quatre et cinq ans, nous avons déclaré être prêts à en accueillir un beaucoup plus âgé. « *Réfléchissez bien. Ne donnez pas votre réponse trop rapidement* », me conseille-t-elle.

« *Ah ! Je vois que vous allez lui changer son prénom. Il s'appelle Jesús Antonio !* », croit-elle nécessaire de justifier. De quoi je me mêle ? Les intervenants en matière d'adoption font parfois preuve de bien peu de psychologie. « *C'est un charmant petit métis. J'ai sa photo sous les yeux, il est très mignon* », essaie-t-elle de se rattraper, vu ma réaction.

Impossible de se faire faxer les documents ni même d'aller les récupérer. Isabelle Pillaz est seule dans son bureau, manque de temps et croule sous le travail. J'insiste. Elle ne cède pas. Je me rends à la conférence de rédaction du matin dans un état second, cherchant de nouveaux arguments pour la convaincre.

A 15 h 30, elle me rappelle. Finalement, nous pouvons aller retirer le dossier au ministère des Affaires étrangères. Jean ne peut s'absenter de la radio. Et je suis censée rester au *Parisien*. Mais je ne tiens pas en place ! Un motard du journal me conduit au 244, boulevard Saint-Germain et je rentrerai en taxi. Avant de partir, je cherche le rédacteur en chef de service. « *Je vais être obligée de m'absenter une petite heure. Rien de grave mais c'est important. Si tu le veux bien, j'arriverai en cours de conférence. Commencez sans moi.* » Je dois avoir une drôle de mine car Patrick Blain fait repousser la conférence de 16 h 30 à 17 heures, sans me demander la raison de mon absence.

Quatre jours après, nous signons l' « acceptation » de l'attribution de Jesús Antonio en mairie pour « légaliser » notre signature. Et le vendredi suivant, la MAI délivre l'autorisation de poursuite de la procédure et l'autorisation d'entrée sur le territoire de l'enfant. Nous décidons de partir le samedi 8 septembre.

Avant ça, il nous faut les visas, nécessaires lorsqu'on se rend en Colombie pour adopter, alors qu'un touriste (si tant est qu'il y en eût !) pénètre sur le territoire avec un simple passeport. Une façon comme une autre pour l'Etat de prélever sa petite dîme...

Le fonctionnaire qui vient me chercher dans la salle d'attente du consulat est typé asiatique. Un de ces mystères qui fait l'objet d'interprétations diverses (1). Il est fort sympathique d'entrée. Chaleureux, souriant. Il semble intéressé par la profession de Jean (2), mon mari. Les Colombiens aiment le sport dans leur majorité. Et en lisant le nom du journal qui m'emploie, il s'exclame : « *Ah vous travaillez à "Il vaut mieux l'avoir en journal" !* », citant un slogan publicitaire visiblement efficace ! Il me confie que c'est là son journal préféré en France.

Evoquant les Français qui attendent leurs visas d'adoption et qui viennent de Lyon pour les uns, de Bordeaux pour les autres, il s'étonne d'un tel déplacement alors que les documents peuvent être envoyés par courrier. Je lui explique que les parents adoptants arrivent là au terme de leurs démarches côté français et qu'ils ne peuvent se permettre de perdre plus de temps ou de voir

(1) Une théorie expliquant l'étonnante ressemblance entre les Mongols et certains Indiens d'Amérique du Sud, en particulier en Colombie, a été formulée par un scientifique suédois, Hrdlicka. Selon lui, des indigènes de Mongolie auraient rejoint l'Amérique du Sud en passant par le détroit de Behring, les dernières grandes glaciations ayant créé une sorte de pont terrestre entre les deux continents. Les Asiatiques auraient profité de cette opportunité pour chercher un habitat dans une zone au climat plus clément. Cette théorie s'appuie sur le fait que des traces humaines datant de 25 000 à 30 000 ans avant Jésus-Christ ont été retrouvées sur place, période qui correspond à celle de la dernière grande glaciation et également sur des similitudes physiques entre les deux populations : forme des yeux, stature moyenne voire petite, peu de pilosité, couleur brune.

(2) Jean est journaliste sportif et a voyagé dans le monde entier.

s'égarer leurs passeports. « *Mais la poste française fonctionne très bien !* » réagit-il immédiatement. Certes, surtout si on la compare aux errements des *correos* colombiens... Mais les futurs parents, habitués aux mauvaises surprises que leur réservent parfois les administrations, aux changements de législation, à la collecte précise et méticuleuse des documents, deviennent au fil du temps des maniaques soucieux d'efficacité et cherchent toujours à limiter le risque de perte ou de retard.

Avant même d'avoir consulté l'ensemble des pièces que je viens de lui déposer sur le bureau, il me confie : « *Je sais que votre dossier est complet sans l'avoir regardé. C'est toujours comme ça avec les adoptants. Pour les autres, il manque toujours un papier, un tampon ou une signature. Mais, avec les adoptants, on est tranquille. Tout est toujours parfait.* » C'est vrai, même pour les plus récalcitrants, nous finissons tous conditionnés et disciplinés ! On relit dix fois les exigences de tel ou tel ministère pour obtenir un document ou un autre et, à l'issue de la procédure, un parent adoptant peut sans problème réciter sans hésiter les mille et une démarches sans se tromper ! Enfin, au moins celui qui, dans le couple, a tenu le dossier à jour. Car je ne jurerais pas que Jean puisse le faire !

Puis, à la lecture de l'âge de l'enfant, il me demande si je parle espagnol, me questionne sur les origines de mon mari, pied-noir, et finit par lâcher : « *Il a beaucoup de chance ce petit* ». Ce fonctionnaire est habitué à distribuer des visas pour les adoptants. Chaque année, environ trois cents Français demandent un visa pour adopter en Colombie. Pourtant, j'ai la sensation qu'il est réellement heureux de notre démarche. Il faut dire qu'accueillir un enfant de douze ans et demi n'est pas très courant.

Moi, je sais bien que c'est nous qui avons de la chance. Mais je suis quand même un peu fière. Et aussi heureuse d'être reçue avec autant de chaleur et d'humanité.

Mon hôte m'invite à attendre à nouveau dans le petit salon, le temps des vérifications et de la délivrance de nos visas. Je suis prête à y passer la journée s'il le faut. Je ne suis pas pressée. Je ne le suis plus.

Entre-temps, une famille colombienne est arrivée. Un couple jeune accompagné d'une petite fille de cinq ou six ans. La mère est pleine, appétissante, gracieuse et sensuelle à la fois. L'homme est sec, le visage des métis d'Indiens sans être trop typé néanmoins, et la petite fille, une sauterelle à la peau caramel qui bondit entre ses parents. L'attente commence. Cette femme devine la raison de ma présence. Évidemment, comme elle, je porte mes origines sur mon visage !

Elle me sourit la première. Je suis un peu gênée. J'aimerais lui dire que l'adoption est un choix pour nous, pas un pis-aller ou une solution de rechange. Que je n'ai pas choisi la Colombie par hasard. Que, depuis longtemps, c'était une destination évidente. Elle insiste, et, dans son franc sourire, expressif et soutenu, je sens l'encouragement. Sans doute préfère-t-elle voir un Colombien expatrié ici que dans les rues de Bogotá ou d'ailleurs. Ou peut-être lui suis-je tout simplement sympathique ?

Mes visas me sont apportés peu de temps après et je quitte presque à regret cette pièce claire aux dorures légères où règne un climat serein. « *Adios.* » C'est le seul mot que nous avons échangé. Je vérifie deux fois que les documents portent les bonnes mentions et les enfouis au fond de mon sac. En cet instant, ils sont bien plus précieux que n'importe lequel de mes biens.

Je rentre à la maison, mon trophée en poche et plus fière que je ne l'ai jamais été. La Terre peut s'arrêter de tourner...

CHAPITRE I

En route pour Cali !

8 septembre 2001

L'arrivée en Colombie

Aéroport de Roissy, terminal 2 F. Nous embarquons pour le vol AF0422, départ 11 heures, arrivée à l'aéroport *El Dorado* de Bogotá prévue à 15 h 30 heure locale (22 h 30 à Paris).

Ça ressemble à un départ en vacances au soleil, comme lorsque nous allons en Martinique ou en Guadeloupe, ou même à Cartagena, mais avec une dimension supplémentaire. D'ordinaire, ces départs sont synonymes de repos bien mérité, bouquin au bord de la mer et balades à pied. En changeant nos francs contre des dollars, nous recomptons une énième fois les prévisions budgétaires de ce voyage exceptionnel. Dans deux jours, nous ne serons plus un couple mais une famille de trois personnes, avec un garçon de douze ans et demi ! Drôle d'enfantement !

L'avion est plein et nous sommes étonnés du nombre de familles rentrant dans leur pays après des vacances en Europe.

La Colombie. Presque trente-six millions d'habitants sur une superficie deux fois plus étendue que celle de la France. Le seul pays d'Amérique latine qui possède mille trois cents kilomètres de côtes sur l'océan Pacifique et mille six cents kilomètres sur la mer des Caraïbes. Le pays peut être grosso modo coupé en trois parties : la région andine, la région de la Caraïbe et l'Amazonie. Les sommets andins peuvent dépasser cinq mille mètres.

Comme en Equateur, les différences climatiques présentent une extrême variété selon l'altitude. Ainsi, au niveau de la mer, à Buenaventura sur la côte Pacifique ou à Cartagena, côte Caraïbe, on descend rarement en dessous de vingt-quatre degrés. Entre mille et deux mille mètres d'altitude, la température oscille entre dix-sept et vingt-quatre degrés. Entre deux mille et trois mille mètres, c'est le climat de Bogotá, de huit à dix-sept degrés. Mais quand le soleil tape, il devient difficile à supporter sans chapeau. Au-dessus de trois mille mètres, on comprend pourquoi les Indiens portent des *ruanas* (1) en laine de lama !

Pour Cali, nous n'avons amené que des vêtements d'été légers. Mais, en prévision de notre séjour à Bogotá, nous avons glissé dans la valise jeans et pulls. Je me rappelle le mois de mai où nous avons eu si froid en Equateur. Quand on évoque cette région du globe, on imagine tout de suite les cocotiers et le vent chaud. Pourtant, ce pays, outre ses multiples volcans et des paysages étonnamment variés, présente aussi la particularité des températures les plus basses à cette latitude (en dehors des zones proches de la côte). Lorsqu'on y réfléchit, ce n'est pourtant pas étonnant vu l'altitude. Je ne tomberai pas deux fois dans le piège !

Pendant le voyage, je me remémore mes précédents séjours en Colombie. Cartagena et son immense plage envahie de petits vendeurs. Bogotá et sa pluie fine, son trafic engorgé, et ses constructions qui s'étendent à perte de vue. Montserrate qui offre un point de vue incomparable sur la capitale. La zone caféière, vallonnée, riche et verdoyante, où l'on peut apercevoir un condor si on a de la chance. Le *Parque Nacional del Café* avec son jardin botanique et ses statues monstrueusement rigolotes. Pereira, ville industrielle sans grand charme. Mais surtout, l'incomparable accueil que réservent les Colombiens aux étrangers. Leur gentillesse, leur sourire, leur chaleur et leur disponibilité qui rendent tout voyage en Colombie inoubliable.

A Bogotá, il faut changer d'aéroport pour prendre un vol national. Nous nous rendons donc au *Puente Aereo* où nous déambulons entre les petites boutiques proposant des livres, des sucettes et des cartes téléphoniques. Nous nous arrêtons dans un stand de restauration rapide pour tuer le temps. Autour de nous, nous retrouvons avec plaisir des physiques qui ne nous sont pas inconnus. Jean est déjà venu quatre fois en Colombie, moi deux. Ce voyage, nous en rêvons depuis des années. Il est l'aboutissement de notre procédure d'adoption et le départ d'une nouvelle vie. Pour moi, il est plus encore. Car ce pays me fascine. Et, si

---

(1) Poncho colombien.

je ne sais presque rien de la mère qui a porté mon enfant, je connais beaucoup plus de la terre qui l'a vu naître.

J'ai froid. Nous attendons comme les autres passagers sur les chaises rivées au sol au centre du bâtiment, face à une télévision branchée sur la chaîne météo. Jean feuillette des magazines ramenés de France.

La nuit tombe vite et, avec elle, les degrés. Nous sommes un peu fatigués et il nous tarde d'arriver à notre point de destination.

Nous ne voyons même pas le temps passer à bord du vol Bogotá-Cali, et, en cinquante petites minutes, nous voilà sur la terre de notre fils, Jesús Antonio. En posant le pied au sol, nous ne savons pas si c'est l'émotion ou la fatigue qui nous fait un peu tourner la tête. Il faisait treize degrés à Bogotá mais vingt-six ici. Les arrivées en avion de nuit sont toujours un peu magiques. Avec 94 % d'humidité dans l'air, cela donne un peu la même impression qu'un l'atterrissage dans une île de la Caraïbe. Ce climat tropical me convient parfaitement.

Au tapis des bagages, les nôtres sortent en premier, la grosse valise contenant nos affaires et les deux sacs bleus chargés à bloc, l'un est destiné à l'*ICBF* (1), l'autre renferme des cadeaux pour *Mi Casa* où vit Jesús depuis cinq ans. Nous voyons dans cette rapidité un bon augure, moi qui en général perds un bagage un voyage sur deux ! Une fois, l'un avait été aiguillé de Bogotá vers Santiago du Chili, à une autre occasion, un sac était resté en Guadeloupe alors que nous passions nos vacances à Saint-Barthélemy, une autre fois encore les valises étaient restées aux Etats-Unis alors que nous étions rentrés en France... Il est toujours agréable de se retrouver à l'autre bout du monde avec son sac à main et une brosse à dents pour tout viatique !

Malgré ce signe du destin encourageant, pas de Walter à la sortie de l'aéroport. Une flopée de gamins, d'hommes et de femmes proposant de porter la valise ou de rendre n'importe quel service en échange de quelques pesos mais... pas le chauf-

---

(1) *Instituto Colombiano del Bienestar Familial*, équivalent de notre Aide sociale à l'enfance (ASE).

feur promis par l'hôtel Stein où nous avons réservé notre chambre. Craignant la nonchalance des Colombiens et leur habitude d'arriver systématiquement en retard au rendez-vous, nous prenons donc un taxi sans trop tarder car nous sommes vraiment fatigués, n'avons pas un peso sur nous et rêvons d'une douche régénératrice. Il est 20h 30 heure locale donc 3 h 30 du matin et nous nous sommes levés à 6 heures la veille.

Le chauffeur de taxi s'appelle Rodríguez, comme les frères du même nom qui ont longtemps tenu le cartel de Cali. Un patronyme répandu par ici ! Nous empruntons une belle route à quatre voies qui n'a pas grand-chose à voir avec les pistes défoncées que nous avons connues, il y a quelques années, dans la zone caféière ni même plus au nord, aux alentours de Cartagena. Deux kilomètres plus loin, un panneau à l'américaine indique Cali à douze kilomètres. Le chauffeur nous explique que, l'aéroport se situant au sud de l'agglomération et la pension au nord, nous allons traverser toute la ville et que nous nous rendons en réalité à vingt-six kilomètres de là.

Cali. Plus de deux millions d'habitants et des ceintures de misère qui la bordent. Troisième ville de Colombie derrière Bogotá et Medellín. Lors de ce premier contact, elle me rappelle les cités que nous avons traversées, il y a peu, en Equateur. Le chauffeur désigne un quartier résidentiel du sud. Puis nous passons près du centre-ville, laissons la *Torre Cali* à notre droite avant de nous diriger vers le nord. La *Torre Cali*, c'est la tour la plus haute de la ville, avec ses quarante-deux étages. Il y a quelques mois, une équipe de football qui logeait dans un hôtel de ce bâtiment a été évacuée après qu'une bombe eut fait plusieurs blessés. Un attentat de la guérilla. C'est aussi un peu la fierté de la ville, bien qu'on raconte que l'hôtel, le restaurant et autres salles de festivités se trouvant à l'intérieur appartiennent aux narcotrafiquants. « *En revanche,* me confirme le chauffeur, *il n'y a eu aucun attentat pendant la* Copa América *qui s'est déroulée en juillet dans sept villes* (1) *de Colombie dont Cali.*

(1) Bogotá, Medellín, Cali, Armenia, Pereira, Barranquilla et Manizales.

C'était la fête partout, poursuit-il. *Il y avait des stands tout le long de cette avenue qui longe la tour, des petits vendeurs et des snacks dans la rue. Une chouette ambiance !* »

Nous arrivons enfin dans le quartier du *Centenario* où se situe l'hôtel, en fait plutôt une pension. La grille est fermée vingt-quatre heures sur vingt-quatre et gardée par un vigile qui nous ouvre la porte. Nous montons la petite allée. Nous apprendrons par la suite qu'en bas des escaliers, un petit bâtiment abrite le consulat de Suisse. Le propriétaire de l'hôtel, d'origine suisse, menacé de mort par la guérilla et lassé de constater que les extrémistes savent mettre leurs menaces à exécution, a voulu quitter le pays en 1999. A ce moment-là, la place de consul de Suisse en Colombie était justement vacante. La proposition d'occuper ce poste lui a été faite. Il a accepté. Marié à une Colombienne et connaissant bien le pays et la culture pour y avoir vécu une trentaine d'années, il était l'homme de la situation et pourrait continuer à vivre ici, en bénéficiant, au titre de consul, d'une protection armée vingt-quatre heures sur vingt-quatre. Enrique Stein semble parfaitement assumer ses deux fonctions.

Dans l'entrée, un couple de Hollandais et un couple d'Allemands profitent d'une petite brise bien agréable. Des enfants à la peau colorée s'amusent. On voit qu'ils sont d'ici mais, lorsqu'ils ouvrent la bouche, ils s'expriment dans une langue qui ne nous est pas familière ! Ceux-là ont été adoptés il y a quelques années, ils ont appris l'allemand ou le néerlandais et reviennent avec leurs parents chercher un petit frère ou une petite sœur.

Enrique nous accueille bruyamment comme s'il retrouvait de vieilles connaissances. Il agite ses moignons de doigts (il a les mains mutilées) au rythme de ses exclamations mêlant castillan, suisse allemand et deux ou trois mots de français. Ses manifestations de joie nous font évidemment plaisir mais nous étonnent un peu, habitués que nous sommes à un accueil plus « distant » lorsque nous avons l'occasion de dormir à l'hôtel en France ! Oui, mais ici, c'est un lieu de retrouvailles, d'aboutissement de procédure, un lieu de vie, de recommencement. Un lieu parfois bruyant, où l'on entre dans la vie des autres comme ils entrent dans la vôtre, curieusement sans que cela soit gênant. La pension est ouverte à tous mais on y trouve majoritairement des couples d'adoptants qui se repassent la bonne adresse via les associations de parents adoptifs d'enfants colombiens.

Nous rejoignons notre chambre, n° 250 au rez-de-chaussée. L'hôtel est de style mauresque, avec des grilles en fer forgé, un escalier majestueux, des arcades blanches et du bois brut à l'intérieur des chambres. Notre *habitación* est simple, avec une salle d'eau et une petite chambre attenante pour accueillir Jesús. En réalité, il n'y dormira qu'une fois avec un de ses amis venu passer le week-end avec nous. Le reste du temps, nous dormirons tous les trois dans le même lit !

Après un rapide dîner salade, tomates, thon et riz, nous refusons poliment le dessert car nous n'avons pas vraiment faim. Nous rejoignons notre chambre. Jean commence à ranger soigneusement les bagages et les vêtements pendant que je prends une douche. Nous zappons sur la soixantaine de chaînes mises à notre disposition sans trouver TV5. Cela ne me dérange pas trop mais Jean, qui ne parle pas espagnol, sera donc condamné à essayer de décrypter les informations grâce aux images.

Nous nous écroulons, exténués. Il est 5 h 30 du matin à Paris. A ce moment, d'autres pensionnaires rentrent à l'hôtel et s'installent dans la salle à manger – où curieusement on ne mange d'ailleurs jamais, mais qui sert plutôt de salle de jeux – juste en face de notre chambre. Ils parlent fort et leurs voix résonnent dans la nuit. Cela dure longtemps, en tout cas c'est ce qui nous semble et nous ne trouvons pas le sommeil malgré une intense fatigue. Lorsqu'ils partent enfin se coucher, je sombre dans un abîme dont je n'émergerai que le lendemain matin.

Dimanche 9 septembre

Dernier jour d'attente

Premier réveil à Cali, au son de chants d'oiseaux que nous ne connaissons pas. C'est doux et agréable. La « *ville de l'éternel printemps* » ne fait pas mentir le dicton. Malgré les prévisions météorologiques pessimistes d'une chaîne de télévision entrevue la veille dans le hall de l'aéroport de Bogotá, le temps est magnifique et nous ne pouvons pas rester une minute de plus au lit.

Dans la salle du petit déjeuner, un couple d'Allemands, si blonds et blancs qu'on croirait une caricature, déjeune avec une petite fille au physique identique d'environ quatre ans et un petit garçon qui doit avoir dix-huit mois, à la couleur de peau plus locale. Nous pensons d'abord à un inespéré résultat positif d'une ultime fécondation in vitro et à un couple qui a quand même poursuivi une démarche d'adoption entamée dans le même temps. Les jours passant, ce que nous avions pris pour une régression normale de la petite fille en réaction à la venue d'un plus petit dans la famille nous apparaîtra de plus en plus comme un retard physique ou intellectuel. La petite fille ne nous semble plus si petite que ça et, pourtant, sa mère doit la faire manger à la cuillère et s'occuper d'elle comme un bébé, d'une façon qui lui semble habituelle et non liée à la venue de son petit frère. Ces gens ont-ils adopté leur deuxième enfant pour éviter de voir s'exprimer une « tare » héréditaire une nouvelle fois ? Nous n'aurons pas l'occasion de connaître leur histoire.

Derrière moi, un autre couple, des Hollandais, avec un petit garçon métis d'environ trois ou quatre ans, Juan Pablo, et un bébé de huit-neuf mois dans un couffin. Comme les deux enfants ont à peu près la même couleur de peau, avec une prédominance de sang noir, nous concluons dans un premier temps à l'adoption d'une fratrie avant d'entendre Juan Pablo répondre à sa mère dans une langue gutturale qui n'a rien à voir avec le castillan. Ceux-là font leur deuxième voyage en Colombie. Juan Pablo, adopté bébé dans la région de Pasto, plus au sud, dans un département qui jouxte l'Equateur, est totalement imprégné de son pays d'adoption et n'a rien conservé, hormis son physique, de la Colombie.

Nous partons dès 9 heures découvrir les environs de notre hôtel. Nous ne savons pas combien de temps nous allons séjourner ici, ni comment nous allons le passer. Allons-nous faire la queue pendant des heures dans des administrations encombrées de gens mal embouchés ? Allons-nous compter les jours comme certains couples qui nous paraissent mourir d'ennui, "enfermés" à l'hôtel en raison de la violence et de l'insécurité régnant ici ?

Autant aller repérer les lieux. Le quartier est résidentiel. Nous descendons l'*Avenida 4a Norte* jusqu'au *Paseo Bolivar*, un jardin public très agréable qui sépare les quartiers Nord du centre-ville commercial. Il n'y a pas beaucoup de monde pour un dimanche. Nous apprendrons par la suite que c'est le jour à éviter car, en l'absence du passage de tous ceux qui vont travailler ou faire des courses, restent la pègre, les miséreux et les drogués et on court évidemment plus de risques. L'air est doux et nous sommes encore sous l'effet du décalage horaire. Nous ne restons pas longtemps assis sur un des bancs à rêvasser car une femme visiblement sous l'effet d'une substance toxique se dirige vers nous.

La grande avenue qui longe le *Paseo Bolivar* est réservée aux bicyclettes chaque dimanche. Et ça marche ! Ce boulevard envahi de centaines de cyclistes promenant leurs enfants sur leur porte-bagages a quelque chose de décalé lorsqu'on entend la réputation de Cali à l'étranger. Nous ne sommes pas vraiment rassurés à cause de la « faune » du jardin public mais le côté donnant sur l'avenue est plus apaisant ! Nous continuons plus loin, laissant la mairie sur notre droite, un immense bâtiment moderne sans âme en face d'une place envahie par des pigeons, les mêmes que dans nos villes, nous enjambons la passerelle au-dessus d'un autre boulevard et arrivons sur la place où trône la statue du *Libertador* (1). Dans la semaine, sous les arbres, des hommes sont installés à de petites tables sur lesquelles trônent d'antiques machines à écrire : des écrivains publics. Nous les verrons chaque jour, attablés, attendant le client, vivant indirectement grâce à l'administration tatillonne de Colombie, friande de papiers et d'autorisations qui sont autant de raisons de prélever des impôts !

(1) On appelle ainsi Simon Bolivar, qui a permis, au terme d'une bataille décisive dans l'actuel département de Boyacá en 1819, d'obtenir l'indépendance de la Colombie.

L'absence de la foule de la semaine fait apparaître de façon plus flagrante la présence de tous ces hommes et femmes en haillons, dormant à même le sol ou sur un banc, laissant entrevoir leur poitrine aux côtes saillantes. Nous croisons aussi des récupérateurs de papier et de carton, charriant sur leur dos une masse incroyable de ces matières, leur corps maigre pliant sous le poids de cette charge qui constitue leur gagne-pain. Nous croisons aussi des vendeurs de tickets de tombola, d'autres proposant des *gaseosas* (1) du Coca ou des glaces, des jus de fruits « maison » que nous n'oserons pas goûter de peur d'attraper une hépatite ou une simple bonne diarrhée ! Je garde en mémoire ce jour de mai où, dans un petit village aux portes de l'Amazonie, alors que je portais à mes lèvres un gobelet de jus de canne à sucre gentiment proposé par le chauffeur de notre minibus, le guide m'en avait dissuadée, me comptant l'histoire de ce touriste emmené au même endroit quelques mois plus tôt et qui avait été contaminé par le choléra après avoir succombé à la gourmandise...

Le supermarché du quartier est ouvert le dimanche, ce qui ne manque pas de nous étonner dans un pays autant imprégné de foi catholique. Lorsque nous rentrons à l'hôtel, Enrique nous invite à passer la journée dans un club privé de Cali où adultes et enfants peuvent se divertir dans les différentes piscines avec toboggans, plongeoirs, plats locaux, etc. En effet, des familles attendent le départ dans l'entrée. Nous préférons rester à l'hôtel, pour nous remettre du décalage horaire et pour trier les vêtements et autres affaires que nous donnerons le lendemain à l'*ICBF* en allant chercher Jesús et celles qui sont destinées à *Mi Casa*. Peut-être aussi ne souhaitons-nous pas nous mêler à des familles déjà constituées alors que la nôtre est en devenir. Ou craignons-nous les immanquables questions que notre présence pourrait susciter et auxquelles, personnellement, je n'ai pas envie de répondre ? Jesús est âgé, et cela ne manque jamais de provoquer des interrogations bien naturelles alors que les

(1) Boissons gazeuses.

seules personnes avec qui j'apprécie vraiment d'en parler sont Jean, le père Blanco qui s'occupe de Jesús dans l'institution et Nicolas Letourneau, un jeune Colombien de vingt-deux ans adopté à Cali alors qu'il avait six ans.

La piscine de la pension désertée n'attend que nous. Transat, lunettes de soleil et bouquin. *Au plus petit d'entre les miens* de Christophe Pélissié du Rausas (1) pour Jean, le tome 5 d'une collection de l'œuvre de Boileau Narcejac pour moi. Nous ne sommes captivés ni l'un ni l'autre, l'esprit préoccupé, conscients du fait que cette journée est la dernière de cette vie et que, demain, nous allons plonger dans l'inconnu. Habituellement, quand une existence est bouleversée, on n'est pas prévenu à l'avance. Généralement, même dans le cas d'un accouchement, on ne peut pas savoir exactement le moment de la venue au monde. Nous, si. Nous savons que le lundi 10 septembre à 15 heures, heure de Colombie, s'ouvre une nouvelle ère pour nous. Et attendre ce moment, compter les dernières heures qui nous en séparent a quelque chose d'irréel.

Je lâche mon recueil policier et me plonge dans la lecture du quotidien *El Tiempo*. Une page entière est consacrée à la « malédiction des Rodríguez Bautista ». Nicolas Rodríguez « Gabino » est le leader de l'ELN. L'article explique comment quatre de ses quinze frères et sœurs ont déjà été assassinés, ainsi qu'un de ses beaux-frères. Anayibe Rodríguez Bautista, une de ses sœurs, raconte comment elle a dû fuir la Colombie, avec son fils de neuf ans, pour rester en vie. Elle explique également qu'elle n'a rien à voir avec son frère, qu'elle ne partage pas ses opinions politiques et son militantisme terroriste. Son nom est une condamnation à mort. Elle accuse l'armée d'avoir laissé éliminer un à un les membres de sa famille. L'article est illustré par la photo de l'enterrement de Libardo Rodríguez Bautista, le dernier membre de la famille en date à avoir été assassiné, à Bucaramanga le lundi précédent. Aucun de ses frères ne s'est rendu à la cérémonie. Pas si fous !

(1) Collection Les Enfants du fleuve, Fayard, 1987.

Quelques pages plus loin, la double centrale est consacrée au processus de paix et aux négociations menées entre le président Andrés Pastrana et *Tirofijo*, alias Manuel Marulanda, leader des FARC (Forces armées révolutionnaires de Colombie). Il y est question de la zone démilitarisée « donnée » aux FARC en préambule à des négociations en 1998. Ce « laboratoire de paix » d'une superficie de quarante-deux mille kilomètres carrés, soit la taille de la Suisse, situé à sept cents kilomètres au sud de Bogotá porte bien mal son nom. Il s'agit en réalité d'un territoire tout bonnement abandonné à la guérilla, aux risques et périls des habitants de la zone avant sa démilitarisation. Loin d'affaiblir la guérilla, il lui a permis au contraire d'acquérir une capacité militaire nouvelle. Pastrana vient tout juste de prolonger la concession de cette zone.

L'article rapporte les résultats d'un sondage effectué la semaine passée par la chaîne *RCN* (*Radio Caracol Nacional*). 64 % des personnes interrogées pensent que la zone démilitarisée doit être suspendue alors que seulement 22 % souhaitent poursuivre l'expérience.

Mais Andrés Pastrana a-t-il vraiment le choix ? « *Le gouvernement de Belisario Betancur s'est achevé avec le palais de justice* (1) rappelle le candidat à la présidentielle du Front social, Luis Eduardo Garzón. *Je ne pense pas que Pastrana veuille terminer son mandat avec un processus de paix qui vole en éclats ni qu'il souhaite ce qui s'est passé au palais de justice à l'époque ne s'étende à tout le pays.* »

El Tiempo de ce jour est décidément bien noir puisque le dernier article qui retient mon attention est celui consacré à la nouvelle génération de la mafia. On y apprend que le temps où les mafieux arboraient des chaînes en or façon présentoir de bijouterie et recouvraient de ce même métal la robinetterie de leur salle de bains est bel et bien révolu. L'époque où ils importaient des girafes, des éléphants ou des hippopotames pour créer leur propre jardin zoologique au milieu de leur *finca* aussi.

---

(1) Le palais de justice avait été entièrement ravagé par un incendie à la suite d'un attentat terroriste.

Aujourd'hui, les gros narcotrafiquants ressemblent... à vous et à moi. Contrairement à leurs aînés, Pablo Escobar Gaviria, Gonzalo Rodríguez Gacha ou Carlos Lehderlos, la cinquantaine de nouveaux chefs des trois cents organisations de narcotrafic vont à l'université, demandent un crédit pour acheter un appartement et ne se risquent pas à faire transiter leur argent par les banques. Ils vont même jusqu'à marchander le prix d'une voiture et se réunissent dans de modestes appartements de quartiers populaires pour ne pas attirer l'attention !

« *Ils n'ont pas un centime en banque*, explique un policier. *Ils savent bien que les comptes peuvent être épluchés. Ils ont de l'argent caché sous leur matelas, dans les murs de maisons à travers tout le pays.* » Leur façon de communiquer a changé. Pas question d'utiliser le téléphone, même si c'est un portable. Ils préfèrent employer les services de jeunes étudiants ou prétendus tels, en tout cas sans casier judiciaire, à qui ils paient un billet d'avion pour jouer les facteurs. C'est plus sûr.

Pour autant, la police connaît l'identité d'une dizaine d'entre eux. Comme celle de Victor Manuel et de Miguel Angel Mejía Múnera, deux narcotrafiquants chez qui les autorités ont trouvé pas moins de trente-quatre millions de dollars cachés dans les murs il y a deux semaines.

Je lâche le journal et me retourne. Jean s'est assoupi. Je fais de même. Après une courte sieste, nous retournons finalement en ville, dans un autre quartier, le long de l'avenue menant à *Chipichape*, un centre commercial pour « riches » où les prix sont les mêmes que ceux des boutiques de marques en France. Quand on connaît le niveau de vie des Colombiens et le salaire de base (cent trente-quatre dollars par mois), on reste pantois devant l'existence de ces magasins et on se demande d'où sort la clientèle, la maigre classe moyenne du pays cherchant désespérément à se maintenir à flot sans vraiment y parvenir. Tout au long du chemin, des terrasses de cafés, des restaurants et des discothèques émettent de la musique. Les sons se heurtent, s'entrechoquent, créant une sorte de cacophonie pour celui qui reste statique mais le promeneur peut se faire une idée des tubes locaux.

Nous nous arrêtons et buvons deux Cocas, toujours notre peur de boire de l'eau du robinet, peur qui ne durera pas ! Pour régler les quatre mille pesos (1), nous sortons un billet de dix mille pesos qui jette notre serveur dans un abîme de perplexité. Il n'a pas de monnaie ! Il a pourtant d'autres clients et le bar n'est pas un établissement de fortune mais bien un fonds de commerce « en dur ». Malgré cela... il n'a pas de petits billets. Nous l'observons traverser la rue et rentrer dans quatre boutiques avant d'en trouver une qui puisse l'approvisionner en petites coupures. La musique hurle sur la terrasse et nous regardons son manège sans nous parler. Nous rencontrerons ce problème dans beaucoup de boutiques par la suite, sans parler des achats effectués dans la rue où il vaut mieux avoir exactement le compte ! Nous prendrons donc l'habitude de changer les billets de banque contre d'autres plus petits dès que nous en aurons l'occasion. La monnaie ici est précieuse. Il faut toujours avoir une pièce de cinq cents pesos ou un billet de mille pesos pour rétribuer un mendiant faisant la circulation au feu rouge, des enfants exécutant des acrobaties au milieu de la route, un aveugle, un vieux monsieur ou une mère de famille vivant de la mendicité. Il faut donner souvent et pour toutes les occasions, autant le prévoir.

En rentrant à l'hôtel, nous croisons quatre jeunes filles à la tenue vestimentaire assez provocante : jupe au ras des fesses et petit haut moulant très décolleté laissant apparaître une partie de leur poitrine, souvent opulente, car les filles de Cali ne manquent pas de formes ! En passant devant l'église de Saint Augustin, elles se signent machinalement sans cesser leur conversation. Surréaliste ! Ces femmes, totalement libérées, aguichantes, répondent à un réflexe. Cela nous fait sourire tant notre culture d'Européens n'a pas l'habitude d'associer croyance ou rites religieux à cette apparente provocation !

Il est 17 h 30 et la lumière décline. Nous bouquinons sur les bancs en bois qui trônent devant notre chambre comme des

---

(1) Environ deux euros.

petits vieux. En réalité, nous profitons de la quiétude de l'hôtel car Enrique et ses hôtes ne sont pas encore rentrés du club. C'est le calme avant la tempête car, lorsque Enrique est dans les environs, avec sa voix tonitruante, impossible de l'ignorer ! Nous profitons aussi de nos derniers instants à deux, nous sentons à quel point ils sont précieux et... historiques !

La réceptionniste de la pension nous donne cent vingt mille pesos en échange des soixante dollars que nous lui tendons pour ne pas sortir le lendemain les poches vides. Nous n'avons pas encore eu de contact avec l'avocate depuis notre arrivée sur le sol colombien. Elle a cherché à nous appeler pendant notre sortie en ville. Et maintenant, depuis notre chambre, nous entendons la sonnerie du téléphone retentir désespérément au standard déserté ! Nous sommes un peu nerveux à l'idée qu'elle peut essayer de nous joindre pour nous parler d'un papier manquant, d'une signature de dernière minute ou de n'importe quel empêchement devant reporter notre rendez-vous au *Bienestar*. Tous ceux qui ont suivi une procédure d'adoption savent de quoi je parle !

Nous commençons à nous demander comment nous allons bien pouvoir passer la matinée le lendemain. Comment s'habiller ? Que dire ? Doit-on préparer quelque chose ? Dispenser des paroles rassurantes, jouer, plaisanter ? Au cours des procédures d'agrément, les assistantes sociales ont coutume de demander aux parents quelles seront les premières paroles à leur enfant. Bien malins ceux qui peuvent répondre à cette question !

Nous supposons que les circonstances nous dicteront notre attitude. Ce soir, nous nous coucherons tôt pour avoir bonne mine demain matin. Pas la peine de lui infliger des mines chiffonnées !

21 h 15. Le téléphone sonne dans notre chambre. « *Madame Roujol ?* L'accent roulant les « r » trahit les origines hispaniques de cette voix masculine. *Je suis le père Victor Blanco. Bienvenue à Cali.* » A vrai dire, nous ne nous attendions pas à

---

(1) P. Luis Madina Michelena (ordonné prêtre à Versailles, le 29 juin 1935, et mort à Cali, le 16 novembre 1984) était le « papy » des enfants de la fondation *Mi Casa*, la quatrième Cité des Enfants qu'il fonda. L'œuvre vient en aide aux mineurs en danger en leur offrant un foyer, l'amour et l'éducation et en les préparant à bâtir leur avenir.

cet appel. Le père Victor Blanco a accueilli Jesús il y a cinq ans dans son *home*. Il est un peu son chouchou parmi tous les élèves pensionnaires du collège Luis Madina (1), du nom du prêtre assomptionniste qui créa cette institution il y a trente-trois ans, le 23 octobre 1968. « *Avez-vous bien voyagé ? Comment trouvez-vous Cali ? Je viens juste d'embrasser Chucho* (1) *au lit et je lui ai dit que, demain à la même heure, je l'appellerai à l'hôtel où vous vous trouvez.* » Le téléphone de la pension Stein, un peu antique, ne dispose pas d'une touche haut-parleur. Jean sera donc malheureusement partiellement privé de ce premier contact téléphonique avec le père Blanco. « *Chucho avait l'air calme dans son lit mais, en réalité, qui peut bien savoir ce qui se passe dans sa tête ? Il est certainement très angoissé mais s'est bien gardé de me le dire. Il n'est pas facile de savoir ce que ces enfants pensent. Ils sont peu loquaces quand il s'agit de leurs sentiments. Derrière un calme apparent, ce doit être la tempête dans son crâne. Comme dit un proverbe colombien :* "La cara se ve, el corazón no se puede ver." (2) »

Le prêtre poursuit de sa voix rocailleuse et chantante : « *Je ressens un immense bonheur à l'idée de vous le confier. Un immense soulagement aussi. Quand on sait ce qui se passe ici ! Tenez, pas plus tard qu'hier... mais Chucho vous racontera. Tous ces voleurs, ces menaces... car nous sommes menacés ! Ils croient que nous avons de l'argent car ils savent que nous nourrissons tant d'enfants ! Mais, en réalité, nous n'avons pas plus que ce que nous leur donnons ! Oui, je suis bien content de penser qu'au moins, celui-là sera à l'abri. Tout le monde ici sait que je l'aime bien. Alors lui faire du mal serait le meilleur moyen de m'atteindre ! Je ne me suis jamais autant investi affectivement pour un enfant. C'est un peu mon fils que je vous confie.* »

Jean reste patient à côté du téléphone. Je l'admire car à sa place, je trépignerais !

« *L'enfant est inquiet. C'est normal. Il a connu tant de décep-*

---

(1) Surnom communément donné aux personnes portant le nom de Jesús.

(2) « Le visage se voit, mais qu'y a-t-il dans le cœur ? »

tions dans sa vie qu'il n'a pas toujours confiance dans l'avenir. Tellement de promesses jamais tenues ! Alors, il reste méfiant ! Et puis, il sait ce qu'il quitte, pas ce qu'il gagne. Attendez-vous à ce que les premiers jours soient très difficiles. Il n'a pas l'habitude d'être toujours avec des adultes. Les autres enfants vont lui manquer au début. Il faudra prendre en compte tout ça. Je ne sais pas comment il va réagir. Il n'a jamais eu à proprement parler de famille constituée. Enfin, je suis vraiment soulagé à l'idée de vous le confier car nous vivons constamment dans la peur et la situation ne semble pas s'arranger pour nous. »

Après nous avoir réitéré les consignes de sécurité, ne pas sortir à la nuit tombée, demander conseil avant de se rendre dans un quartier excentré, nous nous quittons en nous rappelant l'heure du rendez-vous. Mais qui aurait bien pu l'oublier ?

Le soir, Jean s'endort comme une masse après avoir lu quelques pages de ce livre racontant la genèse de *Mi Casa, Au plus petit d'entre les miens*, non sans me faire remarquer en posant ses lunettes sur la table de chevet et en éteignant la lumière : « *Heureusement que ma mère ne l'a pas lu, elle serait effrayée* ! ». Le livre raconte en effet les débuts de l'établissement, quand les enfants qui entraient là arrivaient directement de la rue, des *gamines* (1) habitués à des lois très dures. Aujourd'hui, le collège s'ouvre à une population très défavorisée, vivant aussi dans la misère et la violence, mais celui qui ne respecte pas les règles de base de l'institution ne peut y rester.

Le calme est retombé sur la pension. Seuls des pleurs de bébé trahissent la présence d'une autre famille dans une habitation voisine. De mon lit, je vois la chambre d'enfant destinée à accueillir Jesús. Mais j'ai envie de penser à autre chose. Inutile de passer une nuit blanche avant le jour J !

Je zappe sur la cinquantaine de chaînes du câble et m'arrête sur un téléfilm en anglais sous-titré en espagnol. Il est question d'une jeune élève gymnaste se préparant pour les jeux

(1) Enfants fuyant l'insécurité de leur foyer, la violence ou la misère de leurs parents – quand ils en ont – et cherchant la survie dans la rue, seuls ou en bandes.

Olympiques, devenant anorexique par peur de grossir. Il me semble bien avoir vu la même production américaine en France. Acteurs standardisés, dialogues convenus et sans surprise... Je ne risque pas la céphalée ! Je m'efforce de lire les petits caractères sur l'écran. Le film est bourré de clichés mais il me distrait. A 23 h 30, extinction totale des feux de mon côté. Je plonge dans un monde peuplé de rêves. Les nuits me semblent alors interminables, avec des songes à la limite du cauchemar, qui se succèdent, ne me laissent aucun répit et dont certains m'apparaissent comme récurrents sans que je ne puisse savoir si ce n'est qu'une impression.

Je me retrouve plusieurs semaines en arrière et je rêve que j'ouvre l'enveloppe de l'assignation de l'enfant. Au lieu de Jesús, il s'agit d'une fratrie de six enfants. Cela me donne le vertige. Si mon inconscient construit ce scénario, c'est parce que je me souviens de l'histoire racontée par Amparó de Ramirez, qui travaille à *Chiquitines*, et qui me contait, un jour où elle était de passage à Paris et où nous avions dîné ensemble, l'histoire de cette famille de Canadiens qui avait adopté six frères et sœurs. Le plus petit avait quelques mois, le plus grand était presque un adolescent.

Cela doit sûrement avoir aussi un rapport avec cette autre fratrie de cinq enfants que *Chiquitines* essaie de placer depuis quelques mois. Les travailleurs sociaux et les responsables d'adoption ne désarment pas face à ce qui pourrait nous paraître impossible. Ils gardent l'espoir de trouver cette famille. Et s'ils ne la rencontrent pas, ils scinderont la fratrie et essaieront de trouver cette perle rare, deux familles en quête d'adoption et demeurant non loin l'une de l'autre pour permettre aux enfants de continuer à se voir.

Je dois d'ailleurs dire que, lorsque nous avons vu, sur place, l'accueil que nous avons eu de la part de ces responsables d'associations (agréées par le gouvernement) désireux de placer leurs enfants, connaissant notre dossier et prêts à nous proposer un enfant si nous n'avions pas déjà eu l'assignation de l'un d'eux dans une autre institution, nous avons été dégoûtés de l'attitude de certaines associations françaises. Comment oublier les conseils dispensés par téléphone par une employée de Médecins du monde, association ayant rejeté notre candidature à cause de l'âge de Jean au moment de notre demande (cinquante ans), qui me sont restés gravés à jamais :

« *Nous ne prenons que les candidatures des couples dont nous pensons qu'elles peuvent aboutir. En Colombie, vous n'avez que très peu de chances de réussir votre projet. Excusez-moi de vous parler franchement mais vous savez sûrement que l'âge de votre mari est un handicap. Il faut en tenir compte.* » Et devant mon désarroi et mon insistance, j'avais même eu droit à un conseil étrange et surprenant : « *Ce que je vais vous dire est un peu difficile. Si vous voulez vraiment adopter, vous avez sûrement une autre solution, mais pas en Colombie. Avez-vous de l'argent ? Vous travaillez tous les deux ? Si vous êtes vraiment décidés, choisissez un autre pays, la Roumanie par exemple, et, en y mettant le paquet, vous pourrez adopter un bébé.* » (*sic*)

Refuser notre candidature est une chose que je peux comprendre. Avec du recul, je m'en réjouis car notre adoption par démarche individuelle en Colombie ne m'a pas semblé plus difficile que si nous avions été aidés par une association, en comparant avec d'autres couples qui, eux, avaient été acceptés. Mais supposer que nous voulions un enfant à n'importe quel prix, même celui de la honte et du trafic, venant de surcroît d'une association humanitaire, me dépasse et me choque profondément. Je ne sais d'ailleurs pas comment se déroulent les adoptions en Roumanie mais la Colombie ayant ratifié les accords de La Haye (1), les procédures d'adoption suivent les mêmes règles

(1) La convention de La Haye, signée le 29 mai 1993, a pour but la protection des enfants et la coopération en matière d'adoption internationale. La convention est entrée en vigueur en France le 1er octobre 1998. Elle a également été ratifiée par la Colombie. L'article premier précise :

« La présente convention a pour objet :

a - d'établir des garanties pour que les adoptions internationales aient lieu dans l'intérêt supérieur de l'enfant et dans le respect des droits fondamentaux qui lui sont reconnus en droit international ;

b - d'instaurer un système de coopération entre les Etats contractants pour assurer le respect de ces garanties et prévenir ainsi l'enlèvement, la vente ou la traite d'enfants ;

c - d'assurer la reconnaissance dans les Etats contractants des adoptions réalisées selon la convention. »

qu'en France. Des mois plus tard, *Ayúdame* (1), une association colombienne agréée, a accepté notre dossier et nous a proposé une fratrie de trois enfants que nous avons malheureusement dû refuser car notre agrément était celui d'un seul enfant. Surtout, nous n'avions pas fait le projet d'une telle adoption.

J'ai alors écrit à la section Adoptions de Médecins du monde. Je leur ai expliqué pourquoi je ne souhaitais plus recevoir de courrier de leur part car, ironie du sort, le lendemain de cet appel malheureux ainsi que quelques jours après la proposition d'enfants par *Ayúdame*, nous recevions dans la boîte aux lettres un formulaire pour effectuer un don !

La personne qui me rappela se montra fort compréhensive. Elle me demanda de ne pas en conserver grief à l'association. Je sais bien que cette sinistre expérience ne doit pas me faire renier toute cette œuvre ! Mais il faut savoir qu'au cours d'une procédure, si on ne correspond pas aux normes « idéales » d'un foyer pouvant adopter – Jean était de surcroît divorcé et avait eu deux enfants de cette première union –, on doit s'attendre à ce genre de réflexion. Un candidat à l'adoption doit toujours repartir, croire que c'est possible. C'est pourquoi il y a tant de demandes individuelles (2). Elles finissent bien par aboutir lorsqu'on a un projet conforme à la réalité du pays dans lequel on désire adopter et si on respecte la loi. L'important est de ne pas se décourager, de suivre scrupuleusement les règles régissant la constitution du dossier et d'être patient ! Mais nous en reparlerons plus tard !

Cette nuit-là donc, celle qui précède l'*entrega* (la remise de l'enfant), mes rêves se succèdent... A présent, nous arrivons dans

---

(1) *Ayúdame* est un organisme privé agréé par l'*ICBF*.
Asociación Amigos del Niño
Calle 128 Numero 8-53
SANTAFE DE BOGOTA, D.C. - CUNDINAMARCA
Tél. : 00 571 258 33 90 - Fax 00 57 1 216 44 06

(2) En 2001, sur 3 094 adoptions, 1 899, soit 61,38 %, l'ont été par démarche individuelle (Source : Mission de l'adoption internationnale - Ministère des Affaires étrangères).

les locaux du *Bienestar* et Jesús refuse de nous suivre. Il a peur de nous et préfère rester orphelin. Toutes mes craintes y passent. Des scénarios stupides, entre conscience et inconscience, dans ces moments nocturnes où il est difficile de faire le tri entre la réalité et les fantasmes, où l'on n'arrive pas à se débarrasser de ces mauvaises sensations accrochées comme de la glu au cerveau !

Chapitre II
Jour J

Lundi 10 septembre

***La remise de l'enfant dans les locaux du* Bienestar**

A 3 heures du matin, je me réveille et ne pourrai plus fermer l'œil de la nuit. Je perçois les pleurs d'un bébé dans une chambre voisine et la petite musique d'un mobile installé au-dessus de son lit pour le bercer. Mais j'entends aussi le cri déchiré d'un homme soûl ou drogué qui hurle dans la nuit, déclenchant les aboiements d'un chien des environs.

Vers 6 h 30, les sons plus rassurants de la journée commencent à envahir la chambre en même temps qu'un rayon de soleil. Je soulève le rideau, le patio m'offre son calme apaisant.

Au petit déjeuner, Jean a du mal à avaler quoi que ce soit. Il m'avoue sa nervosité. Il va pourtant falloir encore attendre de longues heures sans en savoir plus !

Après avoir vainement essayé d'échanger quelques dollars dans une banque voisine pour voir si le change y est plus favorable qu'à l'hôtel, nous rentrons à la pension où Fabiola Daza, notre avocate, et sa fille Maria Leticia nous attendent. Nous faisons connaissance. Nous avons souvent eu l'occasion de communiquer par mail, par fax et même par téléphone, mais c'est la première fois que nous nous voyons. Fabiola Daza arbore un visage souriant, on sent une femme décidée et subtile, chaleureuse et soucieuse de ne pas faire d'impair.

D'emblée, la confiance que nous avions mise en elle se trouve confortée. Nous nous sentons à l'aise, comme avec une amie. Elle maîtrise parfaitement ce genre de procédure et nous la devinons scrupuleuse.

Elle m'explique que mon niveau de vocabulaire en castillan (un chauffeur de taxi me croyait espagnole) facilitera les premiers contacts. Je souris car elle tente de nous détendre et de nous expliquer que tout se passera bien avec les mêmes arguments et les mêmes termes que j'ai employés dans le dernier fax envoyé à Jesús Antonio ! Je traduis au fur et à mesure pour Jean. S'il ne parle pas, il comprend tout de même une partie des propos que nous échangeons. Il a beau être pied-noir d'origine espagnole, il ne sait pas construire une phrase dans cet idiome et les seuls mots qu'il connaisse sont ceux que nous lui avons appris par la suite, Jesús et moi, ou qu'il a entendus en Colombie !

Fabiola Daza nous explique clairement la suite de la procédure, la façon dont l'après-midi va se dérouler et d'autres choses encore. J'apprécie son calme, sa clarté. J'ai beau connaître le processus par cœur pour en avoir déjà parlé avec elle et pour avoir lu et relu les fiches de l'APAEC (1), j'ai besoin qu'on me confirme ce que je sais déjà, un peu comme un étudiant révisant ses notes une dernière fois avant l'examen. Elle fait tout ça naturellement, pour nous déstresser, comme si ce passage dans l'autre vie n'était qu'une petite formalité, pour la dédramatiser, et, en même temps, avec complicité.

Puis elle nous laisse pour saluer un couple d'Australiens ayant adopté un bébé de deux mois, une petite fille à la peau brûlée, petite sœur d'un garçonnet de dix ans « fait maison » à la peau presque transparente, timide et effacé. Sa mère, une femme blonde et très pâle, sera malade durant tout son séjour à Cali. Enrique la conduira même une nuit aux urgences. La petite fille a été adoptée à *Chiquitines*, nous la verrons toujours la face

(1) Association des parents adoptifs d'enfants colombiens
http://members.aol.com/apaec/apaec/
Association loi 1901 dont le but est la défense des intérêts des enfants adoptés en Colombie et de leurs familles, fondée en 1981. L'APAEC n'est pas une œuvre d'adoption. Elle compte aujourd'hui quelque 800 familles adhérentes (parents adoptifs ou candidats à l'adoption) et près de 300 sympathisants. Les buts de l'APAEC sont multiples : informer les candidats à l'adoption en Colombie, contrôler l'image de l'adoption dans ce pays, entretenir des relations privilégiées avec les institutions, les associations, les œuvres colombiennes et françaises concernées par l'adoption et soutenir financièrement et matériellement, dans la mesure des moyens, des œuvres ou des institutions colombiennes.

contre la poitrine de sa mère, une femme très discrète sortant peu de la pension.

Retour en ville pour appeler en France, puis direction le grand supermarché du centre que nous avons repéré la veille pour acheter un Monopoly et un jeu de dominos. L'avocate nous accompagne avec sa fille à l'aller. Elle va justement au palais de justice et, avant que nos routes ne se séparent, nous passons devant l'hôtel de ville. Je questionne Fabiola Daza au sujet d'un article paru dans *El Pais* où il est question de neuf cent douze licenciements dans cette mairie au mois de juillet. Le chiffre me paraît tellement énorme que je crois avoir mal compris.

« *Non, non. Vous avez parfaitement lu. Près de 1 000 personnes ont bien été licenciées ici. Ce qui tue ce pays, ce sont bien les hommes politiques ! Au moment des élections, le maire, pour ramasser plus de voix, promet des emplois à droite à gauche. Résultat, lorsqu'il est élu, il recrute beaucoup plus de gens qu'il n'est nécessaire. Quelques mois plus tard, il faut bien se rendre à l'évidence. Ils ont été embauchés pour des postes dont on n'a pas la nécessité. Alors on les licencie. Et on leur donne de confortables indemnités pour les faire taire !* »

Au retour, alors que nous allons passer la grille de l'hôtel, un taxi s'arrête, laissant descendre un couple d'Américains arrivés la veille avec Anna, une petite fille adoptée dix-huit mois auparavant, et un petit garçon d'environ un an, qui semble faire ses premiers pas depuis peu, et qui n'était pas présent au petit déjeuner ce matin. Bienvenue dans la famille ! Tu seras toujours américain, mais du nord ! Le matin, nous les avions vus partir pour *Chiquitines*, les mains pleines de petites pochettes-cadeaux à distribuer aux autres enfants et aux travailleurs sociaux.

Au déjeuner, Jean n'arrive toujours pas à avaler grand-chose. Je crois qu'il est de plus en plus angoissé. Evidemment, de l'extérieur, ça ne se voit pas et personne ne soupçonne que nous allons bientôt partir pour l'*ICBF*. Personne, sauf Enrique, qui, de sa voix de stentor, crie sur notre passage devant le standard : « *Alors, c'est pour bientôt le grand moment !* » Impossible de lui en vouloir : il conçoit la pension comme la vie familiale colombienne, bruyante et folklorique.

14 heures. Derniers préparatifs. Derniers doutes pour la tenue vestimentaire. Robe paréo ou ensemble léger pantalon et débardeur en dentelle ? La première impression que Jesús aura de nous sera peut-être décisive. Je m'interroge. Préférera-t-il une mère féminine et maquillée ou une maman plus discrète ? Appréciera-t-il mon parfum un peu capiteux ? J'opte pour le naturel. Au fond de moi, je sais que ça ne changera pas grand-chose, mais nous avons tellement envie de ne rien rater !

14 h 35. Maria Leticia, la fille de l'avocate, vient nous chercher en taxi. Cinq minutes plus tard, nous arrivons à l'ICBF. Une rue tranquille d'un quartier traditionnel de Cali, avec les murs blancs bordés de couleurs vives, qui me rappelle le poster de Barichara (Colombie) affiché à la maison. Devant la porte, nous retrouvons l'avocate qui nous fait passer directement dans l'entrée sans avoir à répondre aux formalités. Le bâtiment est ancien et construit autour d'un patio verdoyant. La description ne correspond pas à celle, plus sinistre, qu'une Française m'avait faite avant notre départ en Colombie. Nous empruntons un escalier menant au premier étage et marchons le long de la coursive, admirant les essences tropicales du jardin. D'autres familles sont là, des colombiennes avec des enfants. Certaines viennent abandonner leurs enfants, d'autres, des mères de foyers d'accueil se rendent à un rendez-vous avec une assistante sociale. Impossible de savoir qui est qui et, pourtant, la curiosité me dévore. A gauche au bout de la coursive se trouve une petite salle d'attente donnant sur trois bureaux. Dans l'un, nous serons reçu, dans l'autre, nous verrons une femme abandonner son bébé, dans le troisième, des piles de dossiers avachis sont entassées.

Nous patientons en regardant aux murs les photos jaunies d'enfants de tous âges dans des paysages contrastés : en famille au coin du feu, sur une luge dans la neige, à la mer avec un petit frère ou une petite sœur, en visite devant un monument célèbre... Tous ces enfants, les noirs, les blancs, les métis, tous ont un point commun. Ils sont passés, à un moment ou à un autre de leur vie, dans un de ces bureaux. Ils ont rencontré leurs parents ici et se sont envolés ailleurs, vivre une autre vie. Ils parlent aujourd'hui norvégien, italien, allemand, anglais, néerlandais... Tous ces petits Colombiens dispersés sur la planète et dont la majorité ne se souvient même plus de sa langue maternelle !

Nous commentons les visages radieux, exprimons nos préférences d'attitudes, sautons d'un visage à un autre. Combien de parents nous ont précédés dans cette pièce, à faire les mêmes commentaires ? Combien aujourd'hui ont vu la photo de Jesús, envoyée pour qu'il puisse lui aussi faire patienter les autres avant l'*entrega* ? Je repense aux moments de solitude que j'ai traversés. Ces jours sans fin où j'attendais un mail de l'avocate, un signe de l'*ICBF*. Ces jours où je n'avais pour seule nourriture que les propos désenchanteurs des travailleurs sociaux de nos administrations ou des associations pour qui nous n'étions pas un couple idéal, sans compter les maladresses de l'entourage. Cela me semble loin maintenant. Et je comprends pourquoi cela valait le coup de résister.

La porte ouverte sur le petit débarras nous attire. Sur les étagères, des dossiers empilés portent les noms des mineurs et quelques indications. Dans chacun d'entre eux, toujours la même chose : quelques feuilles sur l'histoire de l'enfant, son attitude à l'arrivée dans l'institution ou le foyer d'accueil provisoire, les conditions de son abandon, le suivi psychologique, les renseignements sur la famille lorsqu'on en dispose... Certains sont plus minces que d'autres. Cela dépend de l'âge de l'enfant (plus il est grand, plus il a d'histoire) et de la connaissance que l'on a de son parcours avant son arrivée à l'*ICBF*. Il arrive que l'on ne dispose d'aucun renseignement sur les parents lorsque l'enfant est déposé anonymement et qu'il est trop petit pour pouvoir parler. Les dossiers sont triés par pays et disposés dans des bannettes. De notre place, nous voyons ceux des enfants partis pour la Norvège, les Etats-Unis et l' Espagne, entre autres. Une répartition, un aiguillage, comme sur un quai de gare, qui mènerait à une partie du monde, ou à une autre, avec un aller simple. Ceux-là me paraissent être en partance car pas encore archivés. Ils ont été proposés et une famille qui attend peut-être depuis des années va bientôt recevoir le dossier. L'enfant qui patiente aussi depuis trop longtemps passera bientôt par ces murs pour en ressortir avec des parents.

Plus haut sur les étagères, six rangées de cartons portant la mention *Norvegia*, *Estados Unidos*, *Francia*... Là, je pense qu'il s'agit des fameuses archives dont l'accès est bloqué pendant trente ans.

Nous sommes tous les deux tendus et angoissés. Jean l'est encore plus que moi. Ce qui est rare ! En général, il est l'élément positif, optimiste et rassurant de notre couple alors que je manque toujours de confiance. Je sais que Jesús est peut-être déjà arrivé, qu'il est dans une pièce, tout près d'ici, et j'aimerais le libérer de l'angoisse qui doit l'étreindre. Nous continuons à commenter les photos du mur d'images, imaginant la place que prendra celle que nous enverrons bientôt pour y être affichée. A ce propos, les travailleurs du *Bienestar* se plaignent souvent de ce que les Français oublient rapidement la promesse faite au moment de l'adoption de donner des nouvelles de l'enfant à l'administration. Nous nous sommes promis de faire mentir cette réputation et nous avons envoyé dès le premier Noël des photos, une lettre à l'attention des fonctionnaires ayant travaillé sur son cas ainsi qu'un mail de temps en temps.

15 heures. Une famille sort du bureau des adoptions. Un couple de Français qui avait pris l'avion le même jour que nous et nous reconnaît : « *J'en étais sûre*, dit la femme en me voyant. *Quand je vous ai vus à l'aéroport, j'ai dit à mon mari : Ceux-là viennent pour la même raison que nous à Cali.* » Ils tiennent dans les bras un bébé et sont radieux.

A notre tour. Cette rapidité nous donne l'impression d'un lieu où on adopte à tour de bras et donc... où on abandonne au moins aussi rapidement. En réalité, ce n'est pas comme ça tous les jours.

Nous entrons finalement dans ce bureau où Rosa Pocurull, la défenseur des mineurs, nous invite à nous asseoir autour d'une table ronde. Derrière, une masse de sacs en plastique d'où débordent des jouets, des peluches, des vêtements ou des biberons. Il est de coutume d'apporter des cadeaux, des vêtements pour les enfants ou des produits de soins pour les bébés. Ce n'est pas du luxe. Les institutions, associations et familles d'accueil manquent de tout. Ici, tout est bienvenu. Quoi que vous ameniez, ce sera utile et servira à 100 %.

Nous nous asseyons. Jean est à ma gauche, en face Rosa Pocurull, Ofelia de Umana, la secrétaire, Gladys Fernandez, une assistante sociale, Nelson Rodrigo Jimenez, un psychologue de l'*ICBF* et bien sûr notre avocate, Fabiola Daza. La défenseur des mineurs nous pose quelques questions et constate que je peux y répondre dans sa langue. Une façon de tester mon niveau de vocabulaire ou simple prise de contact ? En engageant une conversation banale, elle cherche sûrement à nous détendre. Je n'arrive pas à réaliser qu'on y est, que le moment est là. Elle entame à haute voix la lecture d'un exemplaire du document que l'on vient de nous remettre, l'*entrega* (1), ce document que nous allons signer expliquant les termes de la remise de l'enfant qui restera sous notre responsabilité jusqu'à la date du jugement. Le père Victor Blanco, qui arrive à ce moment, se propose de jouer le rôle de traducteur. J'avais commencé à le faire pour Jean mais, après tout, le Père a aussi son rôle à jouer. De plus, il manie quand même mieux la langue que moi, il habite depuis trente ans en Colombie et est naturalisé colombien !

J'ai l'impression de signer un document chez le notaire ou quelque chose comme ça. En même temps, je ne me sens pas du tout mal à l'aise. J'ai la sensation que nous sommes perçus tels que nous sommes et je me sens sûre de moi, certaine de notre réussite. C'est d'autant plus grisant que je ne suis pas du tout familière de ce sentiment !

Nous signons à tour de rôle. Ça y est, c'est presque fini ! Grâce à l'avocate, toujours elle, qui avait eu la bonne idée de confier nos passeports au secrétariat afin de vérifier les identités

---

(1) Littéralement, la « remise » (de l'enfant). Ce terme désigne aussi bien le moment de l'accueil de l'enfant dans sa nouvelle famille que les documents officiels que signent les parents qui abandonnent et ceux qui adoptent.

avant cette réunion. Le père Blanco demande si nous en avons pour longtemps, nous parlons un peu avec tous les intervenants car Chucho est là, dans une pièce à côté, et il est très angoissé. Il ne cesse de répéter qu'il a la bouche sèche !

Nous retraversons la petite salle d'attente où nous avions patienté pour atteindre la coursive face au patio. « *Non, pas par là* », m'indique le psychologue qui me voit me diriger vers la salle décorée en face où se fait généralement la remise des bébés. « *A gauche, s'il vous plaît.* ». A ce moment, je croise un regard posé sur nous. Je reconnais immédiatement Asdrúbal, un petit garçon châtain aux grands yeux vert clair bordés d'immenses cils noirs, que nous avons vu sur plusieurs photos aux côtés de Jesús. Il est venu accompagner son copain avec d'autres enfants et sœur Margarita, que je reconnais également immédiatement pour les mêmes raisons. Je les salue de la main et tout particulièrement Asdrúbal, qui, fier d'avoir été remarqué, s'approche de nous. Je l'embrasse mais une autre main m'entraîne vers la pièce de gauche. « *Vous pouvez y aller maintenant* » murmure à mon oreille la défenseur des mineurs.

Nous rentrons dans une minuscule pièce de quatre mètres carrés environ. Chucho est assis là, à une petite table. Il n'a pas touché au jus d'orange qui lui a été donné. Mais il a eu tout le temps de pétrir la boîte, cabossée. Immédiatement, il se lève et vient se coller à moi, silencieusement. Jean est rentré derrière moi. La première impression est qu'il est encore plus beau que sur les photos. Qu'il est plus petit aussi. Nous l'avons tellement imaginé grand que, une fois devant lui, nous sommes étonnés de constater que nous avons affaire à un enfant, pas du tout à un adolescent. Il se colle ensuite à Jean, toujours sans parler. L'instant est étrange et merveilleux. Nous sommes là, debout tous les trois sans savoir quoi nous dire, le père Blanco et le psychologue sont aussi rentrés, ils se tiennent le plus loin possible de nous dans la pièce, c'est-à-dire tout près, vu l'exiguïté des lieux ! Ils discutent à voix basse, pour ne pas nous déranger, et font tout pour se faire oublier. Ils semblent ignorer notre présence mais, en réalité, je sais qu'ils enregistrent dans leur tête tout ce qui est en train de se passer dans cette pièce. Ils observent la réaction de Chucho, la nôtre, au cas où. Ils ne nous gênent pas. Signe de tension, ma mâchoire crispée est meurtrie.

Je parle doucement à l'oreille de Jesús. Je lui dis que nous savons à quel point la décision qu'il a prise de venir avec nous est difficile, qu'il se rassure, le plus dur est déjà fait. Par la suite, nous serons là pour l'aider. Il n'a aucune raison d'avoir peur. Je lui raconte sa jolie chambre jaune avec des motifs de mer bleus aux murs dans notre maison. Je lui parle aussi des chiens et des chats du foyer, de leurs couleurs et de leur caractère, de Chupa-Chups, qui a arraché avec ses griffes le papier peint de sa chambre le jour où nous avions fini de le poser, du club de foot où il pourra s'inscrire s'il le souhaite. Je ne sais pas combien de temps nous restons dans cette pièce, scotchés tous les trois dans la moiteur de Cali. C'est un moment magique et inoubliable.

Chucho arbore son visage triste, ses yeux *cafés oscuro*s qui n'osent regarder en face tant il est intimidé, la peau cendrée et les dents parfaitement blanches lorsqu'il arrive à émettre un sourire. Il répond doucement à mes questions « *Si señora* », « *No señora* », d'une voix presque inaudible. Les premiers jours, je lui demanderai de ne plus me parler en m'appelant « *señora* ». Il peut m'appeler Guylena, comme il le faisait dans ses mails ou ses fax, mais pas madame ! Il semble étonné de cette demande mais obéira. Je me rends rapidement compte de mon ignorance. Ici, la plupart des enfants vouvoient leurs parents et appellent leur mère *señora*.

Deux mois plus tard, de retour en France, Chucho me confiera ses impressions au sujet de cette rencontre : « *Au début, je ne comprenais pas tout ce que tu me disais. Je me disais que je n'avais jamais entendu un tel accent. Je trouvais cela bizarre. Ça m'étonnait mais je n'osais rien dire. Je me disais : "Que c'est étrange !" Puis, je m'y suis rapidement habitué. Maintenant, je ne l'entends même plus ! Je me rappelle que tu avais des chaussures rouges. Et papa avait une chemise avec des rayures. Avant que vous ne rentriez, j'avais appelé*

Asdrúbal, qui était dans le couloir avec le Père et les autres enfants. Je lui avais demandé : "As-tu vu mes parents ?" Et lui m'avait dit que oui, que vous étiez là, qu'il en était sûr puisqu'il t'avait reconnue grâce aux photos. Il m'a dit : "Ta mère, elle a bien les cheveux un peu roux ? Et ceux de ton père, ils sont bien châtains, avec un peu de gris ? Il est grand et il a les yeux bleus. Eh bien je les ai vus !" Puis, il m'avait demandé : "Comment sont-ils habillés" et je lui avais répondu : "Comment veux-tu que je le sache ???" Il est drôle, Asdrúbal ! Alors, comme je vous savais tout près, j'étais inquiet, je me demandais comment ça allait se passer, si j'allais encore attendre longtemps. Il m'a semblé que j'allais passer toute ma vie ici ! C'est pour ça que j'avais la bouche sèche ! »

Nous quittons finalement le *Bienestar*, non sans que le père Blanco ait tracé sur le front de Jesús un signe de croix et que ce dernier ait embrassé sœur Margarita et touché amicalement Asdrúbal, hébété et incrédule, devant ces parents tombés du ciel.

Petit détour par l'étude notariale pour signer des papiers sans savoir vraiment de quoi il s'agit car nous faisons confiance à Maria Leticia, mandatée par sa mère, et surtout parce que nous sommes à l'écoute de Jesús, pétrifié de peur, tentant d'occuper son esprit en lui parlant. Nous filons ensuite déposer son sac à dos à l'hôtel. « *Je n'ai pris que l'indispensable. Je prendrai le reste plus tard à* Mi Casa » nous confie-t-il en sortant en premier de son sac la Game Boy achetée en France et acheminée gracieusement par des *Caleños* (1), de retour dans leur pays quelques semaines auparavant, et un maillot de football. Mais son premier geste sera de m'offrir le petit éléphant porte-clés qui pend à son sac à dos. En marchant jusqu'à l'hôtel, je lui ai en effet confié aimer beaucoup les éléphants, que je trouve touchants avec leur énorme derrière et leur toute petite queue.

Nous partons nous promener dans un quartier indiqué par Maria Leticia, au bord du *Río Cali*, où l'on trouve des glaciers,

(1) Habitants de Cali.

des petits restaurants. Une terrasse ombragée n'attend que nous. Nous essayons de l'amadouer comme nous pouvons. Il nous suit docilement mais ne nous regarde pas dans les yeux qu'il baisse à chaque fois que l'on croit surprendre son regard. C'est sa façon à lui de se protéger, de ne pas se livrer. Il n'arrive pas à choisir parmi les glaces de la carte, toutes plus alléchantes les unes que les autres. Il se décide finalement pour une coupe avec du chocolat. Jean l'accompagne. Pour ma part, je ne peux rien avaler et me contente d'un coca. Je crois que personne n'a envie de manger quoi que ce soit mais nous ne voulions pas rentrer directement à l'hôtel. La communication est presque impossible entre Jean et lui du fait de la barrière de la langue. J'essaie de meubler le silence. Derrière nous s'écoule bruyamment le *Río Cali*.

Sur le chemin du retour, il ose me confier à voix basse qu'il voudrait nous présenter la famille qui l'accueille parfois le week-end depuis trois ans. Nous acceptons d'autant plus volontiers que nous voulions le lui proposer. Ce foyer est un peu le sien depuis qu'il y est reçu comme un fils. Les enfants abandonnés se raccrochent souvent à tout ce qui pourrait ressembler à une famille. Pour lui, c'est sûrement indispensable pour faire le lien entre ses deux vies, celle qu'il quitte et le grand plongeon, celle dont il ignore tout.

Sa voix est à peine audible tant il est intimidé. Je repense aux paroles du Père : « *Vous allez avoir du mal à le faire parler. Mais dans peu de temps, croyez-moi, vous regretterez le moment où il était silencieux !* »

Une fois arrivés dans la chambre, je lui propose de trier les cadeaux pour *Mi Casa*. Nous commençons par mettre de côté ceux pour ses meilleurs amis, nous distribuerons le reste. Asdrúbal, sa petite sœur, Oscar, Ortiz, la famille de *Doña* Adela et *Don* Demetrio, Lucho et Leydie leurs enfants, *Hermana* Margarita, Hermana Dora, Maria la psychologue... sans oublier le Père.

Nous entamons ensuite une partie de Monopoly. Il ne connaît pas bien les règles mais les assimile tout de suite et se met rapidement à prospérer. Riche propriétaire possédant l'*Avenida Nueva York*, la *Plaza del Parque* et *El Paseo Tablado*, il accumule les biens et l'argent et nous « rackette » rapidement. Il a une chance incroyable alors que, à chaque fois que Jean lance les dés, c'est pour finir en prison, payer un impôt ou atterrir dans une propriété à loyer élevé. Une telle guigne déride Chucho qui se met franchement à rire car Jean n'y coupe jamais. Chaque lancement de dés augure d'une nouvelle « catastrophe » quand lui gagne plus que jamais. Chez ces enfants qui ne savent pas perdre, qui trichent plutôt que d'être seconds, sortir vainqueur revêt une importance capitale, même s'il n'y a aucun enjeu. Nous gagnons sa confiance dans cette partie, aussi incongru que cela puisse paraître. Je traduis les propos de l'un et de l'autre pour que tout le monde puisse se comprendre. « *Jesús pense que... Juan te dit que...* » Je ne compte pas le nombre de fois où j'ai commencé mes phrases de cette façon ! Nous dînons tardivement et rencontrons peu de gens dans la salle à manger. Ça tombe bien ! On n'en avait pas tellement envie! Une brise légère passe à travers le moucharabieh et les serveuses font preuve de beaucoup de délicatesse et de discrétion. Je m'étonne moi-même en prenant pleinement conscience de ma chance.

Nous retournons nous coucher dans notre chambre et... tous les trois dans le même lit.

Coincée entre Jean et Jesús qui s'endorment rapidement, je ne trouve pas le sommeil. Moi qui pensais qu'il ne fermerait pas l'œil de la nuit, qu'il aurait le blues ou je-ne-sais-quoi, je constate qu'il s'endort en m'enlaçant comme si nous nous connaissions depuis toujours. Dans la nuit, je regarde son petit nez, sa mâchoire volontaire et avancée. J'enregistre son odeur un peu épicée dans ma mémoire. Une nuit hors du temps.

Chapitre III

On se découvre

Mardi 11 septembre

Apprentissage d'une nouvelle cellule familiale

Sourd à toutes les sollicitations, Chucho dort d'un sommeil de plomb. Jean allume la télévision pour faire plus de bruit et, éventuellement, savoir ce qui se passe dans le monde. Il est 8 h 45 et un film catastrophe diffuse ses improbables images de paysage urbain dévasté. Nous sommes soudain cueillis par la stupéfaction. Il ne s'agit pas d'une chaîne de fiction mais de CNN en espagnol. Et sur le petit bandeau en bas, est inscrit *en vivo* qui signifie « en direct ». Nous ne comprenons pas. De quoi s'agit-il exactement ? A ce moment, la caméra montre un homme de face qui sursaute. En arrière-plan, un avion pénètre dans une tour comme dans du gâteau. Comme des millions de téléspectateurs dans le monde, nous assistons incrédules à la plus grande attaque terroriste jamais connue aux Etats-Unis. Nous en oublions de réveiller Jesús. Lorsque je me retourne, il regarde lui aussi le « film » qui l'intéresse. Je lui explique qu'il s'agit de la réalité même si je ne comprends pas exactement ce qui se passe.

Au petit déjeuner, Jesús, nullement impressionné par ce qu'il vient de voir – cela ressemble à ce qu'il a l'habitude de regarder à la télévision –, boit deux tasses de chocolat au lait et mange des tartines de pain et de beurre. Il ne connaît pas la confiture ou n'a pas l'habitude d'en manger et ne touche pas à celle de la pension.

Je meurs d'envie de rentrer dans une librairie repérée la veille pour acheter des livres et des cartes postales et Jesús a besoin d'une paire de chaussures. En effet, si le Père s'est ruiné pour lui acheter de belles Nike toutes neuves, elles sont un peu grandes. Il doit se talquer les pieds matin et soir et porte deux paires de chaussettes pour éviter les brûlures. Mais il fait plus de trente degrés ! La pension est à un quart d'heure du *Paseo Bolivar*, à pied. Nous ne trouvons pas notre bonheur. Chucho est entre deux tailles et quand une paire ne lui est pas trop petite... c'est qu'elle est trop grande !

Côté livres en revanche, il craque pour deux recueils d'histoires pour enfants. Je suis frappée de constater qu'il choisit des ouvrages réservés habituellement aux enfants de sept à huit ans, des contes illustrés. Mais il n'a certainement jamais eu l'occasion d'en lire ou de s'en faire raconter un, c'est pourquoi je ne marque aucun signe de surprise. Au contraire, je l'encourage. Qu'il choisisse un livre qui lui fasse plaisir ! Il opte donc pour *365 Cuentos*, une histoire pour chaque soir, et *Cinco Maravillosos Cuentos en un Volumen de Lujo*. En rentrant à l'hôtel, la première chose qu'il fera sera d'apposer son nom sur la première page des ouvrages. « E*ste libro pertenece a Jesús Antonio Perez R.* » écrit-il, sans se tromper ni hésiter avec son nom d'origine, Salazar, qui est pourtant le sien jusqu'au jugement.

Nous nous arrêtons sur la place des écrivains publics pour rentrer dans la banque Titan où nous savons que nous pourrons changer quelques dollars. « *No se puede cambiar dollars señora* », recevons-nous pour toute réponse au moment où je tends mon passeport. Nous ne tardons pas à comprendre. La jeune femme au guichet m'explique que, depuis l'attentat des *Twin Towers* de New York, le change en dollars est interrompu jusqu'à nouvel ordre. Je suppose qu'ils craignent une dégringolade du billet vert. Nous voilà bien avec quasiment plus de pesos en poche ! Nous rentrons fissa à l'hôtel pour tenter notre chance auprès de la réceptionniste. Au standard, ils ne savent pas encore que le change est bloqué dans toute la Colombie. Alors nous profitons lâchement du liquide de la caisse.

Petit passage par la piscine de chez Stein. Jesús est un peu déçu par sa taille. Evidemment, celle de *Mi Casa* est beaucoup plus grande. Elle a été offerte par un riche donateur de Cali et les plans dessinés par le même architecte qui a réalisé celle de l'hôtel Continental. Difficile de faire mieux ! Mais nous sommes également beaucoup moins nombreux à la pension...

Jean joue au méchant requin qui veut manger le gentil garçon et Chucho le surnommera rapidement « *El Tiburón* » (1).

Quand il sort de l'eau avant de replonger, tout le monde peut voir les nombreuses tâches blanches qu'il porte sur tout le corps. Personne ne me posera de questions à ce sujet ou ne montrera une réticence à se baigner avec lui. Chucho n'est plus malade mais cette décoloration de la peau est due à un vitiligo qui n'a été soigné qu'à l'âge de huit ans et demi, lorsqu'il est entré en institution, et qu'il traînait d'après son dossier médical depuis l'âge de quatre ans. Mince mais pas maigre, il est fier de bander ses muscles. Il pèse trente-cinq kilos pour un mètre quarante-cinq, fait du six et demi de pointure en taille américaine (trente-six et demi en France) et s'habille en douze ans, son âge. En dehors du jeu, il est timide, n'ose rien. Il est aussi nonchalant, comme nous l'avait dit le père Blanco. Il a fallu lui dire quatre fois d'aller à la douche hier. Non pas qu'il rechigne à se laver, non, mais il regardait un dessin animé sur sa chaîne préférée, *Cartoons Network*. Ce matin, il a également été très long à se lever, ce qui me paraît surprenant car il n'est pourtant pas déjà habitué à nous !

Avant de déjeuner, je propose à Chucho d'écrire un message au Père par Internet. Nous qui avons consulté nos mails pendant des mois à l'affût des messages en provenance de Colombie, nous nous retrouvons maintenant de l'autre côté. Le Père doit attendre des nouvelles, se demander comment cela se passe, etc. Sur ce premier mail envoyé depuis l'hôtel avec une adresse que j'ai créée spécialement pour lui, Chucho écrit :

« *Merci de m'avoir donné des parents si gentils. Je vous aime. Baisers de Jesús Antonio Chucho.* »

15 h 30. Nous attendons la voiture d'Enrique, le directeur de l'hôtel, qui doit nous amener au zoo. Je n'aime pas du tout ce genre d'endroit et n'amènerais pas Jesús dans des zoos en France car je n'ai pas vraiment de plaisir à contempler le spectacle de la captivité d'animaux sauvages mourant d'ennui dans

---

(1) « Le Requin. »

du béton décoré. Mais la situation est un peu exceptionnelle et il n'y a pas beaucoup d'endroits pour distraire les enfants à Cali, hormis les clubs privés où il faut être membre pour rentrer.

Sur le perron de l'hôtel, des parents fument une cigarette dans les canapés, boivent un café pendant que les petits jouent. Chucho se tient dans l'embrasure de la porte, regardant à droite et à gauche, sans jamais oser croiser le regard des gens qui l'entourent. Il a son petit visage triste. Peut-être se demande-t-il ce qu'il fait ici ? Nous sommes un peu gênés face aux familles car tous les enfants paraissent à l'aise et lui fait triste figure. Il est vrai que les autres sont plus petits et qu'ils ont intégré leur nouvelle vie plusieurs jours avant lui.

« *Chucho, souris un peu, sinon tous ces gens vont penser que l'on te bat !* » lui dis-je. J'ai droit à une grimace furtive voulant imiter un sourire. Enrique arrive enfin et nous fait monter dans son minibus énergiquement. Nous nous glissons au fond pour pouvoir être tous les trois à côté. J'ai toujours du mal à me mêler aux gens que je ne connais pas quand Jean, lui, beaucoup plus sociable, sympathise tout de suite, à droite et à gauche.

Le zoo ne se trouve pas très loin de la pension Stein. Nous y sommes en moins d'un quart d'heure. Chucho y est déjà venu deux fois, il va jouer les guides. Nous qui comptions lui faire découvrir ! Qu'importe. Nous prenons les premières photos. Il s'applique à sourire mais, entre deux clichés, il semble un peu triste. Nous essayons de le faire rire en singeant les animaux, mais sa mélancolie perdure. Il nous impressionne par sa connaissance des espèces et par sa capacité à débusquer un animal dans son habitat lorsqu'il se confond avec celui-ci ou que seule la queue dépasse d'un terrier. Sa vision est extraordinaire. Nous nous amusons à regarder un enclos en même temps que lui mais il est toujours le premier à voir un serpent lové au fond d'un arbre creux ou un lynx caché dans un buisson. Lorsque nous pensons qu'un lieu est déserté, on entend sa petite voix : « *Regarde, on voit le bout de son museau, là !* ». Mais il ne s'attarde pas devant chaque animal. Il s'arrête, lit le nom sur le panneau s'il ne connaît pas l'espèce et passe à un autre. S'il perçoit remarquablement son environnement, il ne reste jamais longtemps au même endroit, à détailler les lieux. Il avance souvent devant nous et se montre un peu « absent », comme s'il voulait prendre de la distance. Le rapport de l'*ICBF* parle de violence, de rébellion et de dépression à son arrivée à *Mi Casa*. La violence et la rébellion semblent révolues, et la dépression transformée en épisodes dépressifs, en moments de tristesse. Nous le percevons en ce moment. Il est absent, sourit poliment aux blagues et retombe dans son mutisme. A quoi pense-t-il ? Nous ne le saurons probablement jamais.

A 18 heures, fermeture des portes du zoo. Enrique n'est pas encore là, nous l'attendons devant les grilles. Dehors, une femme et un homme vendent de la viande grillée dans un petit stand de fortune, une charrette installée au bord de la route. Je regarde un petit chien, aux côtes saillantes, aller de droite à gauche, attiré par la bonne odeur mais n'osant pas s'approcher trop près, de peur d'être chassé. A chaque passage de voiture, je tremble de le voir percuté. A l'heure qu'il est, il doit s'être fait écraser depuis longtemps.

Enrique arrive et nous rentrons à l'hôtel en longeant le *Río Cali* qui charrie ses gros galets.

Dans la chambre, nous regardons les cartes postales que nous avons achetées.« *On ne pourrait pas aller se promener là-haut ?* » demande Jean en montrant une carte représentant *Cristo Rey*, le christ sur sa croix dominant tout Cali. « *Demasiado peligroso. No se puede ir. Muy peligroso,* (1) répond Chucho. *Et pourquoi c'est dangereux ?* » demandons-nous faussement naïfs car nous savons que, lorsqu'un Colombien vous dit qu'un quartier est dangereux, mieux vaut ne pas aller y mettre les pieds. Au mieux, on peut être dévalisé, au pire, prendre un mauvais coup... « *No sé. Porque hay gente mala* », (2) finit-il par répondre.

Les télévisions du monde entier ne cessent de diffuser l'at-

(1) « Trop dangereux. On ne peut pas y aller. C'est très dangereux. »
(2) « Je ne sais pas. Parce qu'il y a de mauvaises personnes. »

tentat des tours de New York et nous essayons de comprendre ce qui se passe en écoutant CNN espagnol et *TV Caracol*. Mais ici, on parle plutôt des répercussions sur l'économie du pays. La Colombie est le quatrième producteur de fleurs au monde et approvisionne l'Amérique du Nord mais aussi le marché européen. Avec la suspension provisoire des vols vers les Etats-Unis, les exportations de fleurs sont remises en question et cela va faire chuter le chiffre d'affaires de centaines d'entreprises. De plus, il existe beaucoup de liens d'échange économique entre ces deux pays.

El Tiempo a sorti une édition spéciale dans l'après-midi mais, à l'heure où nous la cherchons, elle est introuvable. J'envoie un mail à des confrères du journal où je travaille en posant les premières questions qui me viennent à l'esprit dans l'espoir d'avoir des nouvelles de France.

La partie de Monopoly entamée la veille nous tend les dés. Jean continue de jouer de malchance tandis que Chucho compte et recompte son argent, investit dans des maisons et chantonne gaiement « *Je suis riche, je suis riche, je suis de plus en plus riche !* ». Il fait quelques tentatives pour tricher mais, lorsque nous ne nous en rendons pas compte, il nous l'avoue en riant. J'ai eu la main heureuse en choisissant ce jeu. Pendant que nous jouons, il se lâche vraiment, riant, chantonnant, ce qu'il ne fait pas en temps ordinaire.

A table, il mange de tout, en quantité raisonnable, refuse volontiers le dessert lorsqu'il est rassasié. Il goûte facilement à tout et ne se montre pas difficile (1). Il se tient bien et ne perd pas une miette de ce qui se passe autour de lui. Tous ces petits Colombiens parlant allemand, anglais ou français doivent le perturber mais il n'en pipe pas mot. En allant chercher un Coca dans le grand réfrigérateur en verre du couloir, il croise une femme de ménage qui lui demande quelle langue il

(1) Lorsqu'il sera en France, ce sera une autre histoire. Il se montrera rapidement très difficile, n'aimant que bien peu de choses hormis les tomates, les carottes crues, les fruits et la viande, et regrettera longtemps les plats de son pays.

parle : « *Anglais ? Non ? Allemand ? Tu es français, hollandais ?* » et face à l'incompréhension de Jesús devant ces questions saugrenues, elle continue « *Espagnol ? Tu sais parler l'espagnol ? Et depuis combien de temps ?* » Eberlué, il lui répond qu'il est d'ici, de Cali. « *Ah ! Et quand en es-tu parti ?* », lui demande-t-elle avant de comprendre qu'il vient juste d'être adopté, malgré les apparences.

Il est si âgé que tous ceux qui nous voient la première fois pensent à une famille revenue adopter un petit frère ou une petite sœur après une première adoption, il y a plusieurs années. Je suppose que les pensionnaires d'Enrique Stein ont tous été surpris lorsqu'ils nous ont vus revenir le lundi de l'*ICBF* avec un enfant si grand. Et encore, ne fait-il pas physiquement ses douze ans et demi !

A 21 heures, la sonnerie du téléphone retentit. C'est l'heure du père Blanco. Jean et moi sortons dans la cour face à notre chambre, pour laisser le champ libre à Jesús.

Ça tombe bien, quelqu'un a oublié *El Tiempo* sur la table basse de l'entrée. Huit Equatoriens vivant à la frontière colombienne accusent *Dyncorp Aerospace Technology*, une des entreprises chargée des fumigations dans le cadre du *Plan Colombia*, d'avoir intoxiqué et provoqué la mort de quatre enfants. Le *Plan Colombia* a été signé le 31 août 2000 par Andrés Pastrana et Bill Clinton, alors président des Etats-Unis. Il prévoit la défoliation, par fumigations ariennes d'herbicides (du glyphosate), des cent soixante mille hectares de plantations de coca en Colombie. Mais sur les cultures s'intercalent légumes et coca, et les productions vivrières de la zone concernée sont aussi touchées par ce traitement, mettant en danger l'avenir des Indiens.

Cinquante et un mille hectares de coca ont été détruits au premier semestre 2001. Mais les chiffres officiels de 2000 donnaient cent vingt-cinq mille hectares de plantations, contre cent soixante mille à l'heure où j'écris ces lignes...

L'aide des Etats-Unis, essentiellement militaire, est de 1,319 milliard de dollars, avec la fourniture de soixante hélicoptères. N'oublions pas que la Colombie est le premier producteur mondial de cocaïne avec cinq cent quatre-vingt tonnes par an exportées pour les trois quarts vers les Etats-Unis (1).

L'article d'*El Tiempo* raconte l'histoire de Betty San Martin, enceinte de quatre mois lorsque les fumigations ont commencé sur les plans de cocaïne, de l'autre côté de la frontière, à cinq kilomètres de là. Ce jour-là, elle a commencé à vomir, puis à être prise de quintes de toux et de diarrhées. Lorsque son enfant est né, il souffrait de terribles déformations sur tout le corps, vomissait et avait de la fièvre. Le bébé est mort quelques jours après, à l'hôpital de Lago Agrio, où trois autres enfants sont morts dans des circonstances similaires.

Des cris me sortent de la lecture. Juan José (2) est en train de battre le record de saut de canapé sous les yeux de sa mère, étonnée par un pantin si remuant, de son père amusé et de Jesús, qui vient de raccrocher le téléphone.

Nous filons vers notre chambre.

Après la douche, Jesús prend un livre d'histoires et s'installe au lit. Un quart d'heure plus tard, je le rejoins et nous lisons à tour de rôle. Ce que j'avais remarqué dans ses écrits se confirme à l'oral. Il ignore la ponctuation. Il saute facilement les points et ne marque pas les virgules. Cela ne l'empêche pas de comprendre ce qu'il lit et il a une bonne élocution. Avant de tourner chaque page, il prête beaucoup d'attention aux dessins. Chucho semble intelligent mais lent... lent pour aller à la douche, pour s'habiller le matin, pour prendre une décision, pour faire un choix... Dès qu'on lui laisse la possibilité de choisir un parfum de glace, une couleur pour un tee-shirt, un plat au restaurant, il

---

(1) En mai 2002, le chef de la police antidrogue colombienne, le général Gustavo Socha, sera démis de ses fonctions en raison d'irrégularités commises dans l'utilisation de l'aide financière des Etats-Unis pour combattre le trafic de drogue. Une vingtaine d'officiers de la police antidrogue seraient mouillés dans le détournement de plus de 2 millions de dollars (Source : AFP et *Courrier international*).

(2) Rebaptisé Juan Raphaël. Ses parents sont allés le chercher à l'*ICBF*, une semaine avant notre arrivée. C'est presque encore un bébé, avec une bouille ronde et des yeux malicieux et intelligents. Sa vivacité sera remarquée de tous.

tombe dans un abîme de perplexité, soupèse, compare, réfléchit et, si bien des fois nous n'avions fini par trancher, nous y serions toujours ! Et encore, les toutes premières fois, refusait-il de choisir. « *Non, choisis, toi* ! » nous répondait-il invariablement à Jean ou à moi, comme si la possibilité de se tromper l'effrayait !

Pendant que Jean prend sa douche, je lui demande: « *Peux-tu dormir seul cette nuit ou veux-tu dormir avec nous ?* Et de sa petite voix, doucement, il ose à peine : « *Avec vous, peut-être...*» Nous nous coucherons donc tous les trois une nuit de plus. Ensuite, Jean craquera et ira dormir dans le petit lit, nous laissant le grand lit pour nous deux. Au diable les psy ! Nous sommes une famille en devenir, à l'équilibre fragile. Jean et moi sommes un couple solide et Chucho vient se greffer à nous, avec ses craintes et sa lourde histoire. Autant lui faciliter la tâche ! Il ne réclame que de la présence. D'ailleurs, il n'en développera pas pour autant une préférence pour l'un ou pour l'autre. Et réintègrera sans problème un lit individuel lorsque nous quitterons l'hôtel.

Nous éteignons notre côté à 22 h 30, après deux rappels de Jean qui râle. Oui, c'est vrai, il est tard et nous ne commençons décidément pas par les bonnes habitudes. Mais il n'est pas question d'école pour l'instant (ce sont de vraies grandes vacances!) et nous nous sentons vraiment hors-calendrier.

Cette nuit-là, la fatigue accumulée fait sentir ses effets, mais je me réveille à 5 h 30 en même temps que Jean. Nous regardons Jesús dans son sommeil. « *Regarde comme il est joli. On a envie de lui manger le nez ! Il est mignon comme un petit chat* » dis-je à Jean, qui aquiesce.

Chapitre IV
Visite de *Mi Casa*

Mercredi 12 septembre

Des salles de classe au dortoir

Ce matin, nous allons à *Mi Casa* pour que Chucho nous présente ses amis, le personnel d'encadrement, les sœurs... Avant de partir, nous trions une dernière fois les montres, les tee-shirts, les feutres, les porte-clés... Nous ne savons pas comment va se passer cette journée mais nous avons hâte d'être sur place, de découvrir les lieux qu'il a occupés pendant cinq ans, les gens qui l'ont côtoyé. Chucho ne montre aucun sentiment lorsque nous les évoquons mais cela est dû à de la timidité. Il a une certaine réticence à évoquer son séjour à *Mi Casa*, ce qui changera par la suite.

Le taxi traverse la ville qui paraît constituée d'interminables faubourgs collés les uns aux autres. Un projet de construction de nouveaux logements sociaux est à l'étude. Il prévoit aussi des aménagements piétonniers. Qui sait s'il verra le jour ? Un autre s'intéresse à la réorganisation des transports en commun que la municipalité aimerait bien développer pour fluidifier le trafic. Des préoccupations que nous connaissons bien en France !

Les autorités doivent faire face à bien des difficultés. Des employés de l'hôpital de la *Candelaria* protestent depuis quelques jours. Leur prime de juin n'a toujours pas été payée. D'ailleurs, ils n'ont pas vu la couleur d'une quelconque rémunération depuis quatre mois. Le service des rayons X ne fonctionne plus par manque de personnel et la gestion de l'hôpital fait l'objet de bien des réserves...

Le taxi slalome, accélère, freine. Le chauffeur évalue les chances qu'il a de gagner une place dans le trafic.

Parfois, la voiture se retrouve prise en étau entre un bus ou une *chiva* (mode de transport typiquement colombien) d'un côté et un autre taxi de l'autre, il y en a tellement ici ! Nous arrivons toujours à passer, sans froisser de tôle, comme par miracle. C'est sûr, quelqu'un veille sur nous ! Moi qui ai toujours peur en voiture quand je ne conduis pas, je deviens très fataliste. Par rapport à la façon de conduire locale, on voit finalement peu d'accidents ! On slalome, on zigzague, on freine brutalement parfois... et ça passe. Le chauffeur est très calme, c'est un jour ordinaire. A droite, l'inévitable *Plaza de Toros*, un peu plus loin à gauche, les lumières du stade où s'entraîne l'*America Cali*, club fétiche de Chucho.

La *Quinta* fait deux fois deux voies et semble interminable. Elle descend presque jusqu'au *Barrio Meléndez*, au sud-ouest de la cité, un quartier populaire. Le revêtement de la route devient moins bon. « *C'est là!* » crie Jesús au chauffeur, qui allait passer sans s'arrêter devant l'institution dont le mur affiche pourtant *Colegio Industrial Luis Madina*, du nom de son fondateur. La course revient à cinq mille six cents pesos et nous n'avons qu'un billet de vingt mille pesos. Le chauffeur n'a évidemment pas de monnaie. On se demande ce que les commerçants font de leur recette. Courent-ils la mettre à la banque plusieurs fois par jour ? Ont-ils si peur d'un mauvais coup que personne n'ose ouvrir son tiroir-caisse au risque d'exposer à la vue des clients quelques billets qui peuvent parfois suffire à coûter une vie? J'envoie Chucho chercher de la monnaie au collège. Content de cette mission, il s'exécute en courant. Il revient quelques minutes après avec l'appoint. Le gardien insiste pour nous faire rentrer immédiatement. Il ne veut pas que des étrangers stationnent dans la rue à cet endroit. Il est vrai que le Père reçoit tant de menaces en ce moment ! A *Mi Casa*, les nouvelles vont vite et le père Blanco, prévenu par tout ce remue-ménage, arrive. « *Bienvenue à* Mi Casa. *Je vais vous faire visiter le domaine de Manchitas !* ».

La plupart des enfants ici appellent Chucho *Manchitas*, ce qui signifie « le Tacheté », en raison des nombreuses taches blanches qui émaillent son corps, résidu de vitiligo. Et comme, avec le climat tropical de Cali, il se promène la plupart du temps en short et en tee-shirt, personne ne peut ignorer cette caractéristique de son anatomie.

La sœur Margarita, non loin de là dans la cour, vient nous saluer. Elle est souriante, discrète et chaleureuse à la fois. Elle n'a pas besoin de beaucoup parler pour que l'on sente à quel point cette femme est dévouée. Chucho a dû la faire tourner en bourrique plus d'une fois car nous avons souvent lu des anecdotes à propos de la sœur Margarita dans les mails. Nous commençons notre tour par les petites classes.

On peut rentrer en primaire à *Mi Casa* et en sortir avec le bac. Ici, on apprend surtout des matières techniques et industrielles. L'important est d'acquérir un savoir-faire permettant de pouvoir travailler lorsque l'on en sort. En passant devant la salle des professeurs, nous rencontrons un homme et une femme qui ont été les enseignants de Chucho. L'institutrice, une très belle brune, l'avait même pris en week-end à plusieurs reprises avec ses propres enfants (1). Je crois comprendre que l'autre maître avait fait de même. Je ne peux m'empêcher de penser qu'avec tous les foyers qu'il a connus, le nôtre n'est pour l'instant qu'un hébergement de plus. Il y a eu celui de sa mère, avec de vagues souvenirs de frères et de sœurs dont il ne se rappelle pas les noms, celui de la *mamita* (grand-mère), puis des amis hébergeant la grand-mère, celui des instituteurs, puis de la famille de son copain Lucho, le week-end. Il a l'habitude de changer d'endroit et de chambre. C'est sûrement pour cette raison qu'il ne montrera jamais aucune inquiétude à l'idée d'intégrer une nouvelle maison.

Nous faisons également la connaissance de la *Hermana* Dora, chargée des questions d'enseignement. Une petite bonne femme à la peau fripée, qui doit être énergique lorsque c'est nécessaire et qui nous accueille avec beaucoup de joie et d'émotion. Avant de se rendre au *Bienestar* deux jours auparavant, Chucho a passé

(1) Quelques mois après, cette jeune femme devra faire face à la disparition de son père. Parti retirer sa pension à la banque avec un autre retraité, les deux hommes se volatiliseront sans laisser de trace. Plusieurs mois s'écouleront avant que sa famille ne le retrouve dans un hôpital, à plusieurs centaines de kilomètres de là. Après avoir été dévalisé, le vieil homme avait été laissé pour mort dans un fossé, bourré de drogue. Les médecins qui l'ont soigné ne savent pas encore s'il recouvrera la mémoire un jour.

de longues minutes avec elle à la chapelle de l'école, pour une réconciliation avant le grand départ. Il avait visiblement des choses à se faire pardonner ! Plus têtu qu'un âne, il lui gardait grief de certaines punitions ou remontrances certainement largement méritées.

Nous passons devant des salles de classe surchargées de gamins braillards. Les enseignants ont bien du mérite. En passant devant l'une d'elles d'où s'échappe une colossale cacophonie, nous reconnaissons Asdrúbal, au quatrième rang, à gauche. Le Père l'appelle pour qu'il puisse venir nous saluer. Et il l'exempte de cours pour la matinée pour pouvoir suivre son copain avec sa nouvelle famille. A situation exceptionnelle, décision exceptionnelle ! De toute façon, vu l'agitation de la classe sur notre passage, je ne suis pas sûre que le rendement de ce matin-là ait été inoubliable... Asdrúbal est naturellement ravi et fier de cette préférence !

En réponse à une question de ma part au Père au sujet de la petite taille du garçonnet, celui-ci me confie son inquiétude que l'enfant ne souffre d'une maladie l'empêchant de se développer normalement. « *Nous sommes d'autant plus inquiets qu'il a un frère bossu. Nous devons lui faire subir des examens. Mais vous savez, tous ces enfants ont des carences alimentaires. Nous faisons ce que nous pouvons, mais il faudrait leur donner des fruits plus souvent. Notre alimentation n'est pas assez riche pour des enfants en plein développement. Et puis, qu'a mangé la mère pendant la grossesse ? Et avant ? Bien souvent, il s'agit de lignées de gens carencés.* » Et toujours en désignant Asdrúbal, il continue :« *Tous ces enfants sont issus de la misère. Figurez-vous que le jour de la communion de celui-là, sa mère arrive avec un jeune homme que nous prenons pour son compagnon. En réalité, il s'agit d'un grand frère, dont il a découvert l'existence en même temps que nous.*

« La fête se passe. Tout le monde est content. Nous prenons des photos, nous rions. Un jour heureux, quoi ! Le lendemain, son frère est assassiné dans la rue. Un règlement de comptes sans doute, comme il y en a beaucoup ici. Les gens vivent dans

la misère alors il leur arrive de se mettre dans des histoires qui peuvent leur coûter gros. Asdrúbal aura donc perdu son frère le lendemain de sa rencontre. »

Nous continuons notre visite à cinq, Jean, le Père, Chucho, Asdrúbal et moi.

Direction les ateliers. Le premier, l'atelier mécanique, regroupe une vingtaine d'élèves prenant des notes avant de passer à la partie pratique de l'étude. Derrière eux, de vieux moteurs qui ont déjà dû former beaucoup d'anciens pensionnaires ! Suivent les ateliers de tourneurs, fraiseurs, ajusteurs... Les élèves sont plus âgés. Pour des raisons économiques, le Père n'a malheureusement pas pu en accepter cette année autant que l'année passée. « Seulement » quatre-vingts internes, parmi lesquels quatre ou cinq orphelins sans aucune famille et environ mille quatre cents externes. Les internes sont ces enfants comme Asdrúbal, qui, la plupart du temps, ont un père ou une mère, mais si miséreux qu'ils ne peuvent les nourrir tous les jours. Certains vivent dans des taudis. Acceptés à *Mi Casa*, leurs enfants sont nourris, logés, et peuvent s'instruire. Ils ne leur coûtent rien et auront plus de chance de trouver un travail honnête dans le futur.

« La maman d'Asdrúbal, par exemple, vit dans une pauvre maison d'un quartier très populaire de Cali. Sa petite sœur ne va pas à l'école pour l'instant. Sa mère ne la laisse jamais seule. Elle sait bien que des enfants ont disparu ici. Certains ont été vendus et on ne les revoit jamais. D'autres ont été retrouvés mutilés. On leur a prélevé un organe après les avoir drogués et endormis. Ils se réveillent aveugles ou avec un rein en moins. C'est de l'épouvante mais ce n'est pas une rumeur. Cela arrive. Et les gamins des quartiers pauvres sont des cibles faciles. Il y en a tellement. C'est pourquoi il faut faire attention. Mais tous les enfants n'ont pas des parents qui s'occupent d'eux ! », nous explique le père en continuant la visite. Que de drames derrière ces petits visages rieurs et espiègles !

Jean avance quelques mètres devant moi, écoute attentivement les explications du Père. J'aimerais bien en faire autant mais Chucho et Asdrúbal me posent des questions toutes les trente secondes. *« Comment on dit merci en français ? Qu'est ce que ça veut dire "oh ! la la !" »* car nous nous exclamons souvent ainsi en écoutant les commentaires du Père.

Je m'arrête aussi pour prendre des photos un peu partout. Nous savons qu'il est important lors de notre passage ici d'accumuler les renseignements et les clichés pour pouvoir comprendre mais aussi pour garder des traces de l'histoire de Jesús. Quand il aura vingt ou trente ans, il sera peut-être content de regarder des images de ces lieux où il a passé une partie de son enfance. Nous n'avons rien de concret concernant toute la période précédant son arrivée ici, c'est-à-dire avant août 1996. Les premières photos datent de cette époque. Le seul document est une photocopie abîmée de son extrait d'acte de naissance.

Aux yeux de l'état civil, son oncle paternel apparaît comme son père. Aucune photo ni document concernant son père biologique, assassiné alors que sa mère était enceinte, rien non plus concernant la mère si ce n'est son nom et son âge au moment de l'accouchement : Clara Inés, vingt-quatre ans. Nous disposons d'une revue en noir et blanc sur laquelle on peut voir une photo de la grand-mère paternelle, de profil, allongée dans le lit d'un hospice de Cali tenu par des religieuses.

Tout cela est bien maigre. Mais certains adoptants en savent encore beaucoup moins. Nous avons pu apprendre de quel quartier ses parents venaient, Siloé, un bidonville de Cali où les taxis ne s'aventurent pas. C'est pourquoi je cherche à accumuler photos et renseignements au moins sur la période concernant son passage à *Mi Casa*. Chucho est grand, il devrait s'en rappeler plus tard mais sait-on jamais ? Plusieurs parents nous ont raconté comment des enfants adoptés à l'âge de six-sept ans avaient tout oublié de la période colombienne. Mieux vaut prévoir...

J'essaie donc de suivre les explications du Père. Ainsi, l'été, seule une petite trentaine d'enfants reste à *Mi Casa*. Les autres rejoignent un semblant de foyer, vont chez une tante, une mère ou un frère. En passant devant un atelier, le Père désigne des jeunes portant fièrement une grille solide de leur réalisation :

« Ah ! Voilà la nouvelle protection des chambres des sœurs. Et derrière, une porte pour ma chambre ! Avec ça, les voleurs peuvent toujours courir. Mais qui sait ce qu'ils peuvent inventer pour nous cambrioler ? La veille de votre arrivée, des voyous se sont introduits dans le collège la nuit. Ils ont brutalisé le gardien qui n'a rien pu faire. Peut-être s'était-il un peu assoupi car il semble qu'il ait été pris par surprise. Demandez à Jesús ! Il s'en souvient ! La police est venue et ils ont investi les dortoirs de nuit. Les enfants étaient impressionnés.

« Ils veulent la peau du Père ! Et que s'imaginent-ils ? Que nous roulons sur l'or ? Qu'est-ce que vous voyez ici ? Rien. Des jeunes qui étudient. Mais eux le croient dur comme fer. Ils se disent que, si nous arrivons à nous occuper de tout ce monde, c'est que nous avons beaucoup d'argent. En réalité, je me demande chaque jour comment nous faisons pour continuer. Si nous n'étions pas aidés par Dieu, nous n'y arriverions pas. Ils savent bien que, pour me toucher, pour faire du chantage, enlever un enfant serait le pire pour moi. Et tout le monde sait ici que Manchitas est un peu mon chouchou. Alors oui, il me tarde de vous voir partis d'ici. C'est ma seule hâte. »

A ce point de la visite, nous arrivons devant un bâtiment abritant des ordinateurs. Une belle dotation du Pays Basque... volée quelques mois après son inauguration. Heureusement, le matériel a pu être remplacé par un nouveau don. Et la sécurité a été renforcée. Les lourdes grilles qui avaient été découpées pour entrer dans le bâtiment ont été remplacées par des barreaux en ciment. Là, il faudrait carrément utiliser des explosifs. Mais ici, plus rien n'étonne, alors...

Au fond de l'allée, près de la route, l'atelier menuiserie. « *Je crois que Chucho serait doué pour travailler le bois. Il me semble qu'il avait montré des qualités dans ce domaine.* » Dans le hangar qui sent bon la sciure, les machines sont au repos. *« A une époque, cet atelier fonctionnait à plein régime. Les élèves fabriquaient des meubles que l'on vendait. Ça faisait un peu de beurre dans les épinards comme vous dites ! On en produisait tellement que j'étais même allé voir de nouvelles machines pour produire plus et répondre à la demande. Il y avait beaucoup d'argent à Cali avec les narcos. Et puis, quand le cartel a été disloqué, nous avons perdu beaucoup de clients. Toute l'économie a été bouleversée. Tout le monde, à tous les niveaux, sans toujours en avoir conscience, a profité de cet argent qui circulait... »*

Je m'étonne de l'étendue du domaine et le Père de répondre : *« Il y a quelques mois, nous avions même un champ avec des vaches et des poules. C'était un peu comme une ferme. Mais aux alentours, il y a de plus en plus d'habitations. Et les vaches passaient parfois de l'autre côté du pré pour aller voir ailleurs si c'était mieux ! Les voisins n'appréciaient pas ce genre de visite. Ils ont commencé à se plaindre à cause de l'odeur. Alors, nous avons été obligés de les vendre. »*

En remontant vers le centre de l'école, nous passons devant les cuisines : *« Ici, les enfants font du pain. Chucho sait le faire, il vous montrera en France. Et cette porte, c'est une chambre pour recevoir des visiteurs. Laurent Letourneau* (1) *y a dormi lors de son séjour ici, son frère Nicolas aussi. Et là, à droite au fond du couloir, c'est la laverie. Allons rendre visite à la sœur Inès, elle sera contente de voir Jesús. Et puis as-tu peut-être un vêtement à récupérer ? »*

Nous pénétrons dans une pièce où trône en plein centre une grande table sur laquelle des vêtements sont soigneusement rangés. Autour, une multitude de casiers. Celui de Chucho est le numéro 1. Il l'ouvre et trouve un tee-shirt qu'il souhaite ramener en France. A ce moment, l'idée qu'il y a quelques jours il « appartenait » encore à cette collectivité me traverse. Qu'avait-il de personnel ? Un casier pour les vêtements, un autre pour d'autres affaires, celles de toute une vie, quelques centimètres cubes en tout et pour tout... La sœur nous accueille chaleureusement,

(1) Laurent et Nicolas Letourneau, deux Colombiens nés à Tulua Valle et adoptés à Cali avec leurs sœurs, Anne et Claire, ont créé l'association humanitaire ALCAN : *Asociación para Llevar a Cabo las Ayudas para los Niños*. Leur but, venir en aide aux enfants défavorisés de Cali et d'ailleurs dans la mesure de leur possibilité. Site internet : www.alcan.fr.st.

comme tout le monde ici, et semble contente de voir Jesús. Elle paraît douce, patiente et dévouée, comme nous l'avait décrite le Père.

Dans la cour, du linge sèche. Avec les températures généreuses de Cali, pas la peine d'étendre longtemps ! « Padre, Padre, *je peux ouvrir la porte aux chiens ?* » demande Chucho, qui va avec Asdrúbal libérer les deux gros dogues qui veillent sur *Mi Casa* et les enfants. Séance photo comique où Asdrúbal, qui doit peser trois fois moins qu'un seul des deux molosses, se pend à un collier de toutes ses forces pour faire tenir le dogue en place et où Chucho a bien de la peine aussi. Les chiens sont placides, mais ces impressionnants animaux font un contraste avec la petitesse d'Asdrúbal et les voir obéir mollement aux deux enfants a quelque chose de drôle et d'inattendu.

A ce moment de la promenade, nous arrivons dans les dortoirs. Une odeur de produit désinfectant se mêle à une autre, plus âcre, peut-être celle de l'urine. Jean n'est pas incommodé, moi si. Je préférerais ne pas l'avoir remarqué mais mon odorat est très performant. Dans la pénombre, nous découvrons les petits lits en fer alignés. Tous sont recouverts d'une moustiquaire laissant entrevoir une couverture grise. Nous sommes saisis.

Jesús me montre son lit pour faire une photo. « *Et là, à côté, dort Oscar.* » A cet instant, je suppose qu'il s'agit d'Oscar Izquierdo, un jeune homme de dix-sept ans, au physique de catcheur et au cœur d'or qui aime à jouer les « protecteurs » de Chucho. Cela lui donne un rôle dans la maison et je pense que l'amitié qui lie les deux garçons est sûrement consécutive à leur situation commune d'orphelins. Oscar n'a quasiment personne au monde, si ce n'est une tante qui l'accueille de temps à autre. Le Père se rappelle : « *Figurez-vous que, le jour de sa communion, Oscar était introuvable. On l'appelle, on le cherche partout, on prend peur même. Et puis, nous finissons par le trouver, en larmes. Il s'était caché. Il faut dire que, pour cet instant si important de sa vie, pour lequel les autres enfants ont leur famille en visite à* Mi Casa, *personne n'était venu pour lui. Il était seul. Désespéré. C'était un moment très difficile.* »

Au récit de ce drame et en pensant à ce jeune au regard toujours un peu triste, nous imaginons sans peine l'enfance gâchée, le manque de tendresse, d'une mère, d'un père, toutes ces nuits passées seul au milieu de dizaines d'autres enfants. Personne pour venir border le lit, faire un bisou avant de se coucher, raconter une histoire. Personne. Toute cette misère ravalée, cette dignité.

On aimerait lui dire qu'il ne perde pas confiance, qu'il est aimable, au sens propre du terme. Malgré une enfance difficile, Oscar veut aujourd'hui rattraper le retard et tenter de se faire une place au soleil. Il travaille dur pour obtenir son baccalauréat. *Mi Casa* lui donne cette possibilité. Mais après ? Oscar aimerait bien continuer ses études. En aura-t-il la possibilité? (1)

Le prochain départ de Chucho l'a rendu malade. Asthmatique, la douleur muette de perdre son compagnon d'infortune, celui qui peut le comprendre et qu'il peut comprendre sans forcément devoir parler, celui qui lui donne d'une certaine façon un rôle de père, s'exprime en somatisant. Une forte fièvre qui survient comme par hasard la veille du départ de Jesús pour l'*ICBF*. Sans motif apparent. Mais il n'y a pas de hasard, et la raison nous semble évidente.

Jesús pose sur son petit lit. Il sourit, Asdrúbal aussi. J'aimerais aussi pouvoir le faire mais ma mâchoire se crispe à nouveau. Surtout, ne pas pleurer. Le contraste entre leur sérénité et les lieux chargés de tristesse me secoue.

A l'étage se trouve le second dortoir, celui où dort Asdrúbal. Avec nos yeux d'Européens, nous regardons mal. Ce que nous voyons en premier, c'est l'absence de couleur, la tristesse de la collectivité, les slips qui sèchent aux fenêtres car les enfants les lavent eux-mêmes le soir pour les remettre le surlendemain car leur « garde-robe » est limitée. Mais ce dortoir a le mérite d'exister et de permettre à des dizaines d'enfants de dormir à l'abri et en sécurité. Certains d'entre eux sont là car leurs

---

(1) Pour venir en aide aux enfants et adolescents de *Mi Casa,* envoyez un mail à : parrainagemicasa@aol.com.

parents, menacés de mort par la guérilla, ont voulu mettre leurs enfants à l'abri. Familles déchirées par une guerre sans fin dont on parle si rarement en France.

Les ravages de la guerre

Rapide petit tour d'horizon des forces en présence. Les FARC (Forces armées révolutionnaires colombiennes), fondées en 1964 (trotskistes) représentent dix-sept mille hommes. L'ELN (Armée de libération nationale – guévariste –) en compte quatre mille cinq cents. Elle a été fondée en 1965. Leur leader, Nicolas Rodríguez "Gabino", demande la démilitarisation d'une zone située à huit cents kilomètres au nord de Bogotá, d'une superficie de quatre mille kilomètres carrés, dans le sud du département de Bolivar, s'inspirant en cela de la zone concédée pendant plus de trois ans aux FARC dans le sud du pays. L'enclave démilitarisée donnée en novembre 1998 aux FARC comme « laboratoire de paix », soit quarante-deux mille kilomètres carrés équivalents à la taille de la Suisse, à sept cents kilomètres au sud de Bogotá, a été reprise par le gouvernement en février 2002.

Ces organisations utilisent les enlèvements collectifs pour financer leur mouvement. Le 12 avril 1999, un commando de l'ELN a par exemple kidnappé deux cents fidèles en pleine messe dans l'église La Maria de Cali, non loin de la pension où nous résidons.

De l'autre côté de l'échiquier, les AUC : Autodéfenses unies de Colombie (les « paramilitaires »). L'extrême droite. Celle qui a commencé en voulant « nettoyer » les rues de Bogotá, c'est à dire en liquidant les *gamines*. Les enfants dont personne ne veut, vivant ou survivant en bandes. Leur chef, Carlos Castaño, compte huit mille combattants environ en 2001.

La guerre civile dure depuis 1964. Elle est responsable d'environ deux cents mille morts, de trois mille enlèvements par an, de plus de deux millions de déplacés (1). Le chiffre de ces derniers est en forte augmentation depuis 2001 en raison des vio-

(1) Source AFP.

lences généralisées. Les massacres, violations et menaces des FARC, de l'ELN ou des AUC sont les principaux responsables de ces mouvements de population qui viennent grossir les ceintures de misère des agglomérations.

La guérilla, ce n'est pas, comme certains l'imaginent en Europe, un gentil mouvement de gauche animé de belles idées pour le peuple, luttant contre un pouvoir opprimant. La guérilla, ce sont des exactions quotidiennes, le viol de fillettes, l'avortement forcé de guérilleras enceintes après ce que l'on appelle chez nous les « tournantes », la vengeance, le racket et les meurtres comme lois principales. Le tout financé par la culture et la transformation de la coca.

Le 5 décembre 2001, la représentante en Colombie du Haut-Commissariat des Nations unies, Leyla Lima, parlera même de *« catastrophe humanitaire »*. Dans l'indifférence générale du reste de la communauté internationale jusqu'à l'enlèvement d'Ingrid Betancourt.

L'assassinat en octobre 2001 de l'ex-ministre de la Culture Consuelo Araújo Noguera, enlevée par les FARC durant notre séjour à Bogotá, donnera un nouveau ton au président, Andrés Pastrana, dans les discussions de paix avec la guérilla. Le processus de paix prendra une autre tournure. L'élection présidentielle n'est pas loin et le net avantage d'Alvaro Uribe (1), le candidat de droite, fait monter la pression.

Le général Jorge Enrique Mora, chef des armées, risque même, dans une déclaration à l'AFP, la remarque suivante : *« Le*

---

(1) Alvaro Uribe sera élu président de la République le 26 mai 2002, au premier tour, avec 53 % des voix et 53,72 % d'abstention. Descendant de Rafaël Uribe Uribe, homme politique libéral assassiné en 1909, cet avocat antioquien a vu son père, Alberto Uribe Sierra, assassiné par les FARC le 14 juin 1983. Partisan de la manière forte pour lutter contre la guérilla d'extrême gauche, celle-ci l'avait déjà désigné comme un homme à abattre lorsque, plus jeune, il occupait les fonctions de gouverneur d'Antioquia (région de Medellín). Sur 97 % des suffrages exprimés, il précédera le libéral Horacio Serpa (31,8%), Luis Eduardo Garzón (gauche, 6,2 %) et Noemi Sanín (centre-droit, 5,9 %). La candidate des Verts, Ingrid Betancourt, otage des FARC depuis le 23 février 2002, obtiendra 0,5 % des voix, ses proches ayant maintenu son inscription au scrutin.

nombre de victimes des FARC en Colombie doit être trois ou quatre fois supérieur à celui de l'organisation Al-Qaïda de Ben Laden dans le monde. »

La rupture du processus de paix interviendra le mercredi 20 février 2002. Le lendemain, l'armée entamera les attaques pour reprendre possession du territoire donné à la guérilla en 1998.

Le dimanche 24 février, Ingrid Betancourt sera enlevée par des guérilleros entre Florencia et San Vicente del Caguán, dans le département de Caquetá, alors qu'elle emprunte une route où elle avait toutes les chances de se faire intercepter par la guérilla.

Là, en revanche, les médias se déchaîneront. Il est curieux de constater le peu d'intérêt des journalistes au sujet de la situation en Colombie. Un mort au Proche-Orient vaut au moins une brève. Quelques-uns, un filet. Un attentat d'un kamikaze, un vrai papier, voire un appel en une quand ce n'est pas la manchette. Un Boeing qui s'écrase dans les Andes ne vaut pas plus qu'une brève dans la rubrique Faits-divers, si on a de la place bien sûr...

En dessous d'une centaine de morts, et s'il ne s'agit pas d'un tremblement de terre particulièrement meurtrier, on laisse défiler les dépêches sans vraiment s'arrêter sur l'information. C'est d'autant plus dommage que Jacques Thomet, le correspondant de l'AFP en Colombie, effectue un travail considérable et régulier et propose tous les jours sur le « fil » des comptes-rendus et des infos aussi détaillées que possible.

A part *Le Monde* et *Le Figaro* dans leurs pages internationales, il est extrêmement rare de lire un article concernant les enlèvements en Colombie dans la presse. La réaction du présentateur du journal de midi sur *Europe 1* quelques jours après l'enlèvement d'Ingrid Betancourt, alors qu'il interviewe le photographe qui l'accompagnait dans son déplacement, est révélatrice. Il s'étonnera que cet enlèvement ne soulève pas les foules en Colombie et semblera tout ignorer des centaines de militaires croupissant depuis plusieurs années dans des camps en Amazonie et des exactions quotidiennes des FARC, de l'ELN et autres paras. Quel média a rendu compte des libérations de prisonniers de juillet 2001 où des appelés prisonniers de la guérilla ont retrouvé leur famille après trois ans de détention pour certains ? En France, qui s'émeut des violations quotidiennes des droits de l'homme en Colombie ? Pas grand monde. Sauf peut-être quand cela concerne celle que les Français considèrent comme un symbole.

Dans les quotidiens qualifiés de populaires, où l'on n'évoquait jamais la situation colombienne, où la réaction ordinaire d'un journaliste, sursautant dans un premier temps à la lecture du titre d'une dépêche AFP annonçant plusieurs morts dans un attentat, était le soulagement, après lecture des premières lignes : *« Ouf ! Je croyais que c'était en Israël ! » (sic),* l'enlèvement d'Ingrid, personnage très médiatisé a changé la donne.

Le lendemain de sa disparition, tous les quotidiens français se fendront d'un article, la plupart du temps illustré. Quid des milliers d'autres détenus ?

Il est un peu choquant que la plupart des médias et certains hommes politiques en campagne évoquent cet enlèvement comme un événement exceptionnel en Colombie, comme s'il y avait des enlèvements acceptables. Plusieurs mois après, l'intérêt nouvellement porté à cette région du monde permettra, au-delà de l'enlèvement de la candidate des verts à l'élection présidentielle colombienne, de révéler au grand public la situation dramatique de ce pays.

Le samedi 16 mars 2002, à 20 h 40, alors qu'il sort d'une célébration d'un mariage collectif dans l'église du Bon Pasteur, dans le quartier pauvre d'*AguaBlanca*, en plein cœur de Cali, monseigneur Isaias Duarte, soixante trois ans, archevêque, sera assassiné par deux sicaires (1). Son dernier prêche dénonçait l'« *argent brûlant* » de la drogue et invitait les électeurs à ne pas se tromper en allant aux urnes. *« Ne votez pas pour ceux qui sont financés par le narcotrafic, choisissez des candidats propres »*, avait-il dit en substance à ses ouailles.

(1) Tueurs à gages. En général, des jeunes de moins de 25 ans, parfois des adolescents. A l'époque de la guerre entre le cartel de Cali et celui de Medellín, les sicaires étaient très sollicités. Ils vont en général par deux, en moto, celui qui est derrière tire lorsqu'il est au plus près de sa victime puis la moto met les gaz.

Deux balles dans la tête, une dans le cou, plusieurs dans le corps. Les tueurs à gages sont partis sûrs d'avoir rempli leur contrat. A l'heure qu'il est, il ne doit pas rester grand-chose de leur corps. Les sicaires qui remplissent ce genre de mission sont souvent exécutés à leur tour pour ne pas laisser de témoins.

Dans le dortoir, Chucho et Asdrúbal sautillent et s'amusent avec une radio miniature. Ils prennent chacun un écouteur et changent de station pour trouver des programmes de radio diffusant de la *salsa* ou des *vallenatos*, la musique préférée de Chucho. Ce qui me permet d'écouter plus facilement les commentaires du Père qui se réjouit une fois de plus de nous « laisser » Chucho.

« Quand je passerai par la France pour aller en Belgique, où se trouve notre congrégation, je viendrai le voir. Il aura grandi d'ici là. Cela me rappelle lorsque Edwin est parti, il y a quelques années. Il était un peu plus jeune que lui, il avait 11 ans. Lui aussi allait passer ses week-ends chez Doña *Adela et* Don *Demetrio. Quand il a été adopté, Chucho l'a remplacé ! Je me rappelle qu'il ne voulait pas quitter son pays. Du moins, il hésitait. Il avait finalement accepté l'idée de partir avec des parents adoptifs en Europe, en espérant revenir un jour en Colombie pour aider sa mère biologique.*

« Mais figurez-vous qu'avant son départ, il rencontre une bonne femme qui, en le reconnaissant, lui parle de sa mère et lui raconte avec force détails comment elle avait été assassinée. Cela l'avait évidemment traumatisé et il était parti très affligé.

« Quand je suis allé le voir en Belgique, des années après, il ne m'a pas reparlé de tout ça. Ni de sa mère, ni de son départ. Rien. Et au moment de me quitter, à l'aéroport, il m'a glissé une enveloppe dans laquelle il avait mis ses économies, en me demandant simplement de fleurir la tombe de sa mère. Ça m'a fait quelque chose. Mais je ne sais même pas où est enterrée cette femme ! Ni même si la pauvre a été inhumée ! Pensez donc qu'ici certains cadavres sont déposés directement devant l'église. Je le sais ! J'en ai enterré six comme ça la semaine dernière.

« Certains autres sont jetés dans des carrières ou des cours

d'eau ! Alors rechercher la tombe de la mère d'Edwin qui n'existe peut-être pas... Mais cet adolescent avait besoin de ce geste. »

Je serre les dents et vais prendre une bouffée d'air aux fenêtres déjà ouvertes. Asdrúbal et Chucho continuent de s'amuser sur le lit. Ils ne comprennent pas le français et, quand bien même comprendraient-ils, ce genre d'histoire fait partie de leur univers. C'est la vie !

Pour évoquer un sujet moins douloureux, je questionne le Père au sujet de la fugue de deux jours mentionnée dans le dossier transmis par la MAI (1). Cela ne nous a pas freiné dans notre adoption mais nous cherchons à comprendre le comportement de notre fils pour pouvoir appréhender le futur avec lui.

« *La fugue ? Ah ! oui, la fugue... Eh bien il n'y a jamais eu de fugue ! Cela vous étonne pas vrai ? Un jour, l'ICBF a commencé à s'intéresser de près à notre Chucho. Il avait douze ans, orphelin, sous tutelle, sans espoir d'être adopté à cause de son âge. Pour eux, cinq ans ici, cela suffisait. Comme les autres orphelins déclarés inadoptables par les fonctionnaires, en raison de leur caractère ou de leur âge, il aurait certainement été retiré de* Mi Casa *pour être mis en maison de correction. Pour faire de la place. Même si vous n'avez commis aucun délit, au cas où cela vous viendrait à l'idée sous prétexte que vous prenez de l'âge et que votre situation familiale est sans espoir... on vous colle en maison de redressement. Et là je vous assure, on ne rigole pas. Et on a de vraies bonnes raisons de le devenir, délinquant !*

« *Quand j'ai compris que l'on s'intéressait à lui, je l'ai déclaré en fugue. Pour eux, cela signifie : dossier classé. Comment voulez-vous retrouver un enfant en fugue ? Quand bien même cela intéresserait-il vraiment quelqu'un, autant*

(1) MAI : Mission pour l'adoption internationale,dépend du ministère des Affaires étrangères, 244, boulevard Saint-Germain, 75007 Paris.
Tél : 01 43 17 90 90 - http://www.diplomatie.fr/mai/
Tout dossier d'adoption par démarche individuelle doit passer par la MAI pour vérification et validation avant envoi.

recherchercher une aiguille dans une botte de foin ! En fugue, c'est comme s'il n'existait plus. Mais en réalité, il n'a jamais quitté Mi Casa.

– *Mais pourquoi deux jours alors ?*

– *Quand j'ai compris qu'on avait peut-être des parents pour lui, il a bien fallu que je le fasse "revenir". Alors, j'ai déclaré qu'il n'était parti que deux jours mais que j'avais oublié de signaler son retour à l'administration. Et voilà !*

– *Ce n'est pas beau de mentir, Père,* taquine Jean.

– *Mais c'était un petit mensonge, pour la bonne cause,* » répond en souriant le Père, habile face aux situations les plus périlleuses.

Je comprends mieux pourquoi Chucho a tant de mal à se lever le matin. C'est vrai, il est nonchalant et peut-être un peu paresseux, mais le confort de l'hôtel a de quoi encourager ces défauts ! Il s'est aussi mis à lire le soir et semble aimer cette activité qu'il n'a jamais vraiment expérimentée. Mais il est plus facile de lire confortablement calé entre deux oreillers douillets, à côté d'une lampe de chevet, que dans un dortoir au milieu d'une quarantaine de gamins !

C'est l'heure du déjeuner, nous traversons la cour pour entrer dans le réfectoire. Les enfants mangent à la hâte avant de reprendre les cours. Ici, l'école commence à 7 heures et finit à midi avec une récréation au milieu de la matinée. Les enfants vont déjeuner rapidement avant de retourner en classe jusqu'à 14 heures. Lorsque nous arrivons dans la salle, Asdrúbal, qui nous avait quittés peu de temps avant, finit son assiette en compagnie d'Oscar, le « protecteur » de Chucho. Du riz et de la viande hachée. Plat unique dans une assiette en métal qui rappelle vaguement une gamelle. Ils ne mangent pas, ils avalent !

Nous sommes invités à la table du Père dans une petite salle à manger derrière. La *Hermana* Dora et sœur Margarita nous attendent. Elles ont mis les petits plats dans les grands. Nous sommes reçus comme des princes. La table est joliment dressée, ce qui fait un contraste avec la cantine attenante. Jesús est impressionné. Nous aussi. Le melon qui nous attend me fait drôlement envie et je m'apprête à m'asseoir. Heureusement, au moment où je dégage ma chaise, je lève les yeux et aperçois les sœurs, Chucho, Jean et le Père en posture de recueillement. Ils se tiennent debout à côté de la table.

Le père entame une prière où il remercie le Seigneur pour le repas que nous allons consommer. Je m'arrête juste à temps dans mon élan et reste immobile. A la fin, tout le monde se signe, même Jean qui semble le faire parfaitement alors que je m'embrouille les pinceaux. Je n'ai jamais su s'il fallait commencer par la gauche ou la droite et je croyais qu'il fallait finir en désignant le nombril ! Il faut dire que j'ai été élevée dans un milieu laïque et que les choses de la religion me sont totalement étrangères. Je suis inculte dans ce domaine. J'ai l'impression que les sœurs n'ont vu que moi à ce moment. En réalité, elles sont bien plus tolérantes que cela ! Bon, je vais essayer de me tenir correctement pour la suite...

Nous attaquons donc de bon cœur le melon, qui précède la soupe (délicieuse), avant la salade d'avocats et de tomates. Qui n'a pas mangé d'avocats en Amérique du Sud ne les connaît pas. Rien à voir avec les fruits rachitiques importés d'Israël et mûris sous les lampes blafardes des grandes surfaces en France. Ici, le fruit est gros comme deux belles oranges, il est suave sans être écœurant et ne déçoit jamais. Il n'y a pas de bons et de moins bons avocats. Ils sont tous exquis. Toujours. La *Hermana* Dora se lève, va et vient pour nous servir, ce qui est un peu gênant. Nous sentons à quel point cette réception est solennelle. Les assiettes sont changées quand on pourrait conserver les mêmes, la vaisselle tinte comme dans un mariage où l'on a sorti les plus beaux couverts. Suivent la purée, un plat de légumes, de la viande (là, je suis dispensée, je suis végétarienne !), le tout arrosé d'un excellent petit vin espagnol. Quand on connaît le prix de ce breuvage ici, on mesure l'événement.

Nous finissons plus simplement avec des oreillons de pêches. Le repas est succulent, le moment un peu solennel mais les convives sont détendus et heureux d'être ensemble. J'ai conscience de vivre un moment exceptionnel. Je profite de tout.

J'ouvre mes oreilles, mes yeux. Chucho, tendu au début du repas à l'idée de manger si pompeusement à la table des grands, s'est peu à peu relaxé. Il faut dire que le Père continue de nous narrer des anecdotes auxquelles notre fils ajoute parfois un commentaire lorsqu'on lui donne la parole. Certaines sont comiques, d'autres tragiques, comme l'histoire de ce pensionnaire de vingt ans tué devant l'école il y a peu de temps. « *Sûrement un règlement de comptes lié à la drogue* », se désole le Père.

La sœur Dora glisse une ou deux remarques concernant les résultats scolaires de Jesús, qui se satisfait apparemment de peu. Il baisse la tête.

Distribution de cadeaux

Après le déjeuner, direction le bureau du Père. Dans la cour, des enfants nous rejoignent. L'école est finie et nous sommes l'attraction du jour. On ne voit pas souvent des Français par ici. Et puis, au fur et à mesure qu'ils viennent s'agglutiner autour de nous, certains ricanent en nous entendant parler, d'autres nous posent des questions ou interrogent Chucho qui, il faut bien le dire, est la vedette du moment. Nous distribuons tee-shirts et porte-clés. Tout le monde veut un souvenir de France.

Nous arrivons dans le salon du Père. Au fond d'une assez grande pièce, trône un bureau, le long des murs, des bibliothèques, et, au milieu deux immenses canapés où viennent se vautrer des grappes d'enfants. Il y a aussi une télévision et une PlayStation, objet de bien des convoitises. Attenante à cette pièce, la chambre et la salle d'eau du Père. Nous évaluons la stature de chaque enfant pour les vêtements et donnons les montres en priorité à ceux qui n'ont pas de parents ou dont la seule parenté est pour l'instant absente, comme Ortiz, le grand copain de Chucho, dont la maman est partie au Canada. Jesús a aussi privilégié ses plus proches amis.

En un rien de temps, tout a été distribué, alors qu'un petit à la peau brune réclame une montre. Il désigne du doigt d'autres enfants comparant leur butin et ne va pas laisser passer pareille occasion. Ces gamins ne reçoivent pas souvent des cadeaux, aussi petits soient-ils. Je m'aperçois que tout a été emporté. On ne pouvait pas en amener pour tout le monde. Ils sont trop nombreux. J'ai la sensation de faire une injustice. Je fouille les sacs et, ô miracle, je retrouve une dernière montre. Il repart visiblement satisfait, non sans avoir demandé – on ne sait jamais – s'il ne reste pas autre chose... Les tours Eiffel miniatures se sont arrachées comme des petits pains, ainsi que les portes-clés ballons de football. J'ai l'impression d'être sur la caravane publicitaire du Tour !

Pour digérer et calmer tout ce petit monde, séance cinéma. Nous prenons place dans le canapé pour regarder un documentaire retraçant la vie des enfants pauvres de Cali et le fonctionnement de *Mi Casa*. Malheureusement, notre temps est compté. Nous devons ensuite aller rencontrer la famille de Lucho et nous ne perdons pas de vue que, si nous voulons rentrer avant la nuit, en étant à l'autre bout de la ville, nous ne pouvons pas regarder la cassette dans son intégralité.

Nous nous contentons donc de (trop) courts extraits, en accéléré. Nous regrettons de ne pas pouvoir la voir sérieusement et le Père nous promet de la dupliquer dans un format français (1) pour que nous puissions la ramener en France et la conserver en souvenir. Les enfants sont attentifs. Sur la cassette, ils reconnaissent certains d'entre eux qui sont toujours là comme Anderson, vingt ans, ou Arango, que l'on peut voir à l'âge de dix ans sur la vidéo amateur, ou d'autres, partis de l'institution, ou, plus tristement, morts. Les pensionnaires de *Mi Casa* commentent les images, rient et profitent surtout de ce moment qui leur permet d'échapper aux « corvées » de l'après-midi, balayer, nettoyer, ranger, faire le pain. Le neveu d'un prêtre indien assassiné la semaine dernière par la guérilla, caché ici depuis quelques jours, regarde attentivement. Un autre, dans un tee-

(1) La France et la Colombie n'ont pas opté pour le même système de codage des films. Le format français est Secam, alors que le colombien est NTSC. Ceci implique un transcodage si l'on veut regarder une cassette Secam dans un pays où la norme est NTSC et inversement.

shirt orange bien trop grand pour lui et à la propreté douteuse, fixe ses immenses yeux noirs sur un spectacle bien plus intéressant : la montre au poignet de Jean.

Certains enfants ont déjà mis leur tee-shirt et il est comique de voir toute cette troupe aux cheveux hirsutes et à la peau cuivrée arborant sur sa poitrine qui la tour Eiffel, qui l'Arc de triomphe ou le Sacré-Cœur, alors que la plupart ne connaissent que Cali et ses faubourgs et ignorent que la France est un petit pays d'Europe. Sur un globe, je montre à ceux qui me posent des questions où se trouve la Colombie et le voyage que nous allons effectuer pour rentrer chez nous. Au passage, je leur indique Bogotá et Cartagena où nous espérons nous rendre avant de partir. Ce globe en plastique acheté en France est vraiment pratique. Il sert autant de balle dans la piscine que de support pour expliquer la géographie de façon ludique à l'institution. Nous en avons d'ailleurs amené un autre que nous avons laissé à la *Hermana* Dora pour la classe.

Chucho roule un peu des mécaniques. Oui, il va prendre l'avion et survoler toute l'Atlantique. Oui, il va bientôt voir la mer et apprendre à parler une autre langue. Oui, c'est vrai, l'hôtel n'est pas mal. Il joue volontiers les blasés. Je crois qu'il est à la fois fier de nous montrer qu'ici, il n'a que des amis, et que tout le monde s'intéresse à lui et assez content vis-à-vis de ses camarades d'exhiber ces parents que plus personne n'espérait et qui de surcroît jouent les pères Noël en plein mois de septembre !

Un enfant aux yeux bridés, aux pommettes hautes et *trigueño* (1) comme Chucho, s'est assis en face de nous. Harold nous observe depuis un bon moment. Il a onze ans et n'aura plus jamais de parents. Déclaré inadoptable par l'*ICBF*, sa place est ici pour l'instant. Et après ? Lorsque des visiteurs se rendent à *Mi Casa*, il aime se montrer. On ne sait jamais ! S'il pouvait repartir avec eux ! Harold garde espoir d'une adoption qui n'arrivera jamais. Il aurait montré des troubles psychologiques

---

(1) Désigne une couleur de peau brune mais claire. Vient du nom commun *trigo* qui signifie « blé ».

avec d'autres enfants. Quand on consulte le dossier de Jesús, on remarque qu'à son arrivée, il est décrit comme introverti, avec des périodes de rébellion et de violence. Qui le voit aujourd'hui ne peut imaginer pareils adjectifs pour le décrire. Mais il a eu la chance de recevoir de bons soins à *Mi Casa*. Qui sait ce qu'il serait devenu si personne ne l'avait aidé ?

Harold ne pourra en tout cas jamais « progresser » dans une famille. Il n'aura pas droit à une seconde chance et est condamné d'avance à vie par l'administration. Il n'est pas le seul. S'il avait été plus jeune, peut-être aurait-il pu entrer dans la course à l'adoption. Les enfants âgés hors fratrie ont peu de chance d'être proposés à l'adoption, alors ceux qui ont des problèmes de comportements... Pour appeler les choses par leur nom, on ne peut ignorer la loi de l'offre et de la demande. Et les postulants à l'adoption demandent les enfants les plus jeunes possibles, croyant ainsi avoir le maximum de chances de réussite pour leur intégration. Quant à la convention de La Haye, elle protège certainement efficacement les bébés et les jeunes enfants, mais, en n'ayant pas pris en compte la spécificité des plus âgés– la difficulté de trouver des parents pour ceux-là –, elle les a sacrifiés sans le vouloir, en empêchant les œuvres agréées de rechercher des parents, celles-ci devant se contenter d'espérer recevoir des demandes d'enfants de plus de sept ans. Ce qui est rare !

Maria Leticia, la fille de notre avocate, nous confiait que, de passage à *Mi Casa* avec sa mère, elle avait surpris une conversation entre Jesús et Harold, rêveur et envieux de tant de chance. Il lui faisait remarquer qu'il prendrait volontiers sa place !

Rencontre avec la famille d'accueil

Nous resterions bien ici mais nous devons rendre visite à la famille de Lucho avant la nuit. Vers 15 h 15, un taxi nous amène donc dans un quartier populaire non loin de l'institution. Devant une maisonnette, une belle métisse d'environ quarante ans nous attend, en souriant. *Doña* Adela a la peau brune et des yeux en amande couleur de café. Elle nous accueille chaleureusement avec sa fille Leydie, une jeune femme de dix-neuf ans, visiblement ravie de revoir Chucho. Elle vient d'obtenir son bac et va s'inscrire dans une école d'infirmière. Pour aider ses parents, elle travaille dans un supermarché du centre-ville. Lucho, qui passera son bac cette année, est là aussi.

Nous rentrons dans la salle à manger, une pièce décorée modestement, un peu kitsch. *Doña* Adela nous offre un Coca-Cola. Ça tombe bien, nous avons soif ! Chucho est chez lui – ne parle t-il pas d'ailleurs volontiers de la maison lorsqu'il évoque cet endroit, pour un peu, il dirait sa maison –. Il va et vient, distribue les cadeaux que nous avons ramenés de France. De l'eau de toilette à la vanille, des tee-shirts, une montre, un coupe-vent siglé *Sport O'FM* où travaille Jean.

Don Demetrio n'est pas là. D'après ce que je comprends en écoutant les explications désolées de cette femme éplorée, son mari est parti vivre avec une autre femme, non loin de là. Chucho va d'ailleurs le saluer le temps que nous discutions un peu. Mais avant, elle lui reproche gentiment de l'avoir « abandonnée » depuis plusieurs mois. *« Ce monsieur ne nous rend plus visite depuis le mois de mai ! D'ailleurs, je le trouve changé et grandi. Pourquoi nous laisses-tu ainsi sans nouvelles ? Cette maison est la tienne, tu le sais. »*

Et Chucho de se trémousser en souriant sans donner d'explication. Le père Blanco nous a parlé de ce revirement. Lorsque Chucho a perçu les difficultés rencontrées par le ménage, l'existence d'une autre femme jusqu'à ce que le couple vole en éclats, il a préféré rester les fins de semaine au collège. Sans doute avait-il peur de gêner. Peut-être aussi ne voulait-il pas être pris à témoin et obligé de choisir un camp quand il aime indifféremment tous les membres de la famille.

Les larmes aux yeux, la mère me déballe tout. La maîtresse de son mari, son dénuement et la peur qu'elle ressent chaque jour de tomber dans la misère et de ne pas pouvoir nourrir ses enfants. Je comprends qu'elle n'est pas allée travailler aujourd'hui pour pouvoir nous recevoir et que notre visite est un événement dans sa vie. Elle me raconte aussi l'histoire de cet autre enfant qu'elle a accueilli chez elle quelques années avant qu'il ne soit adopté en Belgique.

« Il nous a complètement oubliés. Comme si on n'avait jamais existé. Pourtant, quand il venait ici, comme Jesús, les week-ends, il était gentil. Il nous rejoignait dans le lit le dimanche matin. Pour moi, comme avec Chucho, je ne faisais pas de différence entre lui et mes enfants. Il y avait de la place pour tout le monde. Est-ce-que Jesús va nous oublier lui aussi ? Je ne peux pas le croire. Regardez ce qu'il m'a offert pour la fête des Mères... » Et *Doña* Adela va chercher une de ces petites boules en verre avec de la neige artificielle dans laquelle baignent un poisson et un cœur. *« Je le garde en souvenir »,* assure-t-elle en souriant tristement.

Jean est encore plus gêné que moi. Il ne comprend pas les propos de *Doña* Adela, qui parle vite. Je rate quelques phrases mais je sens que je ne dois pas l'interrompre. Elle profite de ma présence pour se laisser aller. Et elle a quelques angoisses. *« Quand j'ai su que Jesús allait être adopté, je me suis dit :"Mon Dieu, quelle chance ! Mais c'est inespéré!" J'étais bien contente pour lui parce que ça va changer sa vie. Il va s'en sortir. Mais je suis bien triste de le laisser partir. Il va me manquer. Beaucoup. Je m'étais habituée à l'avoir ici. »*

Pendant qu'elle me parle, Tony, un petit chien sans âge bourré d'arthrose, vient se faire caresser. Et Pablito, un merle apprivoisé, rentre et sort en sautillant, va faire un tour dans la cuisine pour grappiller un morceau puis saute sur la table basse et semble nous écouter.

Peu avant 18 heures, nous rentrons en taxi à la pension Stein, avec une drôle d'impression. *Mi Casa* et la famille de Lucho, beaucoup de rencontres et un autre monde qui s'ouvre à nous. Peut-être nous sentons-nous coupables de mener notre existence facile et insouciante d'Européens ?

Chapitre V

Second rendez-vous au *Bienestar*

Jeudi 13 septembre

Arnulfo, assistant social

Echaudés par la mauvaise expérience d'un ami qui, lors d'un précédent séjour en Colombie avec Jean, avait donné une empreinte de sa carte de crédit à la réception d'un hôtel et s'était vu escroquer quelques semaines après son retour en France de plusieurs dizaines de milliers de francs – des billets d'avion, de la parfumerie et des bijoux avaient été achetés avec son numéro de carte –, nous avons décidé pour la première fois de ne pas l'utiliser ici. Même si les assurances fonctionnent en France, pas la peine de tenter le diable. C'est pourquoi nous sommes partis avec des *traveller's cheques* et des dollars en liquide que nous changeons au fur et à mesure des dépenses. C'est un peu contraignant, nous allons devoir nous rendre plusieurs fois à la banque mais nous préférons mettre toutes les chances de notre côté pour éviter les mauvaises surprises.

Walter, le chauffeur de taxi de confiance qui travaille avec la pension, nous attend donc ce matin pour nous conduire dans une des enseignes Titan qui acceptent de changer les *traveller's*. Il discute avec l'employée de la réception en buvant un café et nous accueille en souriant, comme d'habitude. Nous montons dans son taxi fatigué, aux amortisseurs hors d'âge et aux portes qu'il faut claquer avec force pour les fermer. La banque n'est pas si loin, nous y sommes déjà allés en marchant mais il serait un peu risqué de rentrer à pied avec autant d'argent dans les poches. Il se gare juste devant et reste dans l'entrée pendant la transaction.

Il faut dire qu'ici, on vérifie tout. Le passeport, les numéros de *traveller's*, notre signature... Au bout de trois quarts d'heure, nous avons enfin les billets en poche. Walter nous attend calmement mais nous demande de ne pas traîner en chemin lorsque nous sortons de la banque et nous sautons presque dans le taxi stationné juste en face. Quelques pesos au type hirsute singeant un policier faisant la circulation pour pouvoir faire demi-tour et c'est parti. Walter se faufile entre les voitures, vérifie que les portes sont bien verrouillées et regarde dans son rétroviseur une moto qui nous suit.

« *Il faut toujours faire attention quand on va à la banque. Et rouler les portes et les fenêtres bien fermées. Les motards peuvent être très dangereux ici. On vous observe, on vous suit en moto et hop ! on arrache votre sac dans la voiture.* Il faut dire que cette méthode est déjà bien répandue sur la Côte d'Azur... « *C'est d'ailleurs entre autres pour ça que les motards doivent tous porter un dossard fluorescent avec le numéro d'immatriculation de leur moto bien visible dessus. Pour ça et à cause des sicaires* (1). »

Nous avons l'impression de transporter le plus gros diamant du monde alors qu'en réalité, nous avons juste retiré quelques milliers de francs pour payer l'avocate ! Quelques mètres avant d'arriver, il klaxonne à plusieurs reprises pour indiquer au gardien de nous ouvrir les grilles. Pas la peine de stationner dans la rue. Trop dangereux. Je me demande s'il n'en rajoute pas un peu pour justifier le prix de la course plus élevé que d'ordinaire. Renseignements pris à droite et à gauche, auprès d'Enrique et du Père notamment, il n'y aurait pas d'exagération de sa part.

Nous revenons en ville, à pied cette fois, pour déposer une pellicule à développer afin de laisser les photos au père Blanco comme souvenir de notre passage. Au retour, nous passons devant un kiosque où s'étale à la une d'un journal exposé une photo insoutenable. Celle d'une tête de bébé décapité. La légende en gros caractères dit qu'un père de famille a été tué la veille par des sicaires et la tête coupée de son bébé exposée à la vue de tous dans la rue. Un règlement de comptes comme il y en a ici lorsqu'un pauvre, pour nourrir les siens, accepte de « rendre ser-

(1) Voir note page 80.

vice » à un narcotrafiquant et que cela finit mal, pour ne pas laisser de témoin. Nous prenons l'image en plein cœur, en cette fin de matinée au soleil radieux de Cali. Nous détournons le regard, écœurés, ramenés violemment à la dure réalité de cette ville alors que nous nous promenions tranquillement. Chucho la voit aussi, ce qui ne l'empêche pas de continuer à chantonner gaiement.

De retour à l'hôtel, nous nous préparons pour aller manger chez Fabiola Daza, notre avocate. Maria Leticia vient nous chercher, avec son égale bonne humeur. Le taxi nous conduit non loin de là dans un quartier résidentiel de Cali, *Juanambú*. Son mari nous accueille dans une bien agréable maison, avec un patio verdoyant en son centre. Nous apprendrons plus tard qu'ils sont divorcés mais, en bons termes, c'est pourquoi il est là ce jour-là, pour nous recevoir en famille. Lui est avocat d'affaires *antioqueño* (1), fort aimable, et nous nous sentons tout de suite à l'aise. De plus, nous avons un peu faim et Luz, l'employée de maison, nous a préparé un repas typique et succulent : un *ajiaco*. Avec du poulet, des *platanos* (bananes plantains coupées en rondelles et frites), de la *yucca* (manioc), du maïs bouilli et ce délicieux avocat dont on ne se fatigue pas.

Chucho n'a jamais goûté de ce plat *caleño* – il ne connaissait même pas le nom ! – mais le dévore. Il semble en raffoler. Nous aussi. Après le café, nous sommes contents de nous débarrasser de l'enveloppe contenant l'argent en règlement du travail de notre avocate. Ouf ! Ici, se promener avec des pesos sur soi n'allège pas le cœur !

Nous avons rendez-vous à l'*ICBF* pour faire le point de ces premiers jours avec Chucho et nous partons sous un orage terrible. Les locaux du *Bienestar* bordent le quartier historique de San Antonio et le taxi file sous une pluie battante avec des essuie-glaces qui fonctionnent quand ils en ont le temps. Nous nous arrêtons à plusieurs reprises car le rideau de pluie empêche

---

(1) Originaire d'Antioquia, le département dont la capitale est Medellín. Les Antioquiens ont la bosse du commerce et sont réputés pour leur dynamisme.

toute visibilité. Le chauffeur donne des coups sur son tableau de bord pour faire repartir ses essuie-glaces. Alors que nous franchissons plusieurs petits carrefours en côte sans rien y voir, il ne s'arrête pas, sans doute parce qu'il n'est pas sûr de pouvoir repartir ensuite. Les caniveaux se gonflent et débordent, se transformant en petits torrents qui envahissent les rues et les trottoirs. Serrés à l'arrière de la voiture, isolés entre les rideaux de pluie qui la drapent, nous grimpons le long de rues abruptes sous le déluge bruyant qui nous enveloppe. Nous arrivons indemnes mais trempés devant la porte du *Bienestar*. Le tonnerre fait un bruit assourdissant.

Cela n'entame pas notre bonne humeur. Nous ne sommes absolument pas anxieux à l'idée de cette entrevue avec la défenseur des mineurs car nous savons qu'elle verra immédiatement que tout va bien pour chacun de nous. Quand j'y pense, c'est drôle car nous avions toujours un peu d'appréhension à nous rendre aux rendez-vous de l'Aide sociale à l'enfance en France. Nous nous sentions toujours un peu coupables dans notre démarche. Aux parents adoptifs, on pose toujours tout un tas de questions qu'on n'oserait jamais demander à ceux qui « font » leurs enfants.

Comme par exemple : « *Pourquoi voulez-vous un enfant ?* » qui est demandé sur le premier formulaire ouvrant le dossier d'agrément, et qui nous avait également été posé par le psychiatre chargé de dépister une éventuelle maladie mentale ! Difficile de répondre et quand bien-même le saurions-nous, nous hésitons toujours : est-ce une bonne ou une mauvaise raison ? Y a-t-il de bonnes et de mauvaises réponses ? Les démarches visant à obtenir l'agrément nous rendent un peu paranoïaques. On finit toujours par se demander quel est le sens caché de la question qui nous est posée. Lors d'un premier agrément, on décortique votre enfance, traque le moindre petit traumatisme. N'importe qui peut faire un enfant. Certains le font sans situation affective stable, sans pouvoir assumer les contraintes matérielles que cela suppose et parfois sans y avoir réfléchi. Ce n'est pas le cas des adoptants !

La femme enceinte suscite l'attendrissement, celle qui adopte, au mieux la curiosité, au pire des questions indiscrètes.

La Sécurité sociale rembourse à 100 % la fécondation in vitro (FIV). En général, elle accepte quatre tentatives. Cela peut aller jusqu'à six essais selon les caisses et les mutuelles. Le ministère de la santé admet comme prix moyen trois mille euros par FIV. Un encouragement incontestable à la procréation assistée quand absolument rien n'est mis en place pour aider les adoptants à réaliser leur projet ! A charge pour eux de se débrouiller avec leur employeur pour s'absenter plusieurs semaines le jour J, sans parler (quelle indécence !) de l'aspect financier...

La filiation adoptive est toujours signalée comme un début d'explication dans les comptes rendus de faits divers. Pourtant, l'adoption plénière fait de l'enfant, le fils ou la fille « tout court » de ses parents, exactement au même titre que les enfants biologiques. L'extrait d'acte de naissance ne précise pas le type de filiation puisque, aux yeux de la loi, il n'en existe qu'un seul.

Certaines associations partent du principe qu'il faut tout faire pour ralentir cette procédure, chercher à décourager psychologiquement les futurs parents, afin de tester leur réelle volonté. On suppose que, si cette mise à l'épreuve réussit, alors nous aurons plus de chances d'être des parents aptes à l'adoption.

Bien sûr, tout est dans le non-dit. Il faut parfois se battre pour avoir un rendez-vous avec une assistante sociale. Parce que l'administration en manque. Mais aussi pour obliger les couples à prendre le temps de réfléchir. Certes, il faut mûrir le projet dans sa tête. Mais tout se passe comme si les candidats à l'adoption faisaient leur première démarche par un beau matin, sans avoir jamais réfléchi à ce que ce geste impliquait. Ne s'agit-il pas d'un mépris incroyable ? Voire d'une discrimination ?

Pourtant, passé cette première étape, nous avons eu d'excellents rapports avec les psychologues et assistantes sociales. Avec du recul, j'ai même pu mesurer le chemin parcouru. Nous n'aurions sûrement pas pu spontanément « investir » un enfant âgé sans cette réflexion et accompagnés par une équipe spécialisée. Renseignements pris à droite et à gauche, auprès de professionnels de la protection de l'enfance et de bénévoles d'associations de parents adoptifs, certains postulants arrivent en effet en début de procédure en ayant si peu conscience des réalités de l'adoption... Une psychologue nous dira même qu'il est rare, en début d'entretien d'agrément, d'avoir affaire à des parents ayant déjà fait seuls un si long chemin.

Ce qui est sûr, c'est que nous ne nous sentons pas « suspects » lorsque nous nous présentons dans les bureaux de l'*ICBF*. Et nous avons raison. L'entretien est de courte durée. La défenseur voit tout de suite que Jesús est à l'aise avec nous. En trois jours, il s'est déjà bien adapté. Elle accepte même de nous fournir une autorisation de sortie de Cali en sa compagnie si nous trouvons un vol pour Cartagena, le temps que le juge prononce la sentence. Nous faisons quelques photos devant les plantations du patio dégoulinant d'eau. Fabiola Daza, assise le long de la coursive, doit se pousser car une gouttière apparaît. Rapidement, d'autres se révèlent et l'eau commence bientôt à ruisseler le long du mur. Le tonnerre rage plus que jamais et je me surprends à avoir un peu peur de la violence de l'orage, ce qui fait bien rire Chucho.

Je regarde la petite pièce où nous l'avons rencontré lundi, penaud et effrayé. A ce moment, une femme arrive avec un couffin recouvert de broderies blanches, une autre la suit. Cette dernière a accouché ce matin et vient signer les papiers d'abandon de sa fille. Ce soir, elle rentrera chez elle. Une *madre de sustitución* (famille d'accueil) viendra chercher son enfant. La vie suivra son cours. Dans deux mois, elle viendra signer d'autres documents et sa fille sera adoptée. A moins qu'elle ne change d'avis. Ce qui arrive rarement. Encore faudrait-il qu'elle ait les moyens de l'élever. Nous ne pouvons nous empêcher de regarder le couffin. On nous présente d'ailleurs l'enfant. Le bébé dort tranquillement. Son avenir sera sûrement mieux assuré là où il ira. Mais combien de frères et de sœurs sont-ils comme cela, éparpillés aux quatre coins du monde ? D'autres femmes vont et viennent, attendent un rendez-vous, accompagnées d'enfants.

Chucho signe la feuille qu'on lui tend « Jesús Antonio Perez » sans hésiter. Le document explique que le processus d'adoption suit normalement son cours car l'intégration ne semble pas poser de problème. Ici, on ne cherche pas de pous aux adoptants. On regarde d'abord l'intérêt de l'enfant. Ce lieu un peu vieillot m'est décidément très sympathique. Au moment de partir, Arnulfo, un assistant social qui a entendu parler de nous (ce n'est pas tous les jours qu'on adopte un enfant de presque treize ans !) vient s'asseoir à notre table.

« *Bonjour. Je me présente, je m'appelle Arnulfo et je suis heureux de vous rencontrer.*

– Bonjour. Nous sommes ravis nous aussi.

– Ah ! Voilà Jesús ! Comment vas-tu Jesús ? Content de tes parents ? Si vous avez quelques minutes à m'accorder, je voudrais vous parler du cas d'un enfant que je connais bien."

Je réponds aussitôt :

– Mais nous n'avons un agrément que pour un seul enfant...

– Il ne s'agit pas de ça ! Je connais votre histoire. Je sais que vous avez adopté un enfant grand et cela est rare. Je sais aussi que, d'après ce qu'on dit ici, ça se passe très bien. Alors, voilà. Je suppose que, lorsque vous allez rentrer en France, tout le monde va être étonné de constater cela. Si je peux me permettre, je voudrais que vous en profitiez pour avoir une influence positive sur les parents qui sont prêts à adopter un enfant un peu plus grand que d'ordinaire. Je connais personnellement le cas d'un garçon de neuf ans, un petit métis comme le vôtre, qui est prêt pour l'adoption. Il est volontaire, décidé et intelligent. Si nous recevons des dossiers de demande d'enfant grand, nous pourrons le proposer. Une réussite comme celle de Jesús, ce serait formidable pour lui ! Avoir la chance d'intégrer une famille aimante, attentive, qui lui donne une chance.

– Que lui est-il arrivé ? Connaissez-vous son histoire ?

– Oui. A quatre mois, son père l'a enlevé à sa mère. Puis il l'a abandonné à son tour à un oncle. Personne ne s'est finalement préoccupé de cet enfant. Il était laissé livré à lui-même dans un taudis, mangeait de temps en temps, n'était jamais lavé,

*comme un animal. Finalement, l'oncle l'a ramené à la mère qui n'en a pas voulu. Entre-temps, elle avait eu d'autres enfants et ne voulait pas s'embarrasser de celui-là. Abandonné légalement à l'*ICBF*, il a intégré une structure institutionnelle où il a somatisé son désespoir, avec des maladies de peau, il mangeait très peu etc.*

« Quand je l'ai récupéré, il ne communiquait pas, était en grande dépression. Je l'ai pris chez moi et il est littéralement revenu à la vie. Il a été placé dans une famille d'accueil où il s'est plu. Mais ce n'est pas une famille adoptante. Lors d'une réunion en présence de psychologues, il a pris la parole et a dit à peu près ces mots : "Je ne peux pas avoir confiance en mes parents. Ils ne m'aiment pas. Je ne suis rien pour eux. Je voudrais avoir de nouveaux parents, qui m'aiment et se préoccupent de moi. J'aimerais étudier à l'école, travailler et, plus tard, avoir une entreprise. Peu importe l'entreprise du moment que c'est moi qui la dirige. Je veux pouvoir décider de ma vie."

– Je ne sais pas ce que je peux faire pour vous, mais je vous promets qu'à chaque fois que j'en aurai l'occasion je montrerai à quel point les idées que l'on a sur l'adoption d'enfants grands sont déformées et les craintes pas toujours fondées. Il est vrai qu'un enfant grand verbalise ses peurs et ses envies. Ça rend parfois les choses plus faciles qu'avec un petit. Si nous pouvons aider des parents à être plus sûrs de leur choix, nous le ferons, lui promets-je.

– Diego est un enfant gai bien que, souvent, il regrette d'être "un enfant du mal et à qui tout ce qui arrive est mauvais" mais il suit une psychothérapie pour l'aider à accepter et à dépasser l'abandon de ses parents, lui redonner une image positive et valorisante de lui car il se déprécie beaucoup. Nous l'aidons et il progresse. Il étudie en deuxième année d'école primaire. Il vit dans un foyer où la mère nourricière s'occupe bien de lui. C'est un enfant éveillé et actif, même s'il est un peu infantile. Il est toujours à la recherche de l'affection et d'un contact physique pour se sentir accepté et aimé. Il se colle facilement aux personnes qui le lui permettent ! De temps en temps, je le prends

avec ma famille. Nous campons dans un champ que nous avons à la campagne. Cela lui plaît tellement qu'il a demandé à ce qu'on appelle de son nom un mouton que nous avons acheté. Et lui, maintenant, nous l'appelons le "Petit Mouton". Nous espérons pouvoir le reprendre avec nous bientôt et prendre des photos dans ce champ. »

Pendant cette discussion, Chucho est resté à table, attentif. Personne n'a jugé utile de lui demander de sortir. Mais, ici, on sait bien qu'à son âge et, avec son passé, il a été en contact avec beaucoup de réalités qu'ignorent les enfants de nos pays riches. D'ailleurs, il ne paraît ni étonné ni choqué de ce qu'il vient d'entendre. Tout cela fait partie de son quotidien.

Je pense à un article lu ce matin à la pension. D'après le journal, deux millions huit cent mille enfants ne seraient pas scolarisés en Colombie. Certains d'entre eux trouvent dans la guérilla un moyen de survivre à court terme. D'autres rejoignent la rue. Un programme d'alphabétisation et d'instruction à partir d'émissions télévisuelles spécialement conçues pour cela, et diffusées dans vingt et une salles municipales à travers le département du *Valle*, vient de voir le jour. Ceci pour redonner une chance à tous ceux qui sont sortis du système scolaire ou qui n'arrivent pas à y entrer, faute d'établissements assez nombreux.

Avant de quitter l'*ICBF*, nous remercions tout le monde pour la gentillesse et la chaleur avec lesquelles nous avons été reçus. Nous reviendrons, ici ou ailleurs, dans d'autres locaux du *Bienestar*, en tout cas, c'est ce que nous espérons. Une photo sur le pas de la porte, avec Fabiola Daza, Maria Leticia et Jesús. Pour rien au monde je ne voudrais partir sans immortaliser ce moment. La pluie s'est calmée et il ne tombe plus qu'une petite bruine. Nous sommes moites et les vêtements nous collent à la peau.

En fin d'après-midi, nous retournons au centre-ville pour chercher un maillot de l'*America Cali*, équipe de football fétiche de Chucho, à sa taille. Il chante, rit, fait des blagues... Il est déchaîné. Quel contraste avec le petit garçon timide et emprunté de lundi ! Quelle transformation en quatre jours ! On dirait que cette visite à l'*ICBF* l'a libéré ! Comme s'il craignait de rater un examen ! Pour la première fois, il prononce des mots en français, dit « *merci* » aux vendeuses dans les boutiques. Dans un petit supermarché, il fait la course avec Jean en empruntant les escaliers opposés et arrive essoufflé en bas. Je lui dis qu'il est un *picarito* (1). Le soir, à table, il fait blague sur blague. Tout le monde le remarque et tous les convives sourient du changement. Déchaîné, je vous dis !

Vendredi 14 septembre 2001

Visite guidée de Cali

Il pleut sans discontinuer depuis hier soir. Au petit-déjeuner, alors que nous discutons Jean et moi en français, Chucho intervient en espagnol : « *Je suis là moi ! Je vous signale que je ne suis pas parti !* ». Nous sommes soufflés. C'est vrai, il a raison. Je me rappelle Gala, une amie ukrainienne arrivée en France sans parler un mot de notre langue il y a quelques années, et qui m'avait confiée plus tard s'être beaucoup ennuyée lors de repas entre amis alors que tout le monde prenait part à la discussion sauf elle, qui ne pouvait pas intervenir et se sentait souvent exclue.

Le matin, nous allons faire notre traditionnel petit tour en ville, que nous écourtons à cause de la pluie. Néanmoins, nous nous rendons dans une église du centre, ce qui le laisse totalement indifférent. Ce n'est d'ailleurs pas la première fois. Nous pensions qu'il serait content. Aucune trace de dévotion, aucune envie de prier. Rien qu'un ennui évident, une façon polie de se tenir assis sur le banc en attendant que nous décidions de sortir. Aucune curiosité. Rien. Je lui demande s'il prie. Il me répond que oui, dans sa tête, mais pas forcément alors qu'il est à l'église.

A l'heure du déjeuner, Jesús, en me désignant un enfant d'une table voisine de la nôtre, me dit : « *Jesús David parle bien anglais.* » Je lui fais remarquer que c'est normal étant donné

(1) « Un coquin ».

qu'il a été adopté à quelques mois et qu'il ne parle pas, en revanche, espagnol.« *Pour lui, l'anglais, c'est sa langue maternelle. Les sonorités espagnoles ne lui disent rien.*

– *Moi aussi, je vais oublier l'espagnol,* affirme-t-il, sans que je puisse déterminer au son de sa voix s'il le regrette ou s'il s'agit d'un souhait.

– *Et pourquoi donc ?* lui dis-je. *Tu es assez grand pour apprendre le français et te souvenir de ta langue d'origine. Et moi, je parle suffisamment avec toi dans ta langue pour que tu ne l'oublies pas.*

– *Mais ce sera mieux d'oublier pour apprendre le français.*»

Je lui explique alors qu'il aura la double nationalité d'ici quelques mois et qu'il pourra continuer à parler deux langues. Qu'apprendre d'un côté ne signifie pas oublier d'un autre. « *Regarde Maria-Leticia. Elle a appris le français à l'école et elle le parle bien. Elle vit en France depuis un an mais, quand elle rentre en Colombie, elle n'a rien perdu de sa langue maternelle. Toi, il ne faut pas que tu oublies. Plus tard, ce sera une richesse.* » (1)

A 15 h 30, Maria-Leticia justement vient nous chercher en taxi pour une visite guidée de Cali. Premier arrêt à la place où trône la statue de *Belalcázar*, fondateur de la ville. De là, on voit *Las tres cruces* en haut de la colline à gauche. A droite s'élève la *Torre Cali*. Nous avons une vue panoramique sur la ville, surtout sur ses immeubles et les quartiers modernes. Nous continuons dans le quartier *San Antonio*, non loin des bureaux de l'*ICBF*. « *Autrefois, mes parents habitaient là*, raconte Maria Leticia. *C'est un quartier historique et magnifique. Il y a un peintre célèbre qui y habite. C'est très pittoresque comme vous pouvez le constater.* »

---

(1) Je ne croyais pas vraiment les autres parents adoptifs qui m'expliquaient que Jesús allait oublier sa langue maternelle. D'une certaine façon, j'avais raison, car il la comprend encore parfaitement mais, neuf mois après, il fait d'horribles fautes à l'écrit et commence à éprouver des difficultés à l'oral. J'ai compris que le processus d'intégration passe par un oubli partiel de la langue originelle afin d'opter pour une nouvelle langue maternelle.Les mots viennent naturellement en français à Jesús désormais même si, çà et là, il utilise encore des expressions espagnoles.

Les maisons poussent le long des ruelles en pente, murs blancs et volets colorés, moucharabiehs aux fenêtres. On pourrait aussi bien être dans le sud de l'Espagne ou dans quelque village tunisien. « *Le problème ici, c'est la nuit. Ça devient un peu chaud. Alors mieux vaut venir de jour.* » De toutes façons, pour nous, les Français, tellement de choses sont interdites la nuit...

Tout en haut du quartier, on peut monter à la *Capilla de San Antonio*, une église avec un clocher en petites briques rouges et le reste blanchi à la chaux. Elle surplombe une placette qui domine également la ville, nous donnant un autre angle sur la cité. « *Ici, on peut aussi apercevoir* Siloé *et* Agua Blanca, *deux quartiers pauvres de Cali.* » Chucho se rapproche quand on parle de son quartier d'origine, cela l'intéresse beaucoup. Nous le prendrons d'ailleurs en photo avant de partir d'ici.

De l'autre côté de la *Calle n° 5*, nous arrivons dans le quartier de la *Merced*, également très ancien, avec sa fameuse église et un couvent en son cœur. « *Les célébrités qui veulent se faire voir ou les familles très traditionalistes de Cali marient leurs enfants ici. Elles ne pourraient envisager d'aller ailleurs* », continue Maria Leticia. L'église est minuscule mais charmante. Nous nous arrêtons un instant sur la place qui la jouxte. Mais il y a des policiers un peu partout, sans que nous comprenions ce qui se passe au juste.

Retour dans le quartier de *Juanambú* pour aller goûter chez l'avocate. Elle est un peu souffrante et nous n'avons pas l'intention de la déranger longtemps mais sa fille insiste pour que nous acceptions l'invitation. « *Vous ne pouvez pas quitter Cali sans avoir goûté notre* pan de bono *et la* almojabana. *Moi, j'en mange tant que je peux en ce moment parce que je dois bientôt repartir en France pour mes études et, alors, je sais bien que ça me manquera...* » Nous nous régalons en effet avec, de surcroît, un de ces délicieux jus de *maracudja* fait maison. Assoiffé par la promenade, Chucho en reprend deux fois !

Nous sommes installés dans le petit coin salon de la maison

et *Doña* Fabiola nous accueille avec le sourire malgré sa fatigue. Nous entamons une longue conversation au cours de laquelle nous en profitons pour poser aux deux femmes quelques questions sur la vie au temps de la guerre entre le cartel de Cali et celui de Medellín.

« *Bien sûr, la guérilla est encore en ville. Il y a quelques années, ils ont même pris en otages tous les gens dans une église proche de votre hôtel, pour prouver que, s'ils voulaient faire quelque chose, ils le pouvaient* (1). *Mais heureusement, nous ne sommes plus à l'époque où les troupes de Pablo Escobar affrontaient le cartel de Cali,* poursuit l'avocate.

« *A ce moment, la ville était folle. Il y avait une débauche d'argent terrible. On voyait des Rolls un peu partout. On construisait des palaces. Les instituts de beauté et les cabinets de chirurgie esthétique prospéraient. Il faut dire que les narcos avaient les moyens et leurs femmes se faisaient tout refaire. Dès qu'elles vieillissaient un peu ou si quelque chose ne leur convenait pas dans leur physique, elles filaient chez le chirurgien ! Il y avait aussi des centres de beauté très luxueux.*

Maria Leticia prend le relais : « *Les avocats qui travaillaient avec les narcos étaient payés royalement, certains amis de maman ont fait fortune. Mais la plupart sont morts. Les trafiquants ne pouvaient pas laisser derrière eux ces témoins gênants au courant de leurs affaires. Tout comme ont été assassinés les maçons, architectes et autres professionnels du bâtiment qui concevaient de splendides maisons avec des caches et des accès souterrains pour aller et venir sans être vus. Un peu à la façon des pharaons en Egypte... Il y avait aussi des chauffeurs de taxi partout.*

– *Il y en a encore pas mal*" leur fais-je remarquer.

– *Oui, mais là, il y en avait encore plus, qui ne prenaient pas de clients. Ils sillonnaient les rues, prenaient des notes, servaient d'agents de renseignements. Certains travaillaient pour un cartel, d'autres pour un autre, d'autres encore étaient de simples*

---

(1) 186 personnes ont été séquestrées par l'*ELN* dans l'église *La María* de Cali en 1999.

chauffeurs de taxi. On ne savait plus qui était qui. C'était de la folie. On se méfiait de tout le monde. C'était le règne de la terreur et l'argent dirigeait tout. Je me rappelle une copine de classe, une jolie fille intelligente. Eh bien, son petit copain faisait du trafic de drogue! Il avait beaucoup d'argent et, elle, elle était complètement passée de l'autre côté. Il fallait absolument rouler sur l'or. Quelle que soit l'origine de la fortune. Et, en général, les fortunes rapides comme celles-là n'ont rien de légal.

« Il fallait que ça s'arrête à un moment ou à un autre. La vie devenait impossible. On ne savait plus en qui avoir confiance. Toutes les couches de la population étaient mouillées à un niveau ou à un autre. C'était très déstabilisant, se souvient Maria Leticia.

« La situation s'est calmée, heureusement. Mais il faut conserver certains réflexes. Par exemple, lorsque mon mari se rend à sa ferme, à quelques kilomètres de Cali, s'il voit des gens faisant du stop, eh bien, il ne s'arrête pas ! Parce que si ces hommes appartiennent aux FARC et qu'il se fait arrêter par un barrage des AUC, ceux-là ne cherchent pas à comprendre. Ils massacrent tout le monde. Pour les paramilitaires d'extrême droite, prendre un membre des FARC dans sa voiture, même si on l'ignore, c'est en quelque sorte sympathiser avec le mouvement gauchiste », explique Fabiola.

El Pais remarque d'ailleurs qu'en moyenne, les Colombiens doivent faire face à huit attentats chaque jour, imputables à « des organisations armées en dehors de la loi. » Sur les quatre mille cinq cent cinquante derniers actes terroristes commis dans le pays, les FARC seraient à l'origine de 35 % d'entre eux, l'ELN de 34 %, 17 % seraient imputables aux AUC et 14 % à des délinquants en général payés par l'une des trois organisations semant la terreur dans le pays.

« Aujourd'hui, il vaut mieux faire attention quand on prend un taxi. Il vaut toujours mieux les appeler par téléphone et noter le numéro, au cas où. Il ne faut pas leur raconter des choses personnelles, d'ailleurs, il faut faire très attention et ne pas faire spontanément confiance.

« Il faut être prudent aussi quand on recrute une femme de ménage par exemple. Ceux qui n'ont pas connu cette époque ne peuvent pas imaginer ce que ça a été. On prie pour que ça ne recommence pas. Mais les Colombiens ont gardé de bien mauvaises habitudes. Après avoir vécu quinze ans comme ça, ils courent toujours après l'argent facile ! La drogue a complètement gangrené, pourri notre société, continue Fabiola.

« Tenez, les frères Rodríguez sont en prison (1). *Mais pour combien de temps ? Fabio Ochoa* (2) *n'a fait que cinq ou six ans de prison. Les narcos sont libérés pour bonne conduite. Une loi a été votée spécialement pour eux. Ils ont tellement corrompu toutes les couches de la société et ont de l'argent placé partout. Alors... »*

Nous leur racontons comment, le long de l'avenue 4 Nord qui mène à l'hôtel et que nous empruntons chaque jour pour aller nous promener, nous avons assisté ce matin à de la vente de drogue sur le trottoir, près d'un grand parking. « *Je vois très bien de quel endroit vous parlez,* me dit Fabiola. *Il y a régulièrement du trafic de* basuco *(3) à cet endroit. Si cela devait vous arriver à nouveau d'être témoins de ce genre de scène, faites comme si vous n'aviez rien vu et passez rapidement votre chemin. Rien ne sert d'appeler la police, le temps qu'ils arrivent, et avec si peu de discrétion, tout a déjà disparu. De toute façon, même s'ils pouvaient trouver quelque chose, ils ne le feraient pas. Ici, la corruption est partout et à tous les niveaux. »*

---

(1) Gilberto et Miguel Rodríguez étaient au cartel de Cali ce que Pablo Escobar était à celui de Medellín.

(2) La Colombie détient le triste record de production mondiale de cocaïne avec 580 tonnes par an. Les trois quarts sont exportés vers les Etats-Unis. En 1990, une loi avait été promulguée, exemptant d'extradition tous les trafiquants disposés à arrêter le trafic. Fabio Ochoa, ancien lieutenant de Pablo Escobar, s'est alors rendu. Condamné à 8 ans et 6 mois de prison, il a finalement été libéré pour bonne conduite en 1996. Malgré ses vives protestations, Ochoa a quand même été extradé en septembre 2001 vers les Etats-Unis. Au moment où nous nous rendions dans le pays, la polémique battait son plein.

(3) Le *basuco*, résidu de mauvaise qualité de la cocaïne, est une drogue consommée localement, moins chère que la cocaïne (un peu comme le crack).

Justement, le soir va bientôt tomber sur Cali et mieux vaut ne pas tarder. Nous rentrons à la pension. Comme nous en avons pris l'habitude depuis quelques soirs, nous irons passer un peu de temps sur les canapés de l'entrée, en lisant ou en discutant avec le couple de Français qui a adopté Juán José, un petit diablotin de deux ans que l'avocate a fort justement surnommé « *El Terremoto* » (1), tant il est agité. Nous siroterons une infusion de *hierbabuena* ou un *aguardiente* en regardant les pitreries de Juán qui s'exprime déjà pas trop mal, un peu en français avec les mots de ses parents adoptifs, un peu en espagnol, sa langue d'origine. Avec Jesús, et malgré la différence d'âge, ils semblent se comprendre assez bien (ce qui, vu le charabia linguistique, nous laisse pantois) et s'amusent tant que Jesús restera avec lui jusqu'à l'appel téléphonique quotidien du Père de 21 heures. Ensuite, direction la *habitación* !

(1) Le « Tremblement de terre. »

CHAPITRE VI

Week-end de vacances avec Asdrúbal

Samedi 15 septembre

Au musée de la Canne à sucre

Nous avons beau parcourir Cali de long en large et en travers, impossible de trouver dans cette ville, où les températures descendent rarement en dessous de vingt-deux degrés, un pull ou un sweat-shirt pour Chucho en prévision de notre voyage à Bogotá. Pourtant, il y a bien des gens qui quittent cette ville au climat tropical pour se rendre à Bogotá ou ailleurs dans la montagne où les températures sont plus basses ! Nous sommes rentrés bredouilles de nos précédentes recherches dans les boutiques du centre ou les supermarchés. « *Allez plutôt voir les Indiens !* nous a conseillé Fabiola Daza. *Tout dépend de ce que vous cherchez. Mais vous trouverez forcément un pull en laine de lama et une* ruana. *Ils s'installent près du centre, sur le trottoir, dans une petite rue perpendiculaire à la Quatorzième. Je ne pense pas qu'ils soient là tous les jours mais il me semble qu'on les voit le samedi.* »

Fabiola avait raison. Nous ne mettons pas beaucoup de temps à trouver les petits stands colorés. Chucho essaie un gilet aux motifs de lama et en laine du même animal, avec une petite capuche. Le genre que l'on trouve dans toute la Colombie et aussi dans le nord de l'Equateur. Dedans, il est charmant ! Cela fait ressortir ses yeux un peu en amande et sa peau brûlée. On dirait un petit Indien pur souche ! Nous trouvons aussi un pull plus classique et... des gants de laine qui font sa joie. Il les contemple, les essaie et a visiblement hâte de les porter. Ici, l'exotisme, c'est d'imaginer les sensations que peut procurer le froid ! Nous qui craignions tellement qu'il s'en plaigne, nous ne savons pas si son enthousiasme résistera au temps triste et gris de la région parisienne au mois d'octobre ! Sur le chemin du retour, nous arrivons enfin à trouver des chaussures à sa taille. Et, comble de chance, elles sont « *made in Colombia* ».

Nous rentrons tôt à l'hôtel car nous avons rendez-vous avec Asdrúbal. Sa maman a accepté qu'il passe le week-end avec les *Franceses* venus adopter Jesús et le chauffeur de *Mi Casa* le dépose comme un prince dans la cour de la pensión Stein. Sûr que c'est la première fois qu'il dispose ainsi d'une voiture et de son conducteur pour lui tout seul. Il descend, intimidé de se retrouver derrière les grilles d'une propriété devant laquelle le Père s'est déjà arrêté pour la montrer aux enfants, sans pouvoir toutefois stationner longtemps pour des raisons de sécurité. Il va enfin savoir ce qui se cache derrière. Nous nous sommes posé la question avant de l'inviter : est-ce raisonnable de faire partager à un enfant pauvre notre vie facile le temps d'un week-end, quand nous savons qu'il retournera ensuite à son quotidien ? Nous avons préféré considérer l'aspect positif de cette invitation : il pourra s'amuser dans des endroits habituellement interdits à sa classe sociale (l'hôtel ou le club de loisirs par exemple), profitera de son ami dans un cadre privilégié et gardera, nous l'espérons, un souvenir inoubliable de ces deux jours. Vu son étonnement, c'est sûr ! Il nous a semblé que le priver de ce petit bonheur sous prétexte qu'il pourrait ensuite mieux mesurer le fossé séparant les riches des pauvres n'était pas un argument valable.

Les enfants de ce milieu et de ce pays ont bien plus tôt conscience de cette réalité que ceux de nos contrées. Pour eux, profiter de ce genre d'opportunité, même peu de temps, vaut mieux que pas du tout. Et puis il s'agit juste d'un week-end à la pension avec promenade et club de loisirs certes, mais nous ne sommes pas à l'Intercontinental et nous ne roulons pas en Cadillac ! Quoique je ne suis pas sûre qu'il fasse la différence. Comme me le fera remarquer plus tard Chucho, quelques semaines après son arrivée en France : « *A partir du moment où tu sais où dormir le soir, où tu peux manger, toi et ta famille, et te soigner, tout ce qui vient en plus, c'est de la richesse. En milliers de pesos ou en dizaines de millions, je ne fais même pas la différence* ! »

Asdrúbal monte donc les escaliers en pierre menant à la

réception, assez impressionné à côté de son ami qui semble déjà très à l'aise dans cet environnement inhabituel. Passage rapide par la piscine, où l'eau froide congestionne le petit lutin Asdrúbal. Il n'ose pas jouer bruyamment et observe ce qui se passe autour de lui. Toutes ces familles sont étrangères, mais il ne fait pas la différence entre les Hollandais, les Américains ou les Français. Il rentre bientôt dans la partie entamée par Jean, Jesús et le père de Juan Raphaël, qui se renvoient la mappemonde gonflable qui éclabousse tout sur son passage.

Avant d'aller manger, les garçons vont prendre une douche. D'habitude, Chucho se sèche et s'habille. Là, il invite Asdrúbal dans la salle de bains et tous deux se récurrent longuement. La douche n'en finit pas et, derrière les cris et les bruits de l'eau qui coule, j'entends Jesús mettre Asdrúbal au parfum sur les habitudes de la maison. D'un ton naturel et dégagé, il l'informe : « *Le matin, tu peux manger des œufs ou commander une assiette de fruits ou encore des Kellogs. Il y a du chocolat au lait et tu peux en reprendre autant que tu veux* », ce qui laisse Asdrúbal muet de stupéfaction. Sans écouter, et avec les bribes de conversation que je perçois, je comprends que Chucho fait littéralement un show.

Asdrúbal n'est pas au bout de ses émotions. Nous avons signalé aux cuisinières la présence d'un enfant supplémentaire mais, à vrai dire, ce n'était pas vraiment la peine d'augmenter les portions ! Il picore plus qu'il ne mange. Il est subjugué par tout ce qui l'entoure et n'ose pas poser de questions. J'ai l'impression que nous sommes tombés de Mars. Un moment d'inattention durant lequel Jean va chercher une bière dans le réfrigérateur en libre service et pendant lequel je vais prendre de l'eau, et Asdrúbal en profite pour demander à Chucho comment on se sert des couverts. Lorsque nous nous rasseyons, Jesús est en train de lui expliquer le positionnement de la fourchette par rapport à celui du couteau. En regardant Jesús briller de sa science nouvelle, je comprends mieux la raison de sa maladresse les premiers jours. Je le trouvais malhabile à table, lui qui montre pourtant de la dextérité dans tout ce qui est manuel. Le premier jour, il avait même demandé une cuillère pour manger. Mais il avait ensuite préféré nous observer et nous imiter plutôt que d'avouer une seule seconde son ignorance. Un trait de fierté que nous verrons se dessiner de plus en plus précisément dans les semaines qui suivront.

Asdrúbal, qui va avoir onze ans le 24 octobre prochain, n'a jamais coupé de viande. A *Mi Casa*, on mange avec une cuillère pour éviter les « accidents » et dans la « maison » de sa mère (balayée par des pluies diluviennes peu avant Noël de la même année), on n'a sûrement pas l'occasion de manger de la viande ! Asdrúbal regarde Chucho plein d'admiration. Ce dernier, qui ne perd pas une miette de sa gloire nouvelle, évolue parmi nous comme si tout ce qui fait aujourd'hui partie de son nouveau monde lui était familier depuis longtemps.

Walter est de service cet après-midi pour conduire plusieurs familles au Parc de la canne à sucre, à l'est de Cali, après Palmira, c'est-à-dire à environ quarante kilomètres d'ici. Nous l'attendons donc comme convenu dans l'entrée, profitant d'une petite brise bienvenue. Asdrúbal est habillé d'un short bien trop grand pour lui mais propre et neuf et d'un tee-shirt rouge avec une tour Eiffel, trace de notre passage dans son collège. Avec Jesús, ils s'amusent à ponctuer toutes leurs phrases de « *Oh ! la la !* », qui doit être certainement un tic de langage chez nous car nous l'avons répété suffisamment régulièrement pour qu'ils l'aient retenu et qu'ils se mettent à le dire de plus en plus souvent. Nous grimpons dans le minibus de la pension où nous nous installons tous les quatre au fond. Asdrúbal et Chucho font des grimaces aux automobilistes que nous croisons et semblent s'amuser beaucoup. Ils préféreraient sûrement se rendre dans un centre de loisirs mais nous y allons demain et avons envie que Chucho connaisse un peu les richesses de son pays avant de le quitter. Le Parc de la canne à sucre explique les techniques d'exploitation de cette ressource qui est l'une des principales productions du département du *Valle del Cauca*.

Sur la route, nous doublons des camions transportant des quantités impressionnantes de canne. A l'entrée de Palmira, un vendeur ambulant presse les tiges pour en extraire le jus qu'il vend au verre aux passants ou aux automobilistes arrêtés au feu rouge. Jesús et Asdrúbal rient comme des petits fous, cette promenade en voiture est de leur goût. De toute façon, à partir du moment où ils échappent aux « corvées » ou aux devoirs et qu'on leur propose une alternative à leur quotidien, tout les ravit. Avant notre arrivée dans le domaine, Walter s'arrête pour nous montrer une propriété ayant abrité le tournage d'une série à l'eau de rose qui a connu un succès fou en Colombie. Depuis le chemin, nous pouvoir voir des feux allumés pour récolter la canne. A l'entrée du parc, deux hommes vendent un vin biologique qu'ils nous font goûter. C'est frais et délicieux, au goût indéfinissable, à mi-chemin entre un jus de raisin un peu sucré et un vin léger genre gamay. Nous achetons une bouteille que nous décidons d'ouvrir le jour où le juge aura signé l'adoption de Jesús.

Quand nous arrivons au *Parque del Azucar*, nous nous promenons en attendant le guide qui ne tarde pas à arriver. Jesús et Asdrúbal font les démonstrations des outils en bois servant à l'extraction de la canne et donnent plus que jamais du « *Oh ! la la !* ». Cela agace prodigieusement une petite fille qui demande à son frère aîné ce que signifie cette expression visiblement tendance. Devant l'ignorance de ce dernier, elle hausse les épaules, furieuse d'être exclue de ce secret qui semble si drôle à voir la tête réjouie des deux lascars. Je le fais remarquer à Chucho, qui rétorque : « *C'est normal qu'elle ne comprenne pas. Elle est colombienne. Moi, je suis aussi français. Alors je parle en français. Oh ! la la !* » Un peu plus tard, alors qu'il m'explique comment fonctionne un des outils exposés pour exprimer le jus de la canne, je lui dis : « *Tu es drôlement intelligent pour avoir compris ça tout seul. Moi, je n'y serais jamais arrivée sans aide.* » Et lui de répondre en toute simplicité : « *Non, c'est normal. Tu m'as dit l'autre jour que j'avais du sang indien. Tu sais, les Indiens sont intelligents.* »

En passant devant un arbuste, Walter nous fait remarquer : « *C'est ça qui pourrit toute la Colombie.* » Nous n'aurions jamais deviné que ces feuilles, en apparence si communes, étaient des feuilles de coca. Jean est le premier à en cueillir une et à poser devant l'objectif en la mâchant. Je l'imite et nous concluons plus tard qu'il faut sûrement en récolter plusieurs pour essayer de ressentir un quelconque effet...

Jesús fait preuve d'un grand sens de l'observation. En passant devant un tronc d'arbre, il s'extasie et me fait remarquer la présence d'un phasme d'une taille impressionnante. Je n'aurais perçu sa présence qu'après de longues minutes d'observation. Nous nous sommes déjà rendu compte qu'il avait une excellente perception de son environnement, même dans des petits détails. Il a par exemple remarqué dès le premier jour que mes oreilles sont coupées alors que je ne suis pas sûre que mon père ou mon frère l'aient un jour observé !

Fin de la visite. Nous achetons en souvenir deux petits lacets avec chacun un dauphin sculpté dans un bois léger que les deux garçons se mettent aussitôt autour du cou. Asdrúbal, à qui le Père a donné cinq cents pesos pour se payer un « extra » durant ce week-end pas comme les autres, va en dépenser la moitié en achetant des petits gateaux secs, immédiatement suivi de Jesús qui choisit des bonbons.

Nous reprenons la route pour rentrer à Cali. A Palmira, nous voyons un homme à vélo entrer en collision avec une voiture. L'homme en bicyclette se relève et saigne de la tête. Il enfourche sa bicyclette et reprend son chemin...

Le long de la route, les feux de canne à sucre prennent une couleur rouge qui se détache joliment sur l'horizon aux couleurs du jour déclinant. En passant sur un pont au-dessus du fleuve *Cauca*, long de mille trois cent cinquante kilomètres, le deuxième de Colombie derrière le rìo *Magdalena*, Jesús veut s'arrêter pour prendre une photo. « *On ne peut pas cette fois. Regarde, on ne peut s'arrêter nulle part. Mais promis, nous ne quitterons pas Cali sans prendre le fleuve en photo.* » lui dis-je. Nostalgique, il me raconte les promenades avec *Don* Demetrio au bord de la rivière. Je dis « *hasta luego* » en regardant le fleuve s'éloigner au fur et à mesure que nous avançons et il me corrige : « *No, hasta nunca* » (1), d'un ton un peu triste et fataliste.

(1) « Non, à jamais. »

« *Quand revenons-nous à* Mi Casa *?* » m'a-t-il demandé dans l'après-midi. Je lui réponds que nous irons passer un moment avec le Père et ses camarades du collège mercredi mais que, ensuite, nous leur dirons au revoir et que ce sera la dernière fois avant de quitter Cali. Il me répond qu'il le sait et semble avoir conscience de ce que cela veut dire. Il apparaît décidé, sans tristesse. Une longue réflexion l'a conduit jusqu'à nous. Entre le temps qui s'est écoulé depuis son arrivée à l'institution, les incertitudes du couple de Calais (1), qui s'est finalement désisté et nos démarches, il a eu le temps de penser à ce moment ! Toutefois, j'appréhende ces adieux car ils seront difficiles pour tout le monde. Je pense aux autres enfants notamment. En particulier à Oscar, qui a tant souffert de n'avoir plus de famille et qui voit s'éloigner celui qui pouvait le comprendre et pour qui il pouvait jouer un rôle substitutif d'aîné.

Après dîner, Enrique, fils d'Enrique, le consul et propriétaire de l'hôtel, traîne dans les environs, désœuvré, un ballon au pied. Chucho et Asdrúbal se joignent à lui pour improviser une partie où se mêle également la sœur du petit garçon. Ils sont bientôt rejoints par Richard, le fils d'un couple d'Australiens venus adopter une petite fille de deux mois. Richard est un petit garçon malingre, toujours fourré dans les jambes de sa mère, timide et bien élevé. Je ne crois pas avoir entendu le son de sa voix depuis que nous sommes ici. Il semble toujours un peu triste et ne se mêle jamais aux autres enfants.

Heureux d'être invité à une partie de football, il descend dans la cour où les cris jaillissent dans l'obscurité. Richard est le seul enfant de ce groupe à ne pas parler espagnol. Je le signale à Jesús afin qu'il le mette à l'aise et l'intègre dans la partie. Richard est malhabile mais arrive à faire quelques passes et marque même un but. Chucho l'applaudit et l'encourage. Pourtant, il ne sait pas que nous les observons du haut des esca-

(1) Deux couples avaient initié des démarches pour adopter Jesús, il y a quelques années, avant de renoncer. L'un d'eux souhaitait un enfant plus jeune. L'autre couple avait reculé devant l'obligation de se rendre sur place, en Colombie.

liers. Cela nous fait plaisir de constater qu'il fait attention aux plus « faibles ». Il faut dire qu'il a été à bonne école pour accepter les autres tels qu'ils sont et ne pas rejeter ceux qui nous semblent un peu différents. Parfois, il se trémousse sur le terrain, entre deux passes, et danse une improbable *salsa* silencieuse. Il bouge très très bien et je comprends pourquoi nos démonstrations de rock avec Jean le font se tordre de rire !

En le regardant, je pense à ce que nous a dit l'avocate quand nous sommes allés lui rendre visite chez elle. « *Mercredi 13, jour du* reparto (1)*, votre dossier a échu au juge n° 7. C'est lui qui signera l'acte d'adoption. C'est bon signe. Le juge n° 7 est habituellement sérieux et rapide. Nous avons de la chance.* »

Dimanche 16 septembre 2001

Un après-midi dans un club privé

Comme chaque matin, je me lève la première. Vêtue d'un simple tee-shirt et d'un short, je file pieds nus chercher une tasse de café noir qui m'accompagne dans l'écriture de ce journal. Le ciel semble prometteur pour cette journée que nous allons passer à la piscine d'un club privé pour riches *caleños*.

Je me glisse sans bruit dans la chambre où Chucho et Asdrúbal dorment enlacés dans le petit lit. Je rejoins ensuite le mien pour écrire.

Le départ est prévu à 10 h 30. Au petit déjeuner, Asdrúbal reste muet devant l'abondance de nourriture. Comme Jesús, il a des difficultés à choisir entre deux plats. Nous prenons quelques petits pots de confiture et un paquet individuel de céréales qu'il ramènera à *Mi Casa*. Devant la corbeille de fruits, il n'arrive pas à se décider. Il prend finalement une poire. Puis, il reste assis devant son assiette à la contempler. « *Tu veux que je te la coupe ? Mords directement dedans ! Ou as-tu besoin que je retire la peau ?* » lui proposé-je devant sa mine déconfite. « *Non, plutôt, je préférerais que vous me la coupiez en deux. J'en mangerai la moitié maintenant et je ramènerai ce soir l'autre moitié à*

---

(1) Attribution aux juges par tirage au sort des dossiers d'adoption.

Mi Casa. » finit-il par m'avouer. Là est son problème. Garder un peu de ce fruit pour plus tard. « *Mange ta poire, et nous en prenons une autre à ramener au collège. Comme ça, ça va ?*». Asdrúbal n'y avait même pas pensé. Réjoui, il croque à pleine dents dans sa poire et je lui en mets tout de suite une de côté pour plus tard. Tout ce qu'il va pouvoir raconter en rentrant ! Chucho paraît plus à l'aise que jamais et brille d'une aura nouvelle aux yeux de son camarade. Il va et vient, se sert lui-même son chocolat. Intérieurement, il jubile de ce nouveau statut.

Enrique nous emmène au club auquel l'hôtel est abonné. Sa femme et ses enfants sont là aussi. Les gamins sont émerveillés. Piscine avec double plongeoir, toboggans, petits bassins avec des structures en forme d'animaux pour les plus petits, mais aussi terrain de football, courts de tennis, sans parler de la distribution de Coca gratuite et de la table dressée qui nous attend. Au menu : *empanadas*, poisson grillé ou poulet, riz, glace... le bonheur quoi !

Nous nous déshabillons et nous jetons à l'eau. Nous savons que nous allons passer une journée inoubliable, faite de rires, de cris, d'insouciance, loin des papiers, des jugements, des contraintes de tout ordre, hors du temps, et, plus égoïstement hors de l'environnement pauvre qui a tendance à nous culpabiliser.

Au bord de la grande piscine, deux plongeoirs. Le plus grand est interdit pour les enfants de moins de douze ans. J'interdis à Chucho et à Asdrúbal de sauter depuis celui-là. Chucho proteste et se met à bouder. Mais nous ne cédons pas. Nous avons envie de rendre Asdrúbal entier à sa mère et cette excuse me convient parfaitement. Je n'ai pas envie de voir mon casse-cou faire des pirouettes à si haute altitude avec la flopée d'adolescents qui se trouve en dessous, risquant à chaque instant une collision ! La bouderie ne durera pas car il aura l'occasion assez rapidement de pouvoir se moquer de ma maladresse sur un toboggan. « *Et voilà deux baleines à l'eau !* » s'exclame-t-il en me voyant descendre simultanément avec Jean. Charmant !

Je remarque que, s'il supporte mal les interdictions qu'il ressent toujours comme une injustice, s'il n'arrive jamais à stopper un jeu sans afficher une mine déconfite et plonger dans un mutisme total, il obéit aux consignes. Ainsi, je ne le verrai jamais sauter du grand plongeoir et il s'amusera comme un fou avec les autres accessoires. Alors qu'Enrique, plus petit, mais qui a la bénédiction paternelle, s'amuse à monter crânement sur le plongeoir interdit à ses camarades...

Asdrúbal et Jesús essaient toutes les positions pour plonger dans l'eau ou pour se laisser glisser le long des toboggans, en solo ou en duo, parient sur leur capacité à rester le plus longtemps possible en apnée, nagent, courent, plongent, crient, s'agitent, nous prennent à témoins... Ils n'auront pas de mal à s'endormir ce soir.

Retour à la fondation

Six heures plus tard, ils ne semblent pourtant pas fatigués et mettent la même énergie dans leurs jeux. Difficile de leur faire comprendre qu'il faut se rhabiller. Si Asdrúbal s'exécute sans broncher, visiblement heureux de s'en être payé une bonne tranche, Chucho part pour une petite bouderie. Il a beaucoup de mal à stopper les activités qui lui plaisent, même quand elles ont duré si longtemps. Je crois qu'il pourrait se donner à fond dans ce qu'il fait jusqu'à tomber d'épuisement !

Il faut bien partir pourtant. Nous sautons dans un taxi pour ramener Asdrúbal à *Mi Casa*. Dans la voiture, Chucho reste anormalement silencieux et, quand on lui demande s'il est triste parce que l'on rentre, il fait cette petite grimace caractéristique de sa bouche boudeuse, qui signifie alternativement « *No sé* » ou « *No tengo ganas de responder* » (1).

Dans la cour de *Mi Casa*, le Père est en train de discuter avec une religieuse, Purificación Nucete.

C'est une sœur espagnole qui a ouvert un mouroir pour cancéreux et sidéens à Cali. C'est elle qui avait indiqué l'adresse de *Mi Casa* à la *mamita* de Chucho pour qu'elle ne le laisse pas à

---

(1) « Je n'ai pas envie de répondre .»

la rue quand son fils, en phase terminale de maladie, et elle-même, trop mal en point, ne pouvaient plus s'occuper de lui. Je crois comprendre que la sœur ne l'a pas revu depuis.

Notre présence est une victoire pour elle. Cette pauvre femme va se faire opérer dans les jours qui vont suivre. Elle aura ensuite une poche extérieure pour remplacer sa vessie. Cela fait beaucoup de peine au Père. Mais elle ne semble pas avoir perdu son énergie et nous accueille avec le sourire et beaucoup de chaleur. Elle me serre dans ses bras et fait la leçon à Chucho, qui écoute poliment mais qui doit en avoir assez d'entendre toujours la même chose : « *Profite de ta chance et de ces parents que le Seigneur t'apporte pour t'appliquer dans tes études. Mesure ta chance et sais en profiter. Remercie Dieu chaque jour pour cela.* » Cette brave femme a sûrement sauvé Chucho en guidant sa grand-mère jusqu'ici, mais je n'ai pas non plus envie qu'on souligne sans cesse cette « chance » inespérée. Peut-être parce que, sur place, nous, nous mesurons l'étendue de ce que nous ne ferons jamais pour leur venir en aide. Jesús est une goutte d'eau, même si j'ai souvent présente à l'esprit la phrase d'André Malraux : *« Une vie n'est rien, mais rien ne vaut une vie. »*

Nous la regardons partir, légère et sautillante, cette femme habituée à accompagner dans la souffrance et dans la mort les plus pauvres des pauvres d'ici. Ceux qui n'ont droit à rien. Elle se retourne pour nous saluer une dernière fois, ses yeux bleus rieurs plantés dans les nôtres. Avant de partir, elle nous a confié qu'elle hébergeait dans son hospice une tante de Chucho.

Nous allons ensuite dans le salon du Père où des enfants jouent à la PlayStation. La maman d'Asdrúbal doit passer, nous l'attendons pour partir. Ortiz, l'autre grand copain de Chucho, est assis à côté de Jean. Il est très calme, paraît être un enfant doux. Comme beaucoup d'autres ici, il n'a pas de père et sa mère est partie travailler au Canada. C'est pourquoi il est pensionnaire, car elle n'a pas pu l'emmener avec elle. Ortiz est un enfant courageux. Il n'a pas vraiment le choix. La maman d'Asdrúbal arrive enfin, avec sa petite fille et son compagnon. Nous prenons des photos et revenons quelques instants au salon.

Les enfants et les adolescents rentrent peu à peu de week-end. Tous ceux qui peuvent sortir, qu'un père, une mère, une tante, un cousin ou un ami peuvent héberger la fin de semaine, quittent *Mi Casa* le vendredi soir et rentrent le dimanche soir. L'un d'eux est assis sagement non loin de nous depuis un bon moment, son paquetage sur les épaules, quand le Père se rend compte de sa présence. « *Mais qu'est-ce que tu fais là toi ? Pourquoi es-tu revenu ? Je t'ai pourtant expliqué qu'il n'y avait plus de place pour toi ici. Ton père le sait aussi. Pourquoi es-tu revenu ? J'en suis vraiment désolé mais il fallait y penser avant. Tiens, voilà cinq cents pesos pour prendre le bus et rentrer chez toi avant la nuit. Dépêche-toi avant qu'il ne fasse trop sombre. Sois prudent et rentre directement !* » dit le Père devant le gamin qui ne rétorque pas un mot. Je me demande s'il comprend. Et que va lui dire son père quand il va le voir rappliquer ? Va-t-il seulement rentrer chez lui ?

Ce moment est très pénible. Lorsque l'enfant est finalement sorti, le Père nous raconte. « *Nous l'avons accueilli depuis peu. Il s'est déjà montré violent à plusieurs reprises. Nous lui avons expliqué que nous ne pouvions pas tolérer cette violence ici mais il y a trois jours, il a ouvert la lèvre d'une des sœurs avec un couteau et en a menacé une autre. Il a fallu aller à l'hôpital la faire recoudre. Si j'accepte ça, la violence gangrènera bientôt les plus faibles ici. Je n'ai ni les effectifs, ni les moyens de lutter contre ça. Alors je le fais à contrecœur mais je le renvoie. Impossible pour moi de garder un élément si perturbateur qu'il peut remettre en cause l'équilibre que nous avons eu tant de mal à mettre en place. C'est triste, mais c'est comme ça.* »

Et le Père, de nous raconter les erreurs des débuts de *Mi Casa*. « *Nous étions naïfs. Nous ignorions beaucoup de choses. Tenez, par exemple, le réfectoire. Au début, il y avait de vraies assiettes, pas des gamelles en aluminium. Et des couteaux et des fourchettes. Mais, quand les gamins se disputaient ou voulaient protester, ils cassaient une pile d'assiettes. Quand ils avaient un différend, ils plantaient une fourchette dans l'épaule de leur ennemi. La victime se vengeait et on n'en finissait jamais.*

*Résultat, plus de problème depuis qu'ils mangent avec des cuillères. Un jour, un fonctionnaire de l'*ICBF *me faisait remarquer que des couverts traditionnels seraient plus appropriés. On voit bien qu'ils travaillent dans des bureaux et pas au contact quotidien des enfants ! Un autre nous reprochait aussi de ne pas faire de menu et de ne pas laisser le choix aux enfants entre plusieurs plats. Je leur ai répondu qu'il y a un restaurant derrière* Mi Casa *qui m'a l'air très bien. S'ils me donnent l'argent nécessaire, je les conduis au restaurant tous les jours ! Rien ne me ferait plus plaisir !* », s'emporte le Père.

Sur le chemin du retour, Chucho est anormalement silencieux et joue avec mes ongles comme il a désormais coutume de le faire lorsque quelque chose le tracasse ou qu'il est un peu triste ou tendu. Je crois qu'il a conscience qu'il s'amusait pour la dernière fois avec son meilleur ami et, qui plus est, dans des conditions exceptionnelles qu'Asdrúbal n'aura sans doute plus jamais l'occasion de connaître. C'est bien triste et cela nous peine aussi énormément. Sur place, en maillot de bain, on ne faisait pas la différence entre Asdrúbal, pensionnaire de *Mi Casa*, sans autre domicile que la masure aujourd'hui rasée de sa maman, et les fils de riches bourgeois de Cali.

Chucho semble un peu déprimé et agit comme s'il nous en voulait. En arrivant à l'hôtel, il rejoint les autres enfants et entame une partie de foot comme si de rien n'était, mais ne nous adresse pas la parole. Nous nous montrons compréhensifs, câlins, et essayons les blagues qui lui plaisent. Rien à faire. Il s'applique à être agréable et souriant avec tout le monde, sauf avec nous. A table, pour la première fois, il refuse le plat qui lui est présenté. Il raffole pourtant de la pizza, considérée à *Mi Casa* comme un plat de fête, quand le Père est de sortie avec quelques gamins qui n'ont nulle part où aller pendant les grandes vacances. Il prétexte être « plein ». Mais rassasié de quoi ? Il s'est agité toute la journée et n'a rien avalé depuis midi ! Il boude aussi la glace et repart s'amuser avec Enrique et sa sœur. L'appel quotidien du Père le rappelle à de meilleurs sentiments et il semble mieux disposé à notre égard au moment d'aller au lit. Pense-t-il à sa tante hospitalisée ? Le fait de revoir avec moi la seule photo où apparaît la *mamita* de profil – dans une revue consacrant un article à l'hospice tenu par la sœur que nous avons rencontrée tout à l'heure et illustré par une photo de cette dernière tenant la main de sa grand-mère alitée – le taraude-t-il ? Ou commence-t-il à mesurer le fossé séparant notre qualité de vie à celle, besogneuse et misérable, des gens d'ici ?

Je me demande s'il nous en voudra un jour d'être nés dans un pays riche et, à ce titre, de ne pouvoir comprendre réellement ce par quoi lui et sa famille sont passés. Lorsque nous nous couchons, il veut quand même partager notre lit mais, pour la première fois, me repousse dans son sommeil lorsque j'essaie de le prendre dans mes bras.

Chapitre VII
Jesús est notre fils

Lundi 17 septembre

Cali de noche

Ce matin, nous allons travailler pour la première fois ensemble. Chucho le sait. Les vacances ont été longues jusqu'à aujourd'hui et il fallait bien que ça s'arrête un jour. Il ne va pas être scolarisé avant au moins un mois et demi mais, entre-temps, il faudra que j'évalue son niveau de connaissances et que je lui apprenne quelques bases de français pour qu'il puisse intégrer l'école de Chelles où nous l'avons inscrit. Il ne s'agit là que d'une première leçon. Ensuite, nous irons récupérer les développements des pellicules pour laisser les photos à *Mi Casa*.

Il est 9 h 30. Je commence par lui faire écrire les chiffres de 1 à 20 en français et à lui faire répéter plusieurs fois. Puis, il écrit et répète les mots qu'il connaît déjà : « *bonjour, merci, au revoir, je suis content, s'il te plaît.* » Il ne montre pas beaucoup d'entrain. Pour être franche, il est même carrément affalé sur la table, répond à mes questions du bout des lèvres, d'une voix à peine audible, s'exécute de mauvaise grâce et fait tout pour me décourager. Je fais comme si je ne m'en rendais pas compte pour court-circuiter cette technique. Son attitude est franchement exaspérante. Je vois bien qu'il envisage le travail comme une punition, qui plus est injustifiée, car il n'a rien fait de mal. Je ne lui demande pas grand-chose, juste un peu d'attention, voire de concentration mais cela semble déjà trop pour lui. Je ne lâche pas prise. Avec la vie facile que nous semblons mener à Cali, je ne veux pas qu'il s'imagine qu'il a été adopté par la famille Rothschild et qu'il n'a plus qu'à se laisser vivre pour le restant de ses jours !

Nous finissons par quelques opérations basiques de mathématiques. Il semble connaître ses tables. Pas de souci pour les additions, les multiplications, mais il patouille un peu dans les retenues des soustractions. Est-il déjà fatigué après une petite heure ? Jean rentre de la banque et nous arrêtons là cette première expérience. J'ai l'impression d'avoir travaillé une soirée entière au journal. Il m'a épuisée !

Pour nous détendre, nous allons marcher plus de deux heures, mais, au lieu de tourner à droite au bout de l'avenue *4 Norte*, nous allons à gauche, du côté des bars et des discothèques. Sur la route, nous rentrons, sur les conseils des Français de la pension, dans une boutique aux prix élevés où nous craquons néanmoins pour une *ruana* en chaude laine de lama qui lui va à merveille. Il choisit également un petit bus en terre cuite sur lequel le commerçant inscrit son nom sur le fronton et *America Cali* à l'arrière. Malgré un emballage soigné, il arrivera en mille morceaux à Paris ! Plus loin, sur la gauche, se trouve le musée des Arts colombiens, qui n'est ni plus ni moins qu'une supérette d'artisanat local ! J'y trouve des vues de Cali et de Medellín que je ramènerai comme souvenirs pour Chucho, des timbres du pays et un petit toucan, son animal fétiche désormais. Depuis qu'il a surnommé Jean « *El Toucán* » (en plus de « *El Tiburón* ») en raison de la taille de son appendice nasal, il guette les miniatures de cet animal dans toutes les boutiques.

En sortant du magasin, j'explique à Chucho que nous ne sommes pas de richissimes Américains, mais des Français moyens ayant économisé depuis plusieurs années pour se payer ce voyage durant lequel nous voulons nous faire plaisir et faire plaisir à ceux que nous croisons (1). Je me sens obligée de faire cette mise au point sans le culpabiliser car je remarque qu'il commence à demander de plus en plus souvent des choses dans les boutiques, même quand il n'en ressent pas le besoin ou l'envie, comme s'il voulait absolument acheter partout où il passe, pour accumuler des biens. Vu de sa galaxie, il est difficile de faire la différence entre notre niveau de vie et celui de rentiers oisifs de la jet-set ! Il ne sait pas qu'avant de venir ici, nous

(1) Nous avons profité de notre séjour sur place pour faire un don à *Mi Casa* et un autre, plus modeste, à *Chiquitines* (Calle 22 # 126-54 Avenida El Banco, Pance. AA 034516 CALI - Tél. / Fax : 00 57 25 55 24 00), œuvre agréée qui avait retenu notre candidature.

avons trimé comme des fous pendant plusieurs mois pour pouvoir cumuler le plus de congés possible. Et quand il nous voit manipuler les liasses de billets pour payer l'avocate ou les frais de pension, les sommes lui donnent le vertige !

L'après-midi, nous prenons le chemin de *Chipichape*, ce centre commercial bien connu à Cali où la classe moyenne va prendre un verre ou manger une glace, seuls les plus riches pouvant se payer des articles dans ces magasins qui affichent des prix comparables à nos boutiques de marques en France. Il fait chaud et, après un petit tour de l'ensemble, nous nous arrêtons pour boire une *limonada*. Dans notre esprit, il s'agit d'une *gaseosa* comme une autre et la serveuse va décapsuler une bouteille. Ignorants que nous sommes ! Ici, la *limonada* est authentique. Elle est faite à base de *limones* (citrons), que l'on pulvérise avec de la glace. Nous ne sommes pas sûrs que notre estomac résistera à cette boisson dont le stockage et l'origine de la glace sont plus que douteuses mais, dès la première gorgée, nous sommes au paradis. Tant pis si nous sommes malades, il aurait été dommage de se priver de ce régal. Durant la suite de notre séjour, nous en reprendrons à maintes reprises avec un égal bonheur... et sans être jamais malades !

Le soir, Fabiola Daza nous prend à l'hôtel pour un *Cali de noche* dont elle assurera la visite guidée. Riche idée qui nous permet de nous évader pour la première fois de la *pensión* qui, aussi agréable soit-elle, nous retient chaque soir comme des prisonniers, nous qui sommes tellement habitués à l'idée de la liberté.

Nous revenons donc dans le quartier *San Antonio* où nous dégustons devant l'église des *obleas al arequipe* (1). La ville illuminée est à nos pieds et Jesús commente avec Fabiola la géographie des lieux. Nous repassons devant la colline de *Siloé* que protège bien mal *El Cristo Rey* tout en haut. « *Ici, c'est très chaud* » nous rappelle le chauffeur de taxi au cas où nous l'aurions oublié... « *C'est le premier quartier de Cali créé par l'immigration massive de petits paysans abandonnant leur terre,*

(1) Sorte de fines galettes avec de la confiture de lait très sucrée.

fuyant la misère et la violence. En arrivant ici, ils se sont agglutinés sur les flancs de la colline, créant un immense îlot de misère où la loi du plus fort est la seule qui compte. »

La mort de José Gilberto López Vallejo, alias Juaco, a mis à jour un plan des FARC prévoyant des attentats à la voiture piégée à Cali et dans sa région. Selon la police, sept cents hommes seraient actuellement entraînés dans le département du *Valle del Cauca* pour attaquer et bloquer les voies de communication. Nous ne connaîtrons aucun désagrément lors de notre séjour. Mais ceux qui vivent ici n'ont pas le choix et supportent cette épée de Damoclès jour après jour.

Au moment où nous passons devant l'université *del Valle*, nous croisons une *chiva* (1). Une vraie. Pas celles reconverties pour le transport des touristes comme à Cartagena. Non. Une immatriculée à Popayán, plus au sud, et remplie de paysans indiens. Plus loin, nous laissons une grande église, que Chucho semble connaître sur la gauche. Le vélodrome, le gymnase *El Pueblo* et *La Plaza de Toros* sont un peu plus loin, à droite. Nous les dépassons et plongeons un peu plus au sud jusqu'à l'*Unicentro*, le centre commercial où Jesús a souvent accompagné le Père lorsqu'il fait des courses. Puis commence la remontée vers des quartiers plus modernes. Nous restons bloqués devant l'université *Panaméricana*. Un vieux camion et un bus ont essayé de passer au même endroit au même moment et le bus, à l'arrêt, laisse sortir ses occupants, bloquant toute la circulation. Personne ne proteste. Les embouteillages, un peu comme à Paris, font partie du quotidien. A la différence que l'on sent les *Caleños* moins pressés d'arriver à destination que les Parisiens. Ou en tout cas moins nerveux !

Arrêt place de *Belalcázar* pour un dernier aperçu de la ville côté quartiers modernes, avec la *Torre Cali* d'un côté, symbole

---

(1) La *chiva* est un transport en commun typique de Colombie, se présentant sous la forme d'un vieux camion-bus coloré, transportant hommes, femmes, enfants... mais aussi animaux, victuailles, objets de toutes sortes, bref tout ce que l'on peut hisser sur son toit. Elle passe partout, même s'il lui faut parfois trois heures pour faire cinquante kilomètres en montagne.

du modernisme mais dont on dit qu'elle abrite les intérêts financiers des puissants narcotrafiquants de la ville et, de l'autre, *Las tres Cruces*, où nous ne pourrons vraisemblablement jamais nous rendre en sécurité.

Lorsque le Père appelle comme tous les soirs à l'hôtel, Jesús est en train de m'apprendre les rudiments de *salsa*. Et il se débrouille bien le bougre ! On ne peut pas en dire autant de moi, qui, en me tortillant le popotin à sa façon, déclenche l'hilarité de mon petit bonhomme ! Pendant ce temps, Jean raconte notre journée au Père, sans oublier l'épisode pénible de la leçon matinale. « *Mais c'est sûrement la première fois qu'il doit se concentrer aussi longtemps. Une heure ! Figurez-vous ! En classe, il peut bailler aux corneilles ! D'ailleurs, ces enfants décrochent généralement au bout de dix minutes d'efforts !* »

Comme nous l'avait décrit le Père, si Chucho est nonchalant, voire feignant, il n'est pas du tout stupide. Nous le voyons à ses réactions, à sa capacité d'adaptation à toutes les nouvelles situations qu'il découvre. Ses remarques sont pertinentes et il pose volontiers des questions. Il se montre curieux de tout et enthousiaste à l'idée d'apprendre quelque chose. Encore faut-il qu'il y ait un aspect concret qu'il puisse expérimenter tout de suite. S'il s'agit de conceptualiser, c'est une autre histoire !

Il a de surcroît de grandes capacités d'observation et remarque des détails de notre environnement que nous ne soupçonnions pas. Mais s'il se braque, à cause d'une réflexion ou d'un ordre perçu comme tel, rien ne peut plus le faire sortir de son silence. « *C'est cette incapacité à absorber la frustration qu'il faudra faire évoluer* » me dira Maria, la psychologue qui le connaît bien. Et, pour ce qui est de la concentration, il ne faut pas oublier qu'il a été pris en charge dans une structure où l'on a commencé à l'éduquer à l'âge de sept ans et demi. Les rapports de sa première année à *Mi Casa* montrent qu'il a d'abord fallu gérer les inévitables symptômes d'agressivité, de violence, sans compter les problèmes de santé.

Avant cela, rien dans son environnement ne lui permettait de s'instruire et la notion de concentration intellectuelle lui était totalement étrangère. En revanche, par son histoire, il a développé ces capacités d'observation et une certaine intelligence pratique de survie qui fait que, face à un problème concret, il trouve toujours une solution.

Je me demande comment fera son instituteur à l'école. Mais je m'interroge aussi sur la façon dont je vais m'y prendre, passé les horaires de classe !

En ce qui concerne le « trousseau » ramené du collège, nous nous doutons que la paire de Nike toute neuve, le petit blouson de ville en toile légère, deux chemisettes également neuves et le pyjama ont dû ruiner le Père ! Il n'aurait pas dû dépenser autant d'argent mais je suppose que Jesús ne voulait pas partir comme un clochard ! Il n'a que cinq slips, autant de paires de chaussettes, trois jeans, un autre pyjama, trois tee-shirts, un short et une tenue de sport. J'apprendrai par la suite que c'est énorme. Les enfants sont généralement confiés à leurs parents avec une tenue neuve qu'ils portent sur eux et leur sourire pour seul bagage.

Ses seuls souvenirs sont constitués de quelques photos de ses copains prises au collège, d'une photocopie de son extrait d'acte de naissance initial lorsque son oncle l'a reconnu, un portefeuille avec la photo de son fidèle Oscar, un chapelet comme en possèdent tous les pensionnaires de *Mi Casa*, une Game Boy et un lapin en peluche que nous lui avions offert et gracieusement transmis par une assistante sociale de *Chiquitines* de passage à Paris et un Walkman, souvenir du Père. Rien concernant sa vie d'avant le collège, la *mamita* ou sa mère. « *Mais il est arrivé sans affaires, sans sac, rien !* » nous a dit le Père.

Et moi qui avais prévu un gros sac de voyage ! Douze ans et demi de vie à Cali tiennent dans son petit sac à dos. Mais là n'est pas le plus important. Malgré ses épisodes de tristesse et de bouderie, il semble en bonne santé mentale et physique. N'oublions pas que, pendant des années, il a pris régulièrement de l'*aguardiente* (1) le matin, « médicament » administré par la *mamita* « *pour tuer le ver* » !

---

(1) Eau de vie colombienne.

Comme à *Mi Casa*, il exprime ses qualités de leader avec les autres enfants de la pension. Il y a ici un Colombiano-Hollandais, un Colombiano-Allemand et un petit Australien et il arrive à prendre la tête du groupe et à diriger les activités malgré l'obstacle de la langue. Il se montre juste et magnanime, ne laissant aucun enfant en dehors des jeux, intégrant les plus faibles et attentif avec le petit Juán, deux ans, lorsque ce dernier veut se mêler aux grands.

Mardi 18 septembre

***Visite à la fondation* Chiquitines**

Nous sautons dans un taxi pris au hasard dans la rue pour aller saluer Adriana Echevaría et Amparó de Ramirez que nous avions rencontrées à Paris et qui travaillent à *Chiquitines*. Lors d'un dîner dans un petit restaurant près des grands boulevards, je leur avais promis de leur rendre visite dès que nous viendrions en Colombie. Nous emmenons avec nous deux cents dollars et des paquets de bonbons pour les enfants. « *Pas besoin de plan, toute le monde connaît Chiquitines* » nous a asséné de sa voix tonitruante Enrique Stein avant que nous ne quittions la pension. Oui mais voilà, le problème c'est que l'œuvre d'adoption est en plein déménagement et que les nouveaux locaux, eux, sont beaucoup moins connus que les anciens des taxis de la ville. Et puis je crois bien que nous n'avons pas eu la main heureuse ! Notre chauffeur veut absolument nous y conduire mais se montre hésitant quant à la destination. C'est d'ailleurs le moins chaleureux et le moins sympathique que nous ayons rencontré durant notre séjour.

Nous traversons toute la ville vers le sud. Les quartiers se succèdent. La décharge de *Navarro* sera bientôt recouverte et les sept cents recycleurs qui fouillent les entrailles boueuses de la colline sont maintenus à distance pendant les opérations. Le maire de la ville veut éviter la pollution des cours d'eau alentour et les conséquences sur l'environnement liées à l'exploitation de cette décharge.

Je constate que la protection de l'environnement est malgré tout une préoccupation des pouvoirs publics en Colombie. Ce pays n'a pas peur des paradoxes. D'un côté, on organise la pollution à l'échelon national avec le *Plan Colombia*, prenant le risque de sacrifier la santé de plusieurs générations de Colombiens, de détruire le précieux écosystème d'une région incroyablement riche en faune et en flore, de l'autre, on communique sur la protection de la nature et on cherche à préserver l'air que l'on respire. Ainsi, des relevés montrent que, dans la zone industrielle de *Yumbo* (Cali), la qualité de l'air s'est améliorée malgré une activité économique toujours plus importante.

Nous passons devant la *Ciudad Jardin* et son lac et nous nous retrouvons en lisière de la cité après trois quarts d'heure de route. Le chauffeur est peu loquace, emprunte une rue et fait demi-tour à plusieurs reprises. Et les renseignements demandés aux passants ne nous mettent pas sur la voie.

La ville semble loin maintenant. Nous sommes presque à la campagne. Le chauffeur est toujours aussi peu bavard et hésitant. La chance est pourtant avec nous. Nous croisons presque par hasard la rue que nous recherchions et une jeune femme se rendant à un arrêt de bus tout proche nous montre une grille quelques mètres plus haut.

« *Vous êtes fous !* » nous assène Amparó à notre arrivée. « *Il ne faut jamais prendre un taxi au hasard dans la rue. Il fallait en commander un par téléphone ou prendre celui de l'hôtel où vous séjournez. Ce que vous avez fait est dangereux ! Si vous étiez mal tombés, personne n'aurait pu vous aider. Pour le retour, nous commanderons nous-mêmes un taxi et nous noterons son numéro. C'est plus prudent.*»

L'entrée des nouveaux locaux de *Chiquitines* est accueillante. Comme l'intérieur d'ailleurs. C'est propre, moderne, ouvert sur l'extérieur. Dehors, des ouvriers travaillent à installer une piscine. Il faut bien occuper les pensionnaires de l'établissement ! Lorsque nous le visitons, seuls les bébés ont été déménagés des anciens locaux du nord de la ville. Amparó nous fait visiter la nurserie, constituée de plusieurs petites chambres, et la salle de jeux. Je reconnais un petit bébé noir albinos que j'avais remarqué à l'*ICBF* le jeudi précédent.« *Il n'est pas adoptable* » confie

Amparó. « *Son père a signé la* entrega *mais sa mère refuse de le faire. Pour autant, elle ne peut pas l'élever et il est sous la protection de l'*ICBF. *C'est le cas de bon nombre de bébés ici. Ils ne sont pas adoptables mais ne peuvent vivre chez leurs parents. Alors on les garde.* » Pendant ce temps, ils grandissent hors d'une structure familiale et perdent des chances d'être adoptés. Les « grands » ne déménageront que dans dix jours, quand le système de purification de l'eau de la rivière passant sur le terrain et servant de source pour tout l'orphelinat sera installé, et lorsque la cuisine sera opérationnelle.

Les chambres des « grands » sont toutes identiques, celles des garçons alternant avec celles des filles, chacune accueillant huit enfants. Nous sommes loin des grands dortoirs de *Mi Casa*. Mais *Chiquitines* est une œuvre d'adoption et demande donc une participation aux frais. Les toilettes et les douches à la taille des petits respirent la propreté. L'ensemble est construit autour d'un très vieil arbre que l'institution souhaite conserver comme un symbole de vie. Les locaux sont aérés, lumineux, bien conçus et l'on pourrait presque se croire dans un club de vacances d'un comité d'entreprise. Mais il s'agit bien d'un orphelinat.

Avant de regagner la ville, nous donnons les deux cents dollars à la responsable des adoptions ainsi que les paquets de bonbons. Amparó me rappelle l'existence de cette fratrie de cinq enfants, qu'elle ne désespère pas de placer, et insiste sur la présence d'autres fratries de deux ou trois enfants qui sont toujours à adopter. « *Si nous n'arrivons pas à placer les cinq enfants dans la même famille, nous ferons comme nous avions fait une fois pour sept frères et sœurs. Nous avions trouvé deux familles adoptantes dans le sud de la France, habitant proche l'une de l'autre et nous avions fait deux adoptions : l'une pour quatre enfants, l'autre pour les trois autres. Les enfants passaient leurs vacances ensemble et, s'ils ne portent pas le même nom, restent toutefois en contact comme frères et sœurs qui ne sont pas élevés sous le même toit.* »

L'œuvre a un dossier à notre nom, puisque nous avions été acceptés en commission peu de temps après avoir appris que

Jesús avait été attribué comme notre enfant par l'*ICBF*. Nous demandons à Amparó de ne pas détruire ce dossier. « *On pourrait bien avoir à s'en servir d'ici deux ou trois ans !* »

Dans le taxi du retour, commandé par Amparó par téléphone, le chauffeur, d'une trentaine d'années, nous regarde dans le rétroviseur. « *Vous êtes français ! Ah ! La France ! Zinédine Zidane ! Laurent Fignon ! Bernard Hinault !* » Cette anecdote ravira Laurent Fignon lorsque nous la lui raconterons en rentrant. Nous le connaissons bien et il avait même rédigé pour nous une lettre de recommandation. Nous voulions profiter de sa notoriété en tant qu'ancien champion cycliste mais nous ne pensions pas que sa renommée était si grande !

Je fais remarquer au chauffeur que la Colombie possède tous les atouts qui pourraient faire d'elle une destination touristique idéale : ses paysages merveilleux et variés, l'Amazonie, les Andes, les plateaux et ses côtes, et surtout la gentillesse et l'accueil des Colombiens. Dommage que la coca et la guérilla pourrissent tout ! « *Des touristes ! Ah ! Vous êtes bien drôles ! Ici, il n'y a pas de touriste ! Il n'y a que des fous d'étrangers comme vous qui viennent adopter des enfants ! Cela ne viendrait à l'idée de personne de faire du tourisme à Cali. Elle est bien bonne celle-là ! Des touristes, moi, je n'en ai jamais vu. Je ne sais même pas à quoi ça ressemble !* »

Le juge numéro sept prononce la sentence d'adoption

En arrivant chez Stein, nous arrivons juste à temps pour répondre au téléphone. C'est l'avocate. « *Tenez-vous prêts à partir de 14 heures, 14 h 30. J'ai bon espoir de vous faire signer chez le juge cet après-midi. N'oubliez pas vos passeports.* » Chère Fabiola. Je sais qu'elle ne fait que son métier, mais lorsque l'on voit certains autres couples se plaindre de leur avocat notamment par manque de communication, je me dis qu'on a bien de la chance. Il faut dire aussi que, la barrière de la langue n'existant pas entre nous, nous ne craignons pas les malentendus et nous avons lié connaissance plus aisément.

14 h 15. Maria Leticia arrive, tout sourire. Sa mère nous attend dans le taxi. Direction le palais de justice, dans le centre-ville. Chucho a mis un polo neuf pour l'occasion. Il mesure l'importance de l'événement. Nous sommes fouillés avant d'entrer dans le bâtiment. A l'intérieur, des portes avec des numéros au-dessus. Le juge qui doit prononcer la sentence dans notre cas est le n°7. Notre présence à tous les deux n'est pas indispensable. Nous aurions très bien pu donner une procuration à l'un, l'autre restant à l'hôtel avec Jesús. Mais pourquoi se priver d'un tel moment ? L'avocate est nerveuse. Elle sort de son sac un stylo griffé Yves Saint Laurent et me le montre d'un air complice. Je lui avais fait parvenir quelques semaines auparavant de France avec ces quelques mots : « *Pour signer la sentence d'adoption de Jesús Antonio.* »

Fabiola Daza ne tient pas en place : « *Je suis venue ce matin avec un Australien. Sa femme était restée à la pension. Elle ne se sent pas bien. Nous avions rendez-vous à 9 heures. Eh bien figurez-vous que le juge n'est arrivé qu'à 11 h 30. Je désespérais de le voir. Et que voulez-vous que je raconte à ce pauvre monsieur ? Il ne parle pas notre langue et je ne parle pas la sienne ! Quel ennui ! Quelle frayeur ! On ne sait pas ce qui peut se passer au dernier moment. Je suis toujours très nerveuse lorsque j'attends la signature d'un jugement d'adoption !* »

Il faut dire que, ces dernières semaines, j'ai littéralement harcelé cette pauvre Fabiola, lui posant mille fois les mêmes questions, lui demandant de vérifier plusieurs fois les documents... Et maintenant, curieusement, je me sens très bien. Détendue et calme. Et peu m'importe que le juge soit à l'heure ou qu'il arrive avec trois heures de retard. Je me suis tellement bien préparée à attendre que rien ne pourrait troubler ma sérénité. J'ai même du mal à comprendre que l'avocate soit inquiète. Que craint-elle ? Les papiers sont en ordre. La procédure a été respectée. Il n'y a pas de zone d'ombre qui fait que l'on pourrait craindre un contretemps. Encore aujourd'hui, lorsque j'écris ces lignes, je ne sais pas si j'ai été complètement inconsciente (tant mieux pour moi ! Ça m'arrive si peu souvent !) ou si j'étais guidée par mon instinct.

Nous avons tant espéré ce moment. Je l'ai pour ma part imaginé des milliers, des millions de fois. Le moment où la signature d'un juge dont je ne connais même pas le nom fait de nous le père et la mère d'un petit Colombien. Au fur et à mesure que nous faisions nos démarches et que nous attendions, notre imagination travaillait. Maintenant que nous y sommes, j'ai tout oublié de l'attente, des moments de désespoir et de tension avec les œuvres d'adoption. Je sais que nous y sommes arrivés avec notre seule volonté, en persévérant, et je me rends compte à quel point cela valait la peine. Futurs parents en cours d'adoption, ne vous découragez pas ! Quand le moment arrive, le temps perdu est oublié. Seul compte ce qui reste à venir !

S'il s'agit bien d'un tribunal, cela n'a rien à voir avec un jugement en public, ni même avec un endroit solennel où nous entendrions un beau discours avant de signer un papier. Non, lorsque la porte frappée du n° 7 s'ouvre, nous découvrons un simple guichet ou un secrétaire du nom de Juan Carlos nous tend des feuilles où il ne manque plus que notre signature. Nous sommes un peu serrés car d'autres personnes sont là, des Colombiens venus chercher je ne sais quels papiers. Jesús, collé à moi depuis que nous sommes arrivés, me demande où il doit signer. Il est un peu déçu car, à ce niveau-là de la procédure, on ne lui demande plus son avis. Le recueillement de son consentement au *Bienestar* a suffi. « *Tu signeras demain, sur ton passeport !* » lui lance Fabiola, toujours attentive. Cela ne semble pas avoir plus d'importance que lorsque l'on demande une fiche d'état civil à la mairie ou un formulaire pour se faire inscrire sur les listes électorales. Notre identité est vérifiée grâce à nos passeports, nous signons et nous sortons. Nous sommes restés moins de cinq minutes dans le bureau, nous avons tendu les documents signés à Juan Carlos et nous ressortons dans le couloir. C'est fait... C'est à peine croyable mais ce moment qui bouleverse notre existence est dans cette simple signature, sur un bout de bureau, coincés entre des inconnus.

« *Félicitations* » nous disent en chœur Maria Leticia et Fabiola. «*Merci. Mais c'est surtout vous que l'on doit féliciter. Pour votre rapidité et votre compétence. Nous avions vraiment confiance en vous et nous ne nous sommes pas trompés. »*

Evidemment, il reste d'autres démarches : demande du passeport, du visa longue durée autorisant Jesús à entrer sur le territoire français, du certificat de conformité des documents délivrés par le *Bienestar*, sans compter les légalisations des ministères des Affaires étrangères et de l'Intérieur et de je ne sais trop quelle autre administration encore.

Nous sommes devenus légalement et sans histoire les parents de Jesús. Ceux dont le nom apparaîtra désormais sur le nouvel état civil qu'il va falloir établir dans la *notaria* où il a été déclaré par son oncle-père lorsqu'il est né. Désormais, on pourra y lire Jesús Antonio Perez-Roujol, né à Cali le 11 janvier 1989, de Guylaine Roujol-Perez et de Jean Perez.

Pour fêter ça, nous allons à la *Libreria Nacional* pour acheter des albums de Tintin dont Chucho raffole. En France, on les trouve difficilement en langue espagnole, autant les prendre ici. Et puis, il les lit à une telle vitesse ! La *Libreria Nacional* est une splendide librairie place *Caycedo*, la place des écrivains. J'ai beaucoup de plaisir à flâner dans les rayons. Les livres affichent malheureusement les mêmes prix qu'en France. Ils sont encore plus que chez nous réservés à une élite. J'aimerais ramener l'un d'eux sur la Colombie ou sur le département du *Valle del Cauca*, où nous sommes. Mais entre l'avocate, les frais de pension et le trousseau de Chucho, nous dépensons beaucoup d'argent. Je choisis plutôt des récits de militaires enlevés par la guérilla puis libérés et L*a Parabola de Pablo* d'un certain Salazar (un nom répandu ici), dont j'avais vu la publicité en France sur des photos de l'AFP. Jean me fait remarquer que nous n'avons presque plus de pesos en poche et nous traversons la rue pour aller au *Titan* d'à côté où on échange les *traveller's* en dollars.

Nous attendons notre tour puis patientons longuement, pendant que l'employé vérifie un à un les numéros des *traveller's*, fait des photocopies de nos passeports, remplit des formulaires en tout genre... Pour échanger de l'argent en Colombie, mieux vaut disposer d'au moins trois quarts d'heure. Si Jean trouve un peu le temps long, je suis guillerette et sereine, presque ivre. Comme au palais de justice, je veux bien attendre jusqu'à la fermeture de l'établissement. J'ai tout mon temps. J'ai tellement attendu avant qu'il me semble que je ne serai jamais plus pressée.

Nous sommes trois et il n'y a que deux sièges. Chucho partage donc le mien et commence à faire l'idiot. Il tord ses doigts, grimace et, vu de l'extérieur, apparaît comme un attardé mental. Je ne peux m'empêcher de penser à nos parents. S'ils le voyaient en cet instant, quelle peur ne ressentiraient-ils pas ? « *De toutes façons, maintenant c'est trop tard* » me glisse Jesús à l'oreille, reprenant une phrase que je lui ai dite pour plaisanter en sortant du palais de justice. « *On ne peut plus revenir en arrière. Nous sommes tes parents* » surenchérit Jean. Devant la mine de Chucho déformée en un visage de cauchemar, les pupilles cachées sous les paupières, je ne peux réprimer une crise de fou rire. Je la sens monter et essaie à peine de la réprimer. Je pleure rapidement de rire et m'étouffe presque. Jean aurait presque honte et apprécierait un peu plus de discrétion. A cet instant, il doit se dire qu'il est le seul adulte responsable de nous trois.

Changement d'état civil à la **notaria**

Une fois les billets récupérés, nous arrêtons le premier taxi venu pour rentrer à l'hôtel, par mesure de précaution. Mieux vaut ne pas s'attarder dans les rues avec des pesos plein les poches. A peine celui-ci nous dépose-t-il que le vigile qui garde l'ambassade de Suisse nous interpelle et nous prévient que l'avocate nous cherche partout. Il ne sait pas exactement pourquoi mais nous comprenons qu'elle a besoin de nous à la *notaria* pour modifier l'état civil de Chucho. Le vigile croit se rappeler qu'elle a parlé de la *notaria* n° 2. Jean penche plutôt pour la n° 5 car il se rappelle avoir entendu ce chiffre dans une conversation. Personnellement, j'opterais plutôt pour la sixième mais je me mets à douter. Jesús réfléchit un peu puis se rappelle d'une conversation chez le juge faisant état de la *notaria* n° 6. Il est presque cinq heures et nous n'avons pas le droit à l'erreur.

Les administrations vont bientôt fermer. Le taxi nous emmène à la *notaria* n° 6, à côté de l'église blanche de la *Merced.*

Le chauffeur est formidable. Il comprend la situation et se faufile entre les voitures. Miracle ! La *notaria* est encore ouverte. Autre miracle ! C'est la bonne. En sortant du taxi, nous apercevons Fabiola derrière le guichet dans l'entrée et Maria Leticia qui fouille littéralement la ville pour nous retrouver nous rejoint. Ouf ! Je trébuche sur le pas de la porte et rate de peu une entrée grandiose ! Jesús se marre. Fabiola est contente de nous voir. Une vendeuse ambulante passe avec son petit panier. Je lui achète discrètement un petit bracelet en argent que je me promets de donner à Jesús dans un an, en souvenir de ce moment. Pendant ce temps, Jean signe des papiers et, quand je m'approche du guichet, on me répond que seul un des parents doit signer. Jean a signé l'équivalent d'une reconnaissance en paternité ou quelque chose dans ce genre. Je n'ai même pas vu de quoi il s'agissait. J'aurais bien apposé mon paraphe moi aussi !

Il y a douze ans, l'oncle paternel de Jesús est venu le déclarer ici même. Son acte de naissance est modifié et seul le nouveau pourra être délivré désormais. Pour autant, nous n'oublions pas son passé, le dévouement de sa grand-mère paternelle et savons que notre intérêt pour ce pays et cette ville sera toujours grand. Notre histoire est désormais liée à ce qui se passe ici.

Nous rentrons satisfaits à l'hôtel et allons directement déboucher les bouteilles de vin bio achetés près de Palmira pour cette occasion. Fabiola et Maria Leticia sont là, bien sûr, ainsi que les parents de Juan Raphaël. Deux Colombiens passant par là et une avocate que nous ne connaissons pas sont invités à trinquer avec nous. Walter se joint à la fête. Tout le monde est étonné de la rapidité avec laquelle ce dossier a été bouclé. Le vin tient ses promesses et Jesús n'oublie pas de trinquer. Il y revient même !

Pour une raison que nous ne connaissons pas, lui qui m'a collée toute la journée se met à bouder peu de temps avant d'aller dîner. Il plonge dans son insondable mutisme si crispant et ne desserre pas les dents de tout le repas. Il ne nous regarde plus dans les yeux, répond aux questions par un signe de la tête ou sa moue habituelle signifiant « *No sé* ». J'ai beau chercher, je ne comprends pas ce qui a pu le froisser. Mais sommes-nous seulement responsables ? Même l'appel du Père, qu'il expédie plus rapidement que d'ordinaire, ne le déride pas. Il se couche en boudant. La pluie se met à tomber brutalement sur Cali, dans un rideau épais et bruyant enveloppant l'hôtel.

Mercredi 19 septembre

Jesús obtient son passeport

Il se passe tous les jours quelque chose de nouveau dans notre vie depuis quelque temps ! Jesús en a bien conscience lorsqu'il s'habille pour se rendre à la *Gobernación*, où doit être délivré son passeport. Il a plu toute la nuit de façon continue mais, lorsque nous arrivons au centre-ville devant le bâtiment, le chaud soleil de Cali a déjà presque effacé toutes les traces d'humidité. Dans la grande salle, il y a déjà beaucoup de monde. « *Et encore, ce n'est rien par rapport à d'habitude. Nous avons beaucoup de chance. Nous n'allons pas patienter si longtemps* », commente Fabiola, accompagnée d'une secrétaire qui l'aide dans ses démarches... et dans les nôtres ! « *Parfois, il faut faire la queue trois heures sur le trottoir pour avoir le droit d'entrer, et attendre à nouveau à l'intérieur.* »

Nous faisons les photos d'identité sur place. Au moins, nous sommes sûrs qu'elles seront conformes à ce que réclame l'administration colombienne. Gare à ceux qui arrivent avec des photos prises à l'extérieur et qui ne sont pas exactement au bon format à un centimètre près ! J'en garde une en souvenir de ce jour exceptionnel. Il en faut trois pour le passeport, et trois autres en prévision de la demande de visa que nous ferons plus tard à l'ambassade de France, à Bogotá. La secrétaire de Fabiola, une jeune femme timide et élancée, tend à Jesús les formulaires nécessaires à la demande. Elle a dû venir ici beaucoup plus tôt pour lancer cette procédure. Chucho me demande à l'oreille l'orthographe exacte de mon nom de famille. S'il sait écrire Perez sans sourciller, il a peur d'oublier une lettre à

« Roujol », le « o » par exemple. Il l'écrit dans sa main, le regarde à plusieurs reprises et se glisse dans la queue. Lorsque son tour arrive au guichet, il signe les papiers crânement, sans regarder sa paume et appose l'empreinte de son index.

Nous patientons ensuite une heure dans un brouhaha d'où émerge la voix d'un journaliste de télévision racontant la fuite des Afghans quittant Kaboul menacée de bombardement par les Américains. Les hommes discutent bruyamment en attendant un passeport dans l'espoir d'un hypothétique emploi aux Etats-Unis. Nous notons que, quels que soient les endroits où nous nous rendons, nous ne sommes pas importunés par les fumeurs. Cela nous paraît drôle dans un pays symbole de production de coca et de trafic de drogue. Les taxis ne sentent jamais l'odeur de tabac froid, nous n'avons jamais vu de chauffeur fumer en conduisant et, quels que soient les lieux publics où nous nous rendons, nous ne sommes pas gênés par la fumée de cigarette. Parfois ça et là, dehors, une vague odeur de *basuco*, sans plus.

Alors que nous patientons, nous faisons part à l'avocate de notre intention de refaire un deuxième agrément très bientôt, si nous ne rencontrons pas de problème majeur avec Jesús nous empêchant de nous consacrer à un autre enfant. Elle semble ravie. « *Si vous revenez à Cali, je serai là pour vous aider. Maintenant, vous comptez au moins une amie ici !* » lance-t-elle dans un sourire. Nous évoquons aussi les problèmes que nous allons connaître pour sa scolarité. « *Si au moins nous avions pu le rajeunir sur son état civil! Lui donner deux ans de moins par exemple. Avec sa stature et son état d'esprit, cela n'étonnerait personne ! Cela nous aurait permis de l'inscrire dans une classe plus petite et de lui donner une chance pour sa scolarité. Jesús n'est pas stupide. Simplement, il a un retard scolaire dû à son histoire et il ne parle pas français. Mais si on tenait compte du système scolaire français, on le mettrait dans la section où les élèves vont habituellement à son âge, c'est-à-dire la cinquième et, là, on ne lui laisserait aucune chance.* »

Fabiola m'explique que « rajeunir » Jesús est impossible car il a déjà un état civil. « *En revanche, ceux qui arrivent sans papier et dont on ignore tout passent devant un médecin du* Bienestar. *On peut leur donner une chance supplémentaire, eux qui n'en ont pas eu beaucoup jusqu'alors. Pour ma part, je suis favorable à ce rajeunissement, utile à bien des points de vue.* »

Le dernier guichet, celui où l'on distribue les passeports, ouvre. L'employé va appeler un par un les heureux élus. Chucho propose de parier sur son rang d'appel. Fabiola pense qu'il sera le deuxième, Chucho mise sur le numéro trois dans l'ordre d'appel alors que la secrétaire, plus optimiste, pense qu'il sera le prochain. Jean et moi parions respectivement sur le quatrième et le cinquième rang. L'employé préposé à la distribution commence à crier les noms. La secrétaire et Fabiola perdent aussitôt leur pari. Chucho serre les poings, baisse la tête et semble se concentrer. Attentif au fonctionnaire qui a saisi un passeport, l'ouvre et crie : « *Perez Roujol Jesús Antonio* ». Chucho exulte sans que l'on sache vraiment si sa joie vient de l'obtention d'un passeport ou d'avoir gagné ! Re-signature, re-empreinte et nous sortons.

Ça y est ! Devant la porte, des femmes vendant des protège documents nous sautent littéralement dessus. On dirait que l'obtention du passeport de Jesús est une bonne aubaine pour elles aussi. Nous achetons pour quelques pesos un de ces morceaux de plastique. Autant prendre soin de ce précieux document. Jesús sent qu'il est devenu quelqu'un et nous sommes abasourdis de constater à quel point il s'est glissé sans problème de son ancienne identité à la nouvelle, avec quelle vitesse il l'a intégrée, ne se trompant jamais par la suite lorsqu'il écrira son nom. Fabiola file dans une librairie et ressort avec un petit paquet : *Doce Cuentos Peregrinos* de Gabriel García Marquez. « *En souvenir de moi* », dit-elle en le tendant à Jesús.

Alors que nous sommes bousculés par la foule sur les trottoirs, nous pensons déjà à la suite de la procédure. Ce que nous devons faire à Bogotá, mais aussi le changement de notre date de billet pour le retour.

Nous avons le triomphe discret en rentrant à la pension car les Français n'ont toujours pas de nouvelles de leur date de jugement d'adoption et leur avocate ne les rappelle pas. Ils sont arrivés ici une semaine avant nous. Mais ce n'est pas leur procédure qui est lente. Elle semble conforme à ce que les autres couples vivent. Simplement, la nôtre est extrêmement rapide, sûrement à cause de l'âge de Jesús, grâce à notre avocate qui a fait preuve d'un grand professionnalisme et aussi à la célérité du juge.

Après déjeuner, nous immortalisons tout de même ce jour en prenant une photo de Jesús arborant son passeport et posant devant le drapeau de Colombie, puis une autre avec l'avocate et sa fille revenue à l'hôtel. Elles ont amené des extraits du nouvel acte de naissance, le jugement d'adoption et... un poster de l'équipe de l'*America Cali*, du *manjar blanco* (un dessert local) dans une petite calebasse de la part d'Orlando José, son fils, ainsi que deux petites représentations en plâtre d'une église de Cali et du quartier *San Antonio*, pour les murs de notre maison en France.

Nous voulons envoyer toutes ces bonnes nouvelles à notre famille et nos amis, mais autant à l'hôtel qu'au café Internet le plus proche, le réseau patouille et s'emmêle les pinceaux. Nous passons près de deux heures dans une agence de voyages que connaît bien Enrique Stein pour préparer un séjour à Cartagena afin de montrer la mer à Chucho. Mais les tarifs proposés ne sont pas ceux des publicités et nous ne pouvons aller au-delà d'un certain budget. Enrique fait promettre à la jolie voyagiste de nous trouver un voyage sur mesure d'ici au lendemain.

Le soir, au téléphone, le père Blanco raconte sa difficile journée à Jean. Il a trouvé par hasard dans le casier d'un de ses pensionnaires un couteau et, en prolongeant sa « fouille » pour en savoir plus, a été surpris de découvrir un cran d'arrêt dans les affaires d'un enfant de douze ans. « *Celui-là, je lui ai collé une baffe, je crois bien que ma main est encore imprimée sur son visage !* » lui confie-t-il.

« *Je peux te demander quelque chose ?"* me dit doucement Jesús à l'oreille, laissant entrevoir un desiderata un peu spécial.

« Bien sûr, demande. Je vais voir si je peux te répondre.

– J'aimerais faire un cadeau à Leydie, avant de partir. J'ai une idée, mais je ne sais pas combien ça coûte.

– Ah bon. Et de quoi s'agit-il ?

– De lentilles.

– Leydie a des problèmes de vue ?

– Non. Elle aimerait changer de couleur d'yeux. Avoir les yeux couleur du miel ou vert clair. Il existe des lentilles qui colorent les yeux, sans changer la vue.

– Oui. J'ai entendu parler de ça en France. Mais crois-tu que Leydie les supportera ? Il ne faut pas avoir les yeux trop secs ou trop mouillés. Il faut faire des essais avant de savoir.

– Il n'y aura aucun problème. Je sais exactement ce qu'elle veut.

– Bon, eh bien renseigne-toi sur le prix et les boutiques où l'on peut trouver ce genre d'articles ! "

Mettant en application son esprit pratique, Chucho demande sans tarder un bottin à la réception et recherche les opticiens et les magasins d'optique. Il établit une liste et téléphonera le lendemain en posant des questions précises. Les lentilles coûtent vingt mille pesos et nous pouvons les trouver dans un magasin sur la *Quince*. Nous les chercherons demain avant de nous rendre à *Mi Casa* pour effectuer une dernière visite à tous ceux qui ont côtoyé Jesús ces dernières années. Ensuite, nous partirons pour Cartagena et Bogotá avant la dernière étape : Paris. J'appréhende énormément cette journée d'adieux. Je la sens particulièrement douloureuse, pour tout le monde et en priorité pour Chucho et pour le Père, qui, s'il est sincèrement content de le voir partir avec une famille, n'en est pas moins très profondément attaché à lui. Il a quand même joué le rôle de père de substitution.

Deux colonnes en bas de page *Cali* d'*El Pais* du jour sont consacrées à la mort de Polonia Alegría García, à l'âge de cent vingt-six ans (*sic*), à Buenaventura, sur la côte Pacifique. D'après l'un de ses vingt-quatre enfants, le secret de longévité de la Jeanne Calment colombienne tiendrait dans son alimentation à base de produits de la mer et de noix de coco. La Colombie est bien le pays des extrêmes !

Chapitre VIII

Cali, c'est fini

Jeudi 20 septembre

Les adieux à Mi Casa

Première bonne nouvelle de la journée, la voyagiste amie d'Enrique a tenu promesse. Elle a trouvé un vol pour Cartagena et un hôtel en demi-pension compatible avec notre budget. Un instant, nous avons bien pensé ne pas pouvoir offrir cette visite à Chucho. Cela nous ennuyait à deux titres. D'abord, parce que nous lui avions promis et nous ne voudrions pas qu'il perde sa confiance en nous. Ensuite, parce que nous nous sommes rendu compte qu'il avait une connaissance de son pays quasi nulle et si les voyages sont limités pour cause de sécurité et de manque de temps ou d'argent, nous voulons quand même lui donner un aperçu des richesses de la Colombie.

Nous ne lui montrons pas à quel point ses questions nous désarçonnent, pour ne pas freiner sa curiosité. Il nous a demandé par exemple quelle langue on parlait à Cartagena ou à Bogotá. Il ne sait pas qu'en principe, l'unité d'un pays est d'abord une unité de langue ou de monnaie. La notion de distance lui est complètement étrangère et il ne fait pas la différence entre un vol pour Bogotá ou un voyage au Brésil. D'ailleurs, il confond aussi pays et continent. Nous lui avons montré les villes où nous allons nous rendre sur la carte, mais aussi le voyage qu'il va effectuer au-dessus de l'Atlantique. Bien qu'il soit grand, tout cela est très abstrait pour lui. Par manque d'expérience, il ne se rend pas compte de ce que cela représente.

La réduction de son univers à une ville, et plus particulièrement à un ou deux quartiers de cette ville pendant douze ans, a occulté le reste du monde dans son esprit. Bien sûr, il regarde la télévision et reconnaît par exemple les tristement célèbres *Twin Towers* de New York ou la statue de la Liberté. Mais je ne sais pas s'il saurait situer les Etats-Unis sur une carte. Nos premiers cours de géographie ont d'ailleurs donné lieu à des réflexions du genre : « *La France est en Europe ? Tu en es vraiment sûre ? Les Etats-Unis ne sont pas sur le même continent que l'Italie ? Ce n'est pas possible !* » Il est allé de découverte en découverte, toutes plus surprenantes les unes que les autres...

Ce moment que j'appréhende tant est arrivé. Celui des adieux. Si je n'ai pas été stressée le jour du jugement ou celui où nous avons fait la demande de passeport, là, je me sens physiquement vraiment mal.

L'après-midi se passe pourtant bien à *Mi Casa*. Le Père nous passe une cassette racontant la genèse de l'école. Les enfants qui nous ont reconnus viennent nous saluer et s'installent avec nous pour regarder l'album photo une dernière fois. Mais l'heure se rapproche et nous allons devoir partir. A cet instant, j'aimerais être téléportée loin d'ici car je sais d'avance que je ne saurai pas dire adieu. Et que je ne pourrai vraisemblablement pas venir en aide à Jesús comme il le faudrait. J'ai très très mal à la mâchoire et je préférerais me cacher alors que la sœur Dora me tient fortement les mains en me recommandant mille fois à Dieu. Que Dieu nous protège, qu'il soit avec nous, qu'elle le remercie tant de nous avoir mis sur la route de Chucho, etc. Je jette un regard à Oscar qui s'essuie les yeux avec son tee-shirt. Un tee-shirt « Droit au but » à la gloire de l'OM acheté un jour de marché sous un soleil de plomb, à Mirepoix, en Ariège.

Arango me fait un gentil signe de la main. Lui porte un tee-shirt avec de petits bateaux voguant sur l'eau que j'avais également choisi lors de mes emplettes précédant notre voyage en Colombie. Je m'extirpe lamentablement des bras de la *Hermana* Dora car je ne peux supporter tous ces regards sur nous, je salue à peine la *Hermana* Margarita qui a les larmes aux yeux et regrette déjà le galopin qui a dû lui faire plus d'un tour ces dernières années ! Je m'engouffre dans le taxi alors que le Père remercie encore Jean et embrasse Chucho. Je cache mon visage dans mes mains. J'ai honte de ne pouvoir faire face.

Avant de nous ouvrir, *Don* Demetrio, le concierge et portier qui a si souvent accueilli Jesús dans sa maison le week-end, nous souhaite mille choses. Ça y est. Nous sommes partis. Le silence du taxi est nécessaire mais en même temps insupportable. Jesús n'a pas versé une larme et son visage ne laisse rien transparaître. Je ne sais pas ce qu'il pense. Il fait preuve d'un grand courage. J'ai encore plus honte ! Nous laissons derrière nous des dizaines de gamins qui se raconteront longtemps l'histoire de l'un d'entre eux parti faire un grand voyage, avec des étrangers sortis d'on ne sait où.

Nous avons souvent été gênés lors de cette visite par la gentillesse et la chaleur avec lesquelles on nous recevait. Nous avons été traités comme des princes. L'adoption inespérée de Chucho a déclenché chez tous ces gens une vague de sympathie à notre égard. Mais qu'avons-nous fait au regard de ce que eux effectuent quotidiennement ? Nous avons adopté un enfant quand eux s'occupent quotidiennement de centaines d'entre eux, sans compter leur temps, en vivant dans l'insécurité. Nous, nous passions quelques jours, quelques semaines, avant de retourner vivre confortablement dans un pays riche où l'on peut sortir le soir, aller à la banque sans avoir à garer la voiture juste devant la porte, pousser la porte d'un supermarché pour trouver tout ce dont nous avons besoin... Quand la *Hermana* Dora m'a serrée dans ses bras pour me remercier, je n'ai pas su lui dire que, si quelqu'un devait remercier l'autre, c'était bien nous, pour avoir pris soin de Chucho pendant toutes ces années. Comment lui expliquer à quel point je me sentais coupable de ne pas en faire plus ? De rentrer chez moi tranquillement, en les sachant dans une si grande difficulté ? Comment lui faire comprendre que nous avions perçu leur dévouement, leur vie entière consacrée aux autres et que si nous n'avons pas de foi religieuse, nous croyons profondément en leurs valeurs ? Comment lui dire enfin que nous ne méritons pas toute cette reconnaissance ? Je n'oublie pas que le Père a immédiatement vu en nous des parents quand certaines associations refusent les couples qui ont connu un divorce ou qui ne sont pas passés devant le maire depuis assez longtemps. Question de priorité. Sélection qui tient bien peu compte de la motivation des parents. Exclusion qui fait peu de cas de l'avenir des enfants, désireux avant tout d'être aimés.

Je me sentais tourmentée par le remords de mon silence mais les mots ne pouvaient pas sortir. Juste cette douleur à la mâchoire. Et parce que des dizaines d'enfants nous regardaient tandis que le Père et la *Hermana* Margarita parlaient une dernière fois avec Jean et Chucho, je m'engouffrais dans le taxi pour en finir au plus vite, en regrettant déjà de ne pas avoir su profiter plus longtemps de la présence de la sœur. Qu'elle m'en excuse si quelqu'un lui traduit un jour ces lignes.

Reste les adieux à la famille de Lucho. Pour moi, un peu moins douloureux car je sais que *Doña* Adela pourra accueillir à la place de Chucho un autre petit orphelin le week-end, et cette idée me rassure. Nous mangeons chez eux et rentrons à l'hôtel où Jesús passe plus d'une demi-heure au téléphone avec Leydie qu'il vient à peine de quitter.

Cette journée me laisse encore aujourd'hui un mauvais souvenir. Parce que j'ai eu l'impression de quitter *Mi Casa* comme une voleuse et que j'aurais préféré sortir en souriant puisqu'après tout, une adoption, cela devrait être gai, pour tout le monde ! Je regrette aussi ma retenue qui ne m'a pas permis de dire aux sœurs ce que je pense d'elles. Puissent-elles l'avoir ressenti.

Vendredi 21 septembre

Premier voyage en avion, une aventure

Lorsque Jesús se réveille, aux premières heures de l'aube, il le fait, pour la première fois depuis qu'il est avec nous, sans se faire prier. La raison tient en ces quelques mots : il va prendre l'avion. Il se demande quelles sensations on ressent en s'envolant, si on peut reconnaître les maisons et les gens à terre, si on peut boire et manger à bord, si on a mal à la tête ou autre chose... Il va enfin pouvoir expérimenter directement ces impressions.

Les femmes de chambre, prévenues, nous ont préparé un petit déjeuner alors qu'elles commencent leur service un peu plus tard. Tout au long de notre séjour, elles ont été charmantes et dévouées, sans exception. Nous sommes seuls dans la salle à manger, ce qui rend le moment encore plus solennel. La température est douce, la pension silencieuse. La grosse voix d'Enrique n'a pas encore jailli d'un couloir. Nous avons déjà un peu la nostalgie de cet endroit. Walter charge son taxi hors d'âge de nos valises et le coffre n'est pas loin de toucher le sol. « *Adieu hôtel Stein* » dis-je en regardant la tour dans le soleil du petit matin. « *Non, pas adieu, à bientôt* » me reprend Jesús.

« *Quand reviendrons-nous ?*

– *Lorsque nous viendrons chercher un petit frère ou une petite sœur.*

– *Ou les deux ?* " me suggère-t-il dans un sourire malicieux.

Enrique Stein a été particulièrement délicat lors du calcul de notre note. Il a « oublié » le supplément du week-end d'Asdrúbal et ne nous a compté ni repas, ni hébergement, ni même la journée au club privé le dimanche. Quant à la pension de Jesús, il l'a revue à la baisse, ne le facturant pas comme un adulte, ce qui était initialement prévu.

Nous regardons Cali défiler le long de la route. J'ouvre grand les yeux pour absorber toutes les vues possibles, emmagasiner le plus d'images que mon cerveau est capable d'enregistrer. Nous repassons une dernière fois devant *Siloé*, à notre droite. Etrange destin que celui de Jesús ! Je pense à ses frères et sœurs dont nous ne connaissons ni les noms, ni les prénoms, ni l' histoire. Nous avançons sur la *Quinta*. Petit arrêt sur le pont à l'entrée de Cali pour immortaliser le *Cauca* cher à Chucho. Puis, c'est tout de suite la campagne. En passant devant une *finca*, Walter klaxonne et crie à une paysanne qu'il s'arrête au retour prendre du lait pour sa famille. La femme acquiesce d'un petit signe de la tête. Derniers panneaux publicitaires avant de s'acquitter des trois mille pesos du péage : « *Cali es tu fuerza* » dit l'affiche le long de la route. Nous arrivons à l'aéroport quarante minutes après avoir quitté la pension.

Nous partons avec *Aero República*. « *Aero Recocha* » ne cesse de répéter Chucho en s'esclaffant. Je devine que ce « détournement » ne doit pas être flatteur pour la compagnie mais, à ce jour, je ne sais toujours pas exactement comment traduire ce jeu de mots.

« *Autrefois, l'aéroport était en ville* » commente Walter en déchargeant nos valises. « *Mais ils l'ont reconstruit ici. En cas d'accident, ça aurait vraiment été trop dangereux, vous comprenez.* » Chucho, qui n'est pas particulièrement rassuré à l'idée de monter dans un de ces avions qu'il voit sur la piste, ne semble pas avoir entendu. Tant mieux !

Des masses de gens se tassent derrière les grillages.

Le comptoir d'*Aero República* est situé à côté du poste de police, vide. Pour l'instant, les hôtesses enregistrent les passagers à destination de San Andrés. Il s'agit du même vol que le nôtre, Cartagena étant une escale, mais nous nous faisons tout de même refouler. Les gens qui attendent pour prendre l'avion font partie des classes aisées. Sinon, ils ne pourraient pas se payer le vol, sans compter le séjour dans ces îles très touristiques ! Chucho a les yeux partout en même temps et insiste pour que nous fassions étiqueter nos bagages à main. Je lui explique : « *Mais non, fais-nous confiance, seuls sont étiquetés les bagages voyageant dans la soute, comme ce gros sac violet par exemple.* »

– *Vous aussi, faites-moi confiance. Je sais ce que je dis. Je suis venu accompagner le Père lorsqu'il est parti à Bogotá cet été. Et il a aussi dû étiqueter sa sacoche personnelle* », rétorque-t-il.

Effectivement, un employé de la compagnie me fait signe de tout lui remettre. Jesús triomphe. Il n'a peut-être jamais pris l'avion mais sait déjà beaucoup de choses ! Le Père l'a amené ici lors de son dernier voyage afin qu'il prenne un premier contact avec ce lieu qui l'emmènera loin de chez lui. Jesús ne semble ni ému, ni triste ou nostalgique. Il est en totale confiance avec nous et s'intéresse à tout ce qu'il peut observer. Avant de rentrer en salle d'embarquement, nous immortalisons ce moment, le vanity case trop lourd pour lui à la main. Nous prenons le vol P5 d'*Aero República* partant de Cali à 9 heures ce matin et devant arriver à Cartagena une heure plus tard. Son baptême de l'air se fera sur un Mc Donnel Douglas.

Nous nous asseyons dans la grande salle d'embarquement. Jesús, qui était déjà guilleret, affiche un franc sourire en découvrant les palettes de coca-cola chargées dans l'avion. « *Tu as vu ? On va pouvoir boire ! Que rico !* » utilisant ainsi une de ses expressions préférées. Mais devant le flanc béant de l'appareil en cours de chargement, ses inquiétudes reviennent au galop. « *Qu'est-ce-qui se passe lorsque l'avion tombe en panne ? Est-ce-qu'il arrive qu'un avion tamponne un autre avion arrivant en sens inverse ? Comment peut-on être sûr qu'il a assez de carburant pour arriver à destination?* » Il me pose bien d'autres questions, certaines plus techniques auxquelles je ne peux répondre, ce qui ne le rassure pas. Finalement, je n'en sais pas tellement plus que lui quand à la sécurité de ces étranges appareils !

Jesús trouve l'attente un peu longue et semble n'éprouver aucune tristesse à l'idée de quitter Cali. Peut-être ne se rend-il encore pas très bien compte de la distance qu'il va parcourir. Nous finissons par embarquer.

Nous avons demandé à l'hôtesse une place à côté du hublot et nos places sont les 7C, 7D et 7E. Je préviens Chucho qu'il ne pourra pas utiliser son baladeur pendant les phases de décollage et d'atterrissage. Aussitôt installé, il s'empare de la fiche détaillant les consignes de sécurité dans le vide-poche du siège avant. Il les lit attentivement et s'offusque de ce que j'entame la lecture d'*El Tiempo* au lieu de faire comme lui. Il vérifie l'emplacement des masques à oxygène et aimerait pouvoir sortir les gilets de sauvetages pour en vérifier l'état. Puis, lorsque l'avion commence à manœuvrer, il éteint les petites lumières au-dessus de nous. "*Pour ne pas gâcher trop d'énergie. On ne peut pas utiliser le walkman mais ce n'est sûrement pas bon non plus de laisser allumées ces petites lampes.*" m'explique-t-il on ne peut plus sérieux. Puis, il se tord le cou pour observer les démonstrations de l'hôtesse.

«– *Et où sont les toboggans ?*

– *Les toboggans ?*

– *Oui, ceux que l'on met devant les portes si l'avion se pose en urgence !* dit-il en me montrant un croquis de la plaquette.

– Tu sais, tout cela se met en place automatiquement. Mais nous avons souvent pris l'avion et heureusement, nous n'avons jamais eu besoin des toboggans.

Je m'aperçois qu'il a serré au maximum sa ceinture de sécurité. « *Desserre-la, tu vas être mal pendant le voyage* » lui conseillé-je. « *Non, non, sois tranquille, je me sens bien* », me répond-il, quasiment ligoté sur son siège. Je renonce à lire l'article d'*El Tiempo* relatant l'enlèvement par la guérilla d'une fillette de onze ans. Je sais que d'autres questions vont suivre.

L'avion est en position sur le tarmac et met les gaz. « *A vos marques, prêts, partez !* » crie Chucho, qui ferme immédiatement les yeux et le hublot tellement il a peur : « *Oh ! la la ! je ne veux pas voir ça !* ». Mais le pilote n'a pas encore reçu le signal.

Quelques instant après, c'est parti ! Chucho attend que l'avion entame un demi-tour alors qu'il a déjà pris de l'altitude pour rouvrir le volet du hublot : « *Qu'est-ce qu'on voit là ?* » me demande-t-il en me désignant du doigt une ferme. « *Et là ? C'est le collège ? Où est le collège ? On peut peut-être demander au pilote de passer au-dessus pour mieux le voir. Regarde la rivière ! C'est le* Cauca *! Je connais cet endroit. Il fait une courbe comme ça et une autre, exactement comme ce que l'on voit ! Et ce village, comment s'appelle-t-il? Et l'autre, là-bas, au fond ?* ». C'est la première fois que Jesús peut voir un paysage si éloigné de Cali. C'est aussi là que commence sa deuxième grande aventure après l'adoption, celle de la découverte du monde.

Face à mon ignorance, Jesús fait la moue. Je le déçois profondément. Il se demande si je n'ai pas envie de lui répondre ou si je ne connais décidément rien à rien. Et à force de me tordre dans tous les sens pour apercevoir ce qu'il me montre à travers le hublot, je commence à avoir sérieusement la nausée.

Je lui dis qu'après cinq petites minutes de vol nous sommes déjà loin du *Barrio Meléndez* et de *Mi Casa*. Il semble incrédule. Et, pour m'éviter un torticolis, je lui propose de regarder, dès que nous en aurons l'occasion, le chemin effectué sur une carte afin d'imaginer les endroits que nous sommes en train de survoler.

Je me plonge dans la lecture d' *El Tiempo*. A la une, la photo d'une jeune fille de onze ans, élève de 6e au collège *Colombo Británico* de Cali. Elle a été enlevée par un commando alors qu'elle rentrait chez elle après la classe. Les terroristes ont arrêté le bus scolaire, l'ont fait descendre et sont partis en voiture vers la montagne. La jeune fille faisait déjà partie du groupe des cent quatre-vingt six personnes séquestrées par l'ELN dans l'église *La María* en 1999. La voiture des fuyards a été retrouvée sur le bord de la route. Ils ont changé de véhicule pour brouiller les pistes.

Dans le département de *Santander*, d'autres parents ont reconnu la dépouille de leur fillette de neuf ans, assassinée par la guérilla. Elle avait été enlevée pour obtenir de son père une rançon de cent cinquante millions de pesos. La police a bien tenté d'intervenir mais c'est un corps sans vie qu'ils ont trouvé dans la cache des terroristes. Ces derniers étaient bien renseignés sur les habitudes de la famille. L'un des preneurs d'otages était un voisin de la victime.

Je lève les yeux vers Chucho. Il observe une hôtesse occupée à servir des boissons. Rien ne lui échappe de ce que son chariot transporte. Je tourne les pages jusqu'à la rubrique Economie. Conséquence inattendue des attentats du 11 septembre, la baisse de 40 % des interventions de chirurgie plastique pratiquée à Cali. L'explication est simple. Comme nous le racontait l'avocate, de nombreux cabinets et cliniques privées ont vu le jour du temps où les femmes des narcotrafiquants se faisaient remodeler façon poupée Barbie. Aujourd'hui, ces cliniques trouvent la majorité de leur clientèle, environ 60 % d'après le journal, à l'étranger. Parmi cette clientèle, 70 % vient des Etats-Unis, le reste se partageant grosso modo entre l'Amérique centrale et même l'Europe. La paralysie aérienne des premiers jours qui ont suivi le 11 septembre et la psychose de nouveaux attentats sur les lignes américaines ont provoqué l'annulation d'interventions chirurgicales et repoussé la date de nouveaux rendez-vous. Un chirurgien interviewé ne perd pas espoir pour autant : « *La qualité de nos interventions est connue dans le monde entier. Notre réputation est notre principal atout, mais la généralisation du terrorisme affecte notre activité.* »

La « der » du journal est consacrée à l'environnement. Le WWF (Fonds mondial pour la nature), qui lutte pour la préservation de la diversité biologique de la planète, fête ses quarante ans. Avec ses mille huit cent soixante-cinq espèces d'oiseaux, près de trois mille cinq cents types d'orchidées et trois mille espèces de papillons diurnes, la Colombie se sent particulièrement concernée par l'écologie. Même si le *Plan Colombia* et les attentats de la guérilla sur les oléoducs de pétrole bousillent allègrement ce trésor de richesses.

L'avion a pris un peu de retard. Mais à 10 h 10, une étendue bleue légèrement brumeuse se fait de plus en plus nette : « *Regarde ! C'est l'océan ! Et là, plus loin, c'est Cartagena. Déclarée patrimoine mondial de l'humanité par l'Unesco, autrement dit une très belle ville avec un centre historique qui te plaira sûrement.* » Jesús regarde, fasciné, cette immense étendue d'eau. Il a bien vu la mer à la télévision mais n'arrive pas à s'imaginer concrètement à quoi cela ressemble, de près. Il va bientôt avoir la réponse à ses questions. Il s'étonne du fait que la couleur ne soit pas uniforme et, qu'en certains endroits, elle ait la couleur du ciel et, en d'autres, qu'elle soit plus foncée ou plus verte. Avec l'avion, c'est sa deuxième grande découverte de la journée. Je reconnais le centre historique de Cartagena et la ville moderne de *Bocagrande*, le long de l'arc sableux, avec ses hôtels buildings pour Vénézuéliens en goguette.

La première fois que je suis venue ici, c'était en 1993, à l'hôtel *Capilla del Mar*. La première nuit, réveillée vers 5 heures du matin en raison du décalage horaire, j'avais longuement observé la plage et tous les vendeurs qui viennent installer leur petit commerce ambulant dès l'aube. L'instant m'avait paru précieux. Mais la beauté se trouve surtout du côté des remparts, dans la vieille ville qui semble posée là pour l'éternité, dans des couleurs orangées et rosées qui prennent tout leur éclat en lumière rasante, dans les fugaces couchers de soleil.

A l'atterrissage, Jesús a l'estomac qui se soulève. Le manque d'habitude... Nous passons devant un avion de l'armée américaine. Lorsque nous descendons sur le tarmac, l'air chaud et épais d'humidité nous enveloppe instantanément et surprend Chucho. Il fait plus de quarante degrés. Si je pense souvent à la difficulté que va peut-être constituer le froid pour lui, je n'ai pas imaginé une seule seconde qu'il ne connaît aucun écart de température, ni dans un sens ni dans l'autre, donc que la forte chaleur va aussi être une découverte. A Cali, il fait frais à vingt-quatre degrés et on se plaint de la chaleur à trente degrés.

La sortie de l'aéroport a été modifiée depuis notre dernière visite. Nous empruntons donc la nouvelle porte donnant sur une petite galerie marchande et montons dans le bus qui nous mènera jusqu'à notre hôtel. Désagréable contraste de la climatisation poussée à fond. Nous longeons la mer un bon moment avant d'arriver à *Bocagrande,* où nous laissons quelques passagers au *Capilla Del Mar*. Nous arrivons bientôt à l'*Almirante Estelar*, l'hôtel dans lequel nous allons séjourner et que les panneaux publicitaires des deux aéroports de Cali et de Cartagena vantent un peu naïvement : « *l'hôtel le plus moderne de Cartagena* ».

Effectivement, nous sommes impressionnés par l'entrée en marbre, immense et somptueuse. Le personnel est celui de tout hôtel de ce genre dans une zone ultra-touristique : prévenant mais pas chaleureux. Nous empruntons l'ascenseur panoramique qui fait évidemment la joie de Jesús. Dixième étage. Chambre n°5. La pièce est vaste, aux couleurs claires, avec un petit divan et une table basse face au téléviseur. La salle de bains, avec douche et baignoire, ravit particulièrement Chucho, peu habitué à ce luxe. Nous pouvons même ranger nos vêtements dans un dressing-room. C'est Jean qui s'y colle car c'est le plus ordonné de nous trois. Jesús me demande si on peut garder les petits savons et miniatures de gel douche mis à notre disposition...

Depuis la fenêtre de notre chambre, nous apercevons la piscine circulaire et la mer. Nous avons également une vue imprenable sur la vieille ville, dominons tout l'arc de sable et devinons les petits vendeurs ambulants : les femmes proposant de faire des tresses ou des massages sur la plage, leur petit seau d'eau à la main, les vendeurs de tee-shirts, de montres, de lunettes, de fruits, de boissons, de poissons grillés, de langoustes vivantes...

L'Océan, une révélation

Après un passage d'une heure dans la piscine où Jean s'essouffle à essayer d'attraper Jesús infatigable, nous sortons à la recherche d'un restaurant de plage. Jesús râle. Il prétend ni avoir faim ni soif. En réalité, il ne veut pas perdre plus de temps avant de se baigner dans la mer. Nous trouvons notre bonheur rapidement. Plat à base de fruits de mer recommandé par le serveur pour Jean, poisson grillé avec citron vert pour moi et pour Jesús qui dévore ! Glace à la mandarine pour le petit bonhomme qui disait ne pas avoir faim et direction la plage.

Première impression : « *Ce n'est pas facile de marcher sur le sable avec les chaussures.* »

Deuxième remarque : « *C'est quoi le truc blanc là ?* » en désignant l'écume d'une vague.

Troisième remarque après avoir goûté l'eau : « *Beurk ! C'est salé, et en plus ça pique les yeux !* »

Suivent des cris de joie. Jesús est complètement immergé, plonge, se relève, joue avec les vagues et découvre des impressions nouvelles. Il adore l'eau et est un bon nageur. Il a appris dans la piscine de *Mi Casa* et s'est aussi baigné dans le *Río Cauca* mais, l'océan, c'est une nouvelle expérience qui semble lui plaire au plus haut point. Une vague plus forte que les autres le surprend, lui fait faire un tonneau et le ramène sur la plage. Son petit nez râpe le sable du fond et il ressort avec une marque carmin. Aujourd'hui encore, on peut voir cette cicatrice. Je ne peux m'empêcher de penser à cette histoire que m'a racontée ma chef de service peu de temps avant mon départ. Celle de ce confrère dont le fils est resté tétraplégique après un mauvais plongeon qui lui a blessé la colonne vertébrale. « *Attention, la mer peut être dangereuse !* » Mais mes recommandations ont bien peu de chance de le toucher. Il acquiesce poliment, pourtant, je ne maîtrise déjà plus grand-chose.

L'eau est encore plus chaude qu'aux Antilles. Je sais aussi qu'ici, elle est particulièrement polluée. Comme pour la Méditerranée en France il y a une trentaine d'années, les égoûts de la ville se déversent directement dans l'eau. Une Colombienne vivant en France, et rencontrée au Havre quelques semaines après notre retour, nous dira même : « *Mais vous êtes fous ! L'eau est sale et il y a même parfois des requins à cet endroit!* »

Nous sortons Jesús de l'eau à grand-peine après deux heures de baignade. Cela relève de l'exploit.

En fin d'après-midi, nous rejoignons la vieille ville en taxi. Face à l'église *San Pedro Claver*, un groupe de musiciens et de danseurs aux pieds nus donnent un spectacle. La musique s'apparente aux *cumbias*, typiques de la côte colombienne. C'est très différent de la *salsa* de Cali et n'a rien à voir avec les *vallenatos* qu'affectionne Jesús. Les influences de cette musique sont multiples. On y retrouve des rythmes africains car sur les côtes sont restés les descendants d'esclaves noirs.

Une goutte, puis deux. Le ciel est bleu mais un nuage noir fond littéralement sur nous. Personne n'a senti venir l'orage. Aussi inattendu que violent, il vide la place de ses occupants. L'église se remplit. La taverne d'en face aussi. Nous optons pour la taverne car nous sommes assoiffés. Les grosses gouttes martèlent le sol et diluent la poussière. Et le nuage s'en va aussi brusquement qu'il est arrivé. Nous ressortons pour une promenade dans les ruelles. Chucho traîne les pieds et ne semble pas apprécier. Sans qu'il s'en rende compte, la mer l'a épuisé et son enthousiasme retombe. Je crains une de ces phases de mutisme qui nous mettent mal à l'aise car nous n'en connaissons pas la cause et ne pouvons prévoir leur durée.

Je ne me souvenais pas qu'il y avait autant d'étudiants à Cartagena. Nous en croisons beaucoup entre l'université et les bistrots. Les rues sont bruyantes et animées. Ce serait un régal si Jesús n'était pas dans son triste monde comme nous le redoutions.

Nous sortons de la ville fortifiée et allons attendre un taxi. Dans les ténèbres, la mer prend une autre dimension, plus sauvage. Le taxi nous dépose à quelques mètres de l'hôtel. Avant de rentrer, nous allons acheter quelques bouteilles d'eau pour le lendemain. Dans la supérette voisine, je retrouve Chucho au rayon des gâteaux apéritifs. Il a recouvré la voix. Mais il ne sait pas pour autant quel paquet choisir. Toujours cette hésitation ! Quand on a plusieurs possibilités, comment faire ? Comment être sûr d'effectuer le bon choix ? Il tâte, soupèse, retourne dans tous les sens chaque paquet, en choisit un avant de le reposer et d'en prendre un autre. Puis hésite à nouveau...

« *Ça fait longtemps que vous l'avez ?* » me dit en français une voix dans mon dos. Je me retourne. L'homme qui se tient en face de moi nous regarde en souriant. Il désigne Chucho, agenouillé devant la rangée de gâteaux salés occupé à soupeser les paquets.

« *Ça fait longtemps que vous l'avez ?* répète-il.

– *Ça fait quinze jours.*

– *C'est bien* » me répond l'homme avec un fort accent hispanique, en me tendant la main.

« – *Je suis colombien. Les étrangers qui viennent chez nous adopter des enfants m'intéressent. Ici, il y a beaucoup d'enfants livrés à eux-mêmes ou maltraités. Parfois, on en trouve même dans des poubelles. Comme des ordures.* Et s'adressant à Chucho : *Comment t'appelles-tu ?* » Chucho répond comme il a l'habitude de le faire en présence de quelqu'un qu'il ne connaît pas, c'est-à-dire avec beaucoup de méfiance, d'une voix à peine audible, les yeux rivés au sol ou lointain, dans le vague.

« *Ah Jesús ! Ce n'est pas facile à porter ça ! Il faut être aussi sage qu'un ange ! Tu peux me regarder, tu sais. Je n'ai jamais mangé personne et je n'ai pas l'intention de commencer ce soir.* »

Puis, se retournant vers nous :

« *Je m'appelle Francisco.*

– *Nous, nous sommes Guylaine et Jean Perez*

– *J'habite ici, mais j'ai fait mes études au lycée français de Bogotá. C'est pour cela que je parle votre langue. J'ai été enseignant pour des enfants défavorisés dans des structures spécialisées. C'était difficile mais très intéressant. Aujourd'hui, c'est fini. Je voulais revenir ici, à Cartagena. Alors, j'ai trouvé un emploi au port.* »

Puis, il remarque la brûlure de Chucho sur l'arête du nez.

"*Qu'est ce qu'il t'est arrivé ? Ça te fait une drôle de tête. Tu sais, je connais la France, là où tu vas. J'y suis allé une fois. Je suis resté un mois.»*

Voilà une information qui intéresse Jesús. Il lève le nez. Francisco poursuit :

« *Mais j'ai dû rentrer, car la vie était très chère, et je n'avais pas assez d'argent. Tu as beaucoup de chance d'avoir trouvé des parents qui te ramènent là-bas. Il te faudra beaucoup étudier mais tu y arriveras, tu verras. Le français, c'est facile, la preuve, écoute comme je peux parler avec tes parents ! Et puis, quand tu deviendras un champion de foot, tu penseras à moi et, si je te rencontre un jour, tu me signeras un autographe.* » Jesús arbore sa chemise blanche griffée *America Cali* !

Nous discutons ensemble, quelques instants, entre les gâteaux apéritifs et le rayon charcuterie. L'homme est cultivé, chaleureux et volubile. Il s'adresse à Jesús en espagnol et nous parle dans un français presque parfait. Il nous conforte dans notre choix d'adopter un enfant grand et nous encourage pour la suite. Il a gardé l'authentique amabilité des Colombiens, à l'inverse des Carthagenois qui ne voient en l'étranger à leur ville qu'une source de profit. Les Colombiens de Cartagena ont perdu tout ce qui fait leur charme. Nous nous serrons la main avec chaleur pour nous quitter et rentrons à l'hôtel.

Chucho nous devance un peu pour nous jouer un tour et prendre le premier ascenseur qui se présente. Il adore faire la course et... gagner évidemment !

Lorsque nous passons la porte vitrée de l'hôtel, je l'aperçois en haut des marches du rez-de-jardin. « *Halte là ! Où vas-tu comme ça ?* » lui demande le vigile en faction, qui, à la vue de sa peau tâchée, de ses *chanklass* et de sa tenue un rien débraillée, croit avoir à faire à un *gamin*. Nous arrivons rapidement à son niveau. « *Que se passe-t-il ?*

– Vous le connaissez ? Vous êtes avec lui ? »

Nous devons paraître un peu héberlués devant tant d'audace.

« *C'est un ami ?* continue-t-il, soupçonneux.

– Non, c'est notre fils » lui lancé-je, un peu irritée et consciente de le désarçonner même si je ne peux pas lui en vouloir. Le vigi-

le s'excuse. Après tout, il ne pouvait pas deviner. Cela nous rappelle à quel point ce monde est nouveau pour Jesús.

Le soir, nous ne nous éternisons pas au restaurant où la climatisation poussée à fond nous fait fuir. Le service est condescendant, les serveurs cireurs de pompes. Nous ne nous sentons pas à l'aise.

CHAPITRE IX

Cartagena de las Indias

Samedi 22 septembre

Les îles du Rosaire en bateau

Impossible de joindre Air France pour tenter de changer notre vol retour prévu le 8 octobre, pour le 29 septembre, ce qui cadrerait mieux avec notre emploi du temps. Au pire, nous prendrons des vacances à Bogotá, mais ce n'est pas vraiment le lieu idéal pour faire du tourisme. Et puis, cela signifie que Jean devra reprendre son travail dès notre arrivée en France, ce qui ne sera pas drôle pour lui. Depuis qu'*Avianca* a cessé en début d'année ses rotations Paris-Bogotá, les vols d'Air France sont constamment pleins. Nous trouverons bien une solution. Les adoptants trouvent toujours une solution. On ne leur laisse pas le choix...

Les mères adoptives ne peuvent allonger le congé post-natal auquel elles ont droit alors qu'une mère biologique, si elle allaite son enfant, aura un mois de plus. Si une adoptante ne donne pas le sein à son bébé, elle mériterait bien aussi de « rattraper » un peu de temps avec cet enfant qui a souvent un passé lourd à digérer et qui doit de surcroît s'adapter à un nouvel environnement, un nouveau climat, une nourriture différente, etc. Sans compter que le temps passé dans le pays d'origine de son enfant pour des démarches de un à deux mois n'est pas pris en charge par l'employeur ou la Sécurité sociale, comme c'est le cas pour la femme enceinte six semaines avant l'accouchement. Je ne parle même pas de tout ce qui précède le voyage et qui est évidemment la partie la plus difficile où la seule aide que vous recevez est celle d'autres parents adoptifs ou d'associations. Une femme en attente d'adoption encaisse souvent sans broncher les inévitables maladresses de l'entourage, qui viole régulièrement sans le vouloir son intimité. Heureusement, lorsque l'on touche au but, on regarde cela de beaucoup plus haut !

Nous renonçons à joindre la compagnie aérienne après plusieurs essais infructueux. Direction la plage où nous cédons à Jesús qui insiste tant pour essayer ces scooters des mers. Il faut dire que des rabatteurs viennent nous proposer « *un petit tour pas cher pour vous* » (on se croirait en Tunisie ou au Maroc !) toutes les dix minutes. Vingt mille pesos pour un quart d'heure. Je trouve cela un peu cher – les Carthagénois ont été habitués à la riche clientèle américaine –, ce qui fera bien rire Laurent à notre retour, le fils de Jean, lui qui connaît les tarifs de la Côte d'Azur en été, environ quatre ou cinq fois supérieurs. Jesús part avec un moniteur mais c'est lui qui conduit, lentement d'abord, puis il prend de l'assurance et nous le voyons bientôt virevolter en toute insouciance.

Jesús aime tout ce qui fait du bruit et est casse-cou. Ce qui va vite et donne des sensations. Nous allons en baver quand viendra l'heure du premier cyclomoteur ! Et il s'habitue très bien au luxe, à cette vie facile que nous menons ici malgré le fossé qui le sépare d'avec son passé. « *Attention !* » m'avait dit Monique Letourneau, mère d'une fratrie de quatre enfants colombiens adoptés, quelques jours avant notre départ pour la Colombie. « *Au départ, la tentation est grande de dire "oui" à tout, de leur offrir tout ce que l'on peut. C'est très difficile de leur refuser quelque chose. On a envie de faire plaisir tout le temps. Mais c'est une erreur. Je vous dis cela pour que vous profitiez de notre expérience et que vous ne commettiez pas les mêmes fautes que nous. Si je peux vous donner un conseil, un seul, c'est celui-là. Savoir dire "non", de temps en temps. Même si, au début, on cherche à rattraper beaucoup de choses et c'est compréhensible.* »

Je sais que Monique a raison. Mais cette recommandation est parfois difficile à appliquer.

J'ai remarqué que Chucho vivait dans l'instant présent. Pour ces enfants, la devise pourrait être « *un tien vaut mieux que deux tu l'auras* » et les promesses du genre « *si tu fais ça, tu auras ça* » ne le touchent pas, même quand l'enjeu est très intéressant pour lui. Il supporte mal les frustrations, les premiers refus (et ceux qui suivront !) et ne peut se contenter d'une parole donnée.

Nous devons lui apprendre à se projeter dans le futur, ce qu'il semble incapable de faire à l'heure actuelle, et à faire confiance, dans une certaine mesure. Quand on lui promet quelque chose, il cherche d'où peut venir la tromperie et, par méfiance, refuse le marché proposé. Il préfère insister pour obtenir ce qu'il désire immédiatement. Cela lui paraît plus sûr. « *Más vale un pájaro que cien volando* » dit le proverbe (1).

« *Ces enfants ne savent pas exprimer leur désespoir autrement qu'en se renfermant. Quand Chucho reste muet, il ne sait peut-être même pas formuler en pensée la raison pour laquelle il se sent triste. Ce sera à vous d'arriver à le mettre en confiance pour lui apprendre à exprimer sa colère, sa tristesse, ses sentiments. Ces enfants n'ont jamais eu la présence rassurante d'une mère, de son affection sans condition ou, s'ils l'ont eu, elle a fait faux bond prématurément. C'est pourquoi ils ne savent pas se confier. A vous de lui apprendre, lentement. Faites-lui confiance et, petit à petit, vous gagnerez la sienne.* » me disait Maria, la psychologue. « *Peut-être un jour saura-t-il vous expliquer la cause de son mal-être et surmonter ces sentiments de frustration, voire arriver à surmonter les échecs, ce qu'il est incapable de faire actuellement autrement qu'en se murant dans son silence. Il faut lui apprendre à parler d'un domaine qu'il n'explore jamais. Soyez patients, présents et très aimants.* »

A 14 h 30, après une bonne baignade, nous déjeunons au « *Rincón de Antioquia* » (2), à l'hygiène douteuse. Les vendeurs de la plage nous ont poursuivi jusque-là. Tout à l'heure, alors que je me baignais avec Jesús, Jean, resté seul sur le sable avec son livre, a dû refuser poliment vingt-huit propositions de massages, de fruits, de lunettes, de bijoux, de crème solaire ou de voyages dans les îles en trois quarts d'heure. Tout cela sans savoir s'exprimer en espagnol. Mais il fait beaucoup de progrès ! Depuis

---

(1) « Mieux vaut un oiseau dans ta main que cent qui volent », littéralement, «Un tiens vaut mieux que deux tu l'auras ».

(2) *Rincón de Antioquia* : petit coin d'Antioquia, le département de Medellín. Les *Paisas* sont très fiers de leur pays.

l'eau, je l'observais avec Jesús, alors qu'il tentait désespérément de lire quelques lignes d'*Il était minuit cinq à Bhopal* de Dominique Lapierre. Peine perdue ! Comme il repousse les propositions avec un sourire, les vendeurs ne cessent de revenir à la charge. « *On l'aura à l'usure !* » doivent-ils se dire. Tout semble se vendre sur la plage. Des petites filles de quatre à huit ans viennent même se trémousser au son des tams-tams de leurs pères et font la quête ensuite.

Je remarque la présence de nombreux estropiés exhibant leurs moignons pour récolter quelques pesos. Je ne peux pas imaginer que ces mutilations sont volontaires, comme cela se pratique encore dans certains pays d'Asie. Un homme d'une cinquantaine d'années, amputé des deux bras, fait la quête au feu rouge, sa sacoche ouverte sur sa poitrine. Une jeune femme d'une maigreur extrême promène son enfant sur la plage. Unijambiste, elle claudique en s'appuyant sur une béquille de bois comme on en voit parfois dans les films de pirates pour les enfants. Nous croisons aussi un très jeune homme, d'une vingtaine d'années, unijambiste lui aussi, mais très habile, occupé par une partie de football endiablée en face de notre hôtel. Et aussi un enfant de dix ans environ, souffrant d'une horrible malformation, affublé d'un petit pied tordu au bout de sa cuisse gauche.

En fin d'après-midi, la vieille ville et sa lumière orangée nous attirent irrésistiblement. Les remparts ne passionnent guère Jesús que nous laissons épuisé par les vagues, affalé sur son lit après un bon bain, en espérant qu'il ne sortira pas de l'hôtel comme promis. C'est la première fois que nous le laissons à la seule garde de Cartoons Networks. *Las Chicas Superpoderosas* (1) vont veiller sur lui.

Le temps est mi-figue mi-raisin mais la température toujours très élevée. Il est agréable de se retrouver tous les deux seuls dans ces lieux que nous affectionnons tant. Chez un disquaire, nous cherchons un album qui comprendrait la chanson que fre-

(1) Les Filles super-puissantes, dessin animé très apprécié de Jesús.

donne souvent Jesús sur les femmes de Cali : « *Las Caleñas son como la flores. Vestidas van de mil colores.* » Comme il fait aussi café Internet, nous en profitons pour envoyer quelques mails en France. Nous remarquons que les prix sont bien plus élevés ici qu'à Cali, tourisme oblige ! Les Américains, plus nombreux il y a une dizaine d'années, ont laissé la place aux Vénézuéliens les plus fortunés. Cartagena est une ville somptueuse du point de vue de son architecture, malheureusement beaucoup moins chaleureuse que Cali ou d'autres villes colombiennes, sans cachet mais où les habitants n'ont rien perdu de leur nature généreuse.

La nuit tombe brusquement sous ces latitudes et nous rentrons à l'hôtel. Je n'ai pas envie de laisser Jesús trop longtemps tout seul.

Dimanche 23 septembre

Aujourd'hui, nous partons pour les îles du Rosaire. Une heure environ de traversée depuis le port de Cartagena. Mais, lorsque nous nous levons à 7 heures, il pleut encore à torrent, après un terrible orage qui nous a empêchés de dormir une partie de la nuit. La pluie forme des ruisseaux qui lessivent les huiles de voiture sur la route, et le reste, et se jettent dans la mer, créant un bras qui relie l'océan à la route en passant devant l'hôtel. C'est le déluge! Chucho dort profondément, enlaçant le lapin en peluche que nous lui avions offert avant de venir en Colombie. Nous hésitons à le réveiller. Un rapide coup de fil au port nous confirme le départ. « *Dans une heure, il fera sûrement beau !* » me répond mon interlocuteur, désireux de ne pas perdre le bénéfice d'une journée de travail.

Nous déjeunons dans la salle à manger glaciale. Bien la peine de se dire l'hôtel le plus moderne de Cartagena si on y congèle les clients ! La vue y est splendide, surtout depuis le dernier étage panoramique où on a vraiment l'impression d'être suspendu dans l'air et le confort irréprochable, si ce n'est cette manie de pousser la climatisation à fond. Du coup, on ne séjourne jamais longtemps à table. Le seul vêtement chaud dont dispose Jesús est la *ruana* de laine achetée à Cali. Il ne va quand même pas la porter alors qu'il fait quarante degrés dehors !

L'orage semble s'éloigner un peu et nous embarquons pour les îles. Le bateau est plein mais nous nous glissons au fond pour rester ensemble, occupant la dernière rangée de sièges. Chucho arbore ses lunettes toutes neuves achetées sur la plage la veille. Il a vraiment de l'allure !

Bientôt, nous voyons défiler *Bocagrande*, façon petit Manhattan, avec ses tours ultra-modernes, contrastant avec les petits villages de pêcheurs posés sur la plage à quelques encablures de là. Leurs masures aux couleurs qui ont dû être vives un jour sont ouvertes à tous les vents. Puis c'est *Bocachica*, un fort célèbre que connaissent tous les navigateurs qui ont couru la Transat Jacques-Vabre qui reliait autrefois Le Havre à Cartagena.

Après une heure de navigation, nous arrivons près des premières îles. Nous longeons la demeure de vacances des présidents de la République colombienne. Cet îlot avec cette charmante maison au toit de paille est leur fort Brégançon à eux. De quoi donner envie de jouer à Vendredi. Nous laissons l'île du Pirate et celle du Paradis à notre gauche avant d'accoster sur l'île *Grande*, ainsi nommée car... c'est la plus grande de l'archipel ! Il y a là une piscine dans laquelle nous nous réfugions après avoir déploré la présence de nombreuses méduses dans l'eau. C'est la première fois que cela nous arrive ici. Néanmoins, nous suivons un moniteur pour une initiation à la plongée au large.

Il nous explique que nous pouvons caresser une méduse sur le dos car seule sa face ventrale est urticante. Ah bon ! Il suffisait donc de le savoir ! Pour autant, nous nous écartons lorsque nous en croisons. Nous profitons du spectacle de centaines de petits poissons colorés. Il est toujours surprenant de constater que, dans cette immensité, les poissons vont toujours par race ou par espèce, sans se mélanger. Un banc bleu passe à côté d'un banc gris ou violet. Certains, translucides, disparaissent dans les coraux avant de réapparaître plus loin. Chucho se débrouille mieux que moi avec son tuba et ses palmes. Il semble apprécier comme nous l'observation de ces espèces que l'on voit malheureusement trop souvent dans des aquariums ! Mais il reste prudent, écoute les conseils de l'instructeur et obéit aux consignes.

Nous déjeunons d'un poisson grillé accompagné de bananes plantains frites, de *papas de yucca* (frites de manioc) et de riz à la noix de coco, le meilleur de la Colombie ! Jesús ne mange que le poisson, arrosé d'une de ces infâmes *gaseosas* ultra-chimiques commercialisées par l'incontournable *Postobón*. Peu habitué aux bananes et au riz à la coco, il n'en raffole pas.

Après déjeuner, notre lascar s'assoupit dans un hamac, à côté d'un autre couple lascivement étendu l'un sur l'autre. Nous faisons de même près de l'eau. Quel bonheur, ce calme ! Et combien de temps avons-nous attendu cette quiétude ! Evidemment, il faudra bien rentrer un jour et retrouver les tracas de la vie parisienne. Heureusement pour moi, j'ai cumulé suffisamment de retard de vacances pour pouvoir rester encore à la maison plusieurs semaines avant de retrouver le chemin du journal. Nous profitons silencieusement de la douceur de la température, de la clémence de ce lieu, l'estomac rempli et la conscience rassasiée de bonheur.

En fin d'après-midi, nous reprenons le bateau pour rentrer sur le continent. Lorsque nous sommes en vue des côtes, nous admirons la vue incroyable sur les tours anciennes de Cartagena, celles de l'église *San Pedro Claver* et le dôme orangé caractéristique qui domine cette ville sublime et ses remparts.

En arrivant à l'hôtel, Chucho plonge dans la piscine. Il est décidément infatigable et peut rester des heures dans l'eau !

Nous appelons le père Blanco comme chaque soir. Quelle catastrophe va-t-il nous annoncer ? Y a-t-il des suites au tremblement de terre de force six sur l'échelle de Richter, mais heureusement sans victime, qui a touché la région de Cali, particulièrement sujette à ce genre de phénomène ?

« *On est habitués. Ici, on sait bien que l'on vit sur une faille* », lâche-t-il, fataliste.

Lundi 24 septembre

Ultime tentative pour joindre Air France à Bogotá et... ça marche ! Mais comme on pouvait s'y attendre, le vol du 29 septembre est plein. En discutant avec d'autres couples dans la même situation, c'est-à-dire désireux de changer leur billet retour, nous nous apercevrons que nous rencontrons tous les mêmes problèmes. Les vols pour le mois à venir sont archi bookés. J'attends encore les explications d'Air France ! (1) On ne nous tient pas au courant de ce genre de désagrément lorsqu'on nous vend les billets à Paris ! Les adoptants réservent des dates théoriquement modifiables une fois sans frais. En arrivant en Colombie, ils peuvent faire une évaluation du temps que prendront les démarches. Une évaluation seulement !

Personne ne peut fixer de date retour avec certitude, les paramètres entrant en jeu étant fluctuants : disponibilité du juge, problèmes éventuels dans les papiers, administrations plus ou moins rapides, fêtes locales et jours fériés... Comment peut-on dans ces conditions changer un billet retour quand on nous explique sur place que, pour cela, il faut s'y prendre deux mois à l'avance ? Nous n'avons pas encore compris. Comme des centaines d'autres adoptants qui se trouvent régulièrement dans cette situation. Alors, nous allons faire comme les autres : téléphoner tous les jours, demander, re-demander, voire supplier.

Heureusement, nous nous rappelons que le couple de Français rencontré à la pension Stein pensait rentrer avec son fils par ce vol du 29 septembre. Or, il est en retard par rapport à sa prévision et cherche un billet en octobre. Ne pourrions-nous pas échanger ? Nous avions évoqué cette possibilité avec lui et cela pouvait satisfaire tout le monde. Il suffit d'échanger nos billets et le tour est joué. C'est donc ce que je propose à mon interlocuteur au téléphone. Je lui donne le nom de la famille et le numéro de téléphone de la pension à Cali afin qu'il le joigne

(1) Des rotations ont été ajoutées depuis.

et qu'il s'assure que cela est toujours possible. « *Parfait. Je vous rappelle demain pour vous tenir au courant* », me répond-il.

Promenade en scooter des mers

Dernier jour à la plage. L'eau est toujours aussi chaude. J'ai un peu de répulsion à m'y baigner en me rappelant les rigoles d'eau sale dévalant les rues et se jetant dans la mer. Et puis il y a toujours ces algues rouges, urticantes, qui rentrent insidieusement sous le maillot. On en retrouve partout. Je sais depuis longtemps que cette eau est ultra-polluée mais Jesús tient absolument à s'y baigner. Il vient de découvrir la mer, ce n'est pas pour aller à la piscine ! Je remonte dans la chambre d'hôtel chercher quelques pesos pour faire un petit tour de *lancha* (1). J'en profite pour me rincer. En enlevant mon maillot, je découvre des plaques rouges un peu partout sur mon buste. J'enlève ces petites algues qui s'accrochent à ma peau et me change. Pas question que je me baigne à nouveau dans ce bouillon de culture !

En redescendant, j'arrive à persuader Chucho de sortir un peu de l'eau. Il fait son premier château de sable avec Jean. C'est assez réussi. Il en rêvait depuis plusieurs jours. Il est assez émouvant de constater que ses rêves ne sont pas toujours ceux d'un enfant de son âge. Comme s'il voulait rattraper un peu de temps perdu.

En même temps, il aime aussi les *lanchas*. Et il initie son père à ce plaisir. Ici, il n'y a aucune mesure de sécurité. Les départs et les arrivées se font au milieu des baigneurs. Ni bouées ni lieu spécifique. C'est un miracle si, en quatre jours ici, nous n'assistons à aucun incident. Pas non plus de coupe-circuit en cas d'urgence. Chucho enfourche le premier, ravi de bénéficier d'une expérience qui fait visiblement défaut à Jean. Avec beaucoup d'assurance, il l'emmène un peu plus au large. Je les vois virevolter, lentement d'abord, puis de plus en plus vite au fur et à mesure que Jesús prend possession de l'engin. Bientôt, je les perds de vue et les confonds avec d'autres. Puis ils réapparais-

(1) Scooter des mers.

sent. Jean semble presque soulagé de rentrer et Jesús a appris un nouveau mot : *doucement*. Il n'a pas de difficulté à le retenir, il l'a entendu une dizaine de fois lors de cette promenade en mer ! Je n'ose imaginer lorsqu'il montera sur un deux-roues...

A leur retour, nous sommes assaillis par les vendeurs de mangues, de coco, d'ananas, de jus de tomates d'arbres, de pagnes, etc. Le vendeur de lunettes Dior ou Gucci « *pour seulement dix mille pesos señora* » est particulièrement « fidèle ». Les Colombiens sont les rois du faux.

Des jeunes viennent de s'installer juste derrière nous et entament une *cumbia*, typique de cette côte. Chucho replonge à l'eau, vient me montrer un coquillage vivant qu'il va ensuite remettre à la mer. Je ne suis pas à l'aise devant les allers et venues des *lanchas* alors que Jesús plonge longuement et est alors invisible des « motards » des mers.

Nous passons une journée agréable, sans soucis. Il fait beau et nous sommes détendus. Nous ignorons tout de ce qui se passe en France, mais cela ne nous manque pas vraiment. Nous apprendrons d'ailleurs le drame de l'explosion de l'usine AZF à Toulouse avec plusieurs jours de retard.

En revanche, nous restons en contact quotidien avec l'actualité locale. Ainsi, je lis dans *El Tiempo* un article qui me fait froid dans le dos. Une bien macabre polémique agite la ville de Marsella, dans le département de *Risaralda*. Le maire prétend en effet ne pas pouvoir assumer les charges financières de la création d'un emploi municipal dont la tâche consisterait à... sortir du *Río Cauca* les cadavres jetés en amont dans le département du *Valle del Cauca*. La topographie des lieux et les courants ramènent en effet à Marsella la plupart des corps jetés dans la rivière dans les environs de Cali. Les nombreux règlements de comptes du narcotrafic, les luttes meurtrières entre guérillas et paramilitaires, la délinquance ordinaire finissent souvent dans les eaux boueuses du fleuve qu'affectionne tant Chucho.

María Inés Mejía, quarante-deux ans, fait partie des bonnes volontés qui aident à remonter les cadavres sur la rive pour tenter une identification et leur donner une sépulture. La plupart du temps, les restes mutilés et décomposés par un séjour dans l'eau de plusieurs jours sont difficilement identifiables. La pêche n'est pas gratifiante. La femme médecin légiste de Marsella, Luz María Cortés, n'est pas la seule à penser que les corps repêchés ne sont qu'une partie des macchabés entrevus par les pêcheurs ou les paysannes qui lavent leur linge. Pas étonnant si on leur fait perdre ensuite des heures, le temps que les instances officielles arrivent sur place, pour les interroger sur les circonstances du repêchage et remplir la paperasserie qu'affectionnent tant les administrations. Pour éviter tout cela, il est probable que les témoins détournent leur regard et préfèrent laisser continuer leur chemin aux corps qu'ils aperçoivent, flottant entre deux eaux.

Depuis deux ans, le nombre de cadavres repêchés est pourtant en augmentation. Ceci en raison notamment de l'affrontement entre la guérilla et les paramilitaires. C'est pourquoi la population demande à la municipalité d'affecter un fonctionnaire à cette tâche. Tant que cet emploi n'aura pas été créé, María Inés Mejía ne désarmera pas. Elle a décidé de continuer à aider à ramener ces corps sur la terre ferme, dimanche et jours de fête compris. Pour aider les familles à retrouver leurs morts et à les enterrer.

« *Tomate de arbol ? Coco ? Piña ?* » m'interrompt dans ma lecture une vendeuse ambulante au corps sec. Sur la plage de Cartagena, la vie semble être toute l'année la même, jour après jour. Ici, pas de saison touristique, pas d'hiver.

Mais nous devons partir. L'avion pour Bogotá est à 19 h 30. Derniers regards sur cette fantastique cité. Dernière sensation de chaleur tropicale. Viendrons-nous lorsque nous adopterons notre deuxième enfant ? Ou lors d'une visite en Colombie si nous en avons l'occasion ? Il est fort probable que nous retrouverons ces remparts dans quelques années. Nous quittons sans regret le magnifique hôtel *Estelar* sans âme où nous avons été traités comme ce que nous sommes : des touristes qui apportent de l'argent. Nous sommes un peu plus nostalgiques de quitter la ville.

Chapitre X
Bogotá, dernière escale avant Paris

Arrivée de nuit

A l'aéroport, Chucho tend lui-même sa carte d'embarquement. Il n'a plus d'appréhension et les hôtesses pourraient penser en l'observant qu'elles ont affaire à un grand voyageur. Blasé, il tient à glisser lui-même son sac à dos dans le coffre à bagages et s'asseoit près du hublot. Le vol est émaillé de quelques orages et nous arrivons rapidement à l'aéroport *El Dorado* de Bogotá. Jairo nous y attend comme prévu. Jairo père et fils travaillent avec notre traducteur à Bogotá. De simples chauffeurs de taxi, ils ont commencé à s'adresser de plus en plus souvent aux pensions qui accueillent des adoptants. Puis, on leur a confié des petites missions de confiance : aller déposer un dossier à l'ambassade, prendre un rendez-vous... Petit à petit, ils ont appris plusieurs langues et acquis une vision de plus en plus précise des démarches à effectuer à ce stade du dossier, les légalisations, l'obtention des visas, etc.

Jairo fils et Jairo père sont à la fois chauffeurs, guides touristiques, secrétaires et hommes de confiance pour toutes les démarches administratives. Et on peut compter sur eux pour tout. Ils sont ponctuels, connaissent bien les différentes administrations auxquelles nous avons affaire et sont au courant des subtilités de la loi comme le sont les avocats. Ils facilitent grandement la vie des adoptants et sont de précieux accompagnateurs. De vrais professionnels... pour une profession qui n'existe officiellement pas !

Jairo fils nous accueille chaleureusement à l'aéroport, en utilisant le vocabulaire français appris à force de contacts avec les Français adoptants. Il s'adresse aussi immédiatement à Chucho dans sa langue pour le mettre à l'aise. « *Alors, comment te sens-tu ? Bientôt le grand départ ! Tu vas voir, tout va bien se passer. Et tu vas apprendre rapidement le français. Fais-moi confiance !* » Dans la voiture, Chucho est perplexe : « *C'est bien un*

Colombien ?» me glisse-t-il à l'oreille. J'acquiesce.

« *Alors pourquoi parle-t-il aussi français avec papa ?* » Puis, à la vue du paysage qui défile : « *C'est quoi cette tour? Et cette rue, comment s'appelle-t-elle ? Et le stade de foot, il est dans quel quartier ? Bogotá, c'est plus grand que Cali? »*

La pension se trouve dans les quartiers bourgeois et tranquilles du nord de la ville. Plus exactement *Carrera 93, Barrio El Chico*. Nous y arrivons après une petite demi-heure de route. Avant de nous y laisser, Jairo explique : « *Nous pourrons aller chercher le certificat de conformité de votre dossier mercredi au* Bienestar. *Si cela vous convient à 10 heures. Quant au visa, il devrait être prêt le lendemain à 10 h 30.* » Jairo est précis comme des horaires SNCF, ce qui est assez surprenant de la part d'un Colombien ! Je m'étonne :

« *Jeudi ? Mais qui vous a dit que ce serait prêt ?*

– L'employé du consulat qui les délivre. Il est sûr et se trompe rarement."

Ce Jairo est une perle. Nous arrivons à peine et les rendez-vous sont quasiment pris, les documents en cours de légalisation. Nous n'avons pas fait la queue une seule fois, ni au ministère de l'Intérieur, ni à celui des Affaires étrangères. Bien sûr, nous allons le payer pour cela. Mais il a tout organisé de main de maître et cela paraît facile... Pourtant, il suffit de relire les fiches de l'APAEC (1) pour se rappeler que les démarches à effectuer ici sont longues et fastidieuses. Jeudi matin, c'est-à-dire à peine dix-neuf jours après notre arrivée sur le territoire colombien, la totalité de nos démarches sera finie. Nous pourrions même repartir le jour même s'il y avait un vol disponible et si nous n'avions pas envie de faire profiter Chucho d'un peu de tourisme.

---

(1) Association des parents adoptifs d'enfants colombiens.
11, quai Anatole-France 75 007 Paris. http://members.aol.com/apaec/apaec/
Permanences téléphoniques :
Lundi, 21 heures à 22h30 : 01 30 30 51 68
Mardi, 21 heures à 22h30 : 01 39 52 02 98
Jeudi, 21 heures à 22h30 : 02 47 49 76 10.

Notre dossier a été bouclé en un temps record. Et l'avantage, c'est qu'en rentrant en France les seules démarches se feront par courrier. Il s'agira en quelque sorte d'une simple retranscription du jugement (après vérification des papiers) qui a eu lieu ici. Du fait d'un accord juridique bilatéral entre la Colombie et la France, la décision de nous confier Jesús en adoption plénière est reconnue par la justice française. Les deux pays envisagent l'adoption de la même façon, cela simplifie les démarches.

Le soir, Chucho sort les gants de la valise. Ceux que nous avons achetés aux Indiens de Cali en prévision du froid de Bogotá, puis de Paris. Il veut absolument les mettre même si, contrairement à nos prévisions, il ne fait pas très froid. Et il s'endort avec.

Mardi 25 septembre

Nous nous réveillons après une bonne nuit de repos. Notre chambre n'est pas très grande mais cela importe peu. Nous n'allons pas y rester dans la journée, alors... Dans le tiroir d'un placard, je trouve deux paires de chaussures de pointure minuscule. Elles ont été oubliées par le couple d'Espagnols qui nous a précédés dans cette chambre avec leurs deux petits enfants adoptés en même temps. Par bonheur, ils ont aussi laissé une boîte entière de chocolats et, comme nous n'avons pas pu manger la veille au soir, nous sommes très contents de les découvrir.

Chucho a gardé ses gants toute la nuit. Plutôt mourir que de reconnaître qu'il n'en a pas vraiment besoin ! Ou est-ce un jeu ? La pension est très calme, bien que notre chambre donne sur la rue. Il n'y a pas de chauffage. Mais s'il peut faire froid à Bogotá, il peut aussi y faire très chaud quand le soleil tape. Avec l'altitude, – c'est la seconde capitale la plus haute du monde après Lima –, le moindre rayon prend son importance. Nous sommes ici à deux mille six cents mètres. Apparemment, nous avons de la chance. Le temps est au beau fixe. Ce qui attriste Chucho, qui espérait découvrir la sensation que procure un froid polaire et, pourquoi pas, de la neige. Bogotá lui paraît moins exotique que dans son imagination !

L' « Auberge » est un lieu agréable, dont les chambres donnent sur un petit patio verdoyant, mais nous n'y trouverons pas le confort et la chaleur de la *pensión Stein*. Peu importe ! Notre moral est au beau fixe et rien ne peut le gâcher. Nous y rencontrons des Français fort sympathiques. Nous prenons le petit déjeuner avec les deux couples présents. Rapide présentation et la conversation s'axe sur les déboires des uns et les réussites des autres.

Le premier couple a adopté à Bogotá un petit garçon typé indien nommé Alejandro, et rebaptisé Alexandro. L'enfant est charmant. Il a un peu plus d'un an. Calme, nous ne l'entendrons que très rarement pleurer. Ses parents sont ravis. Son histoire est incertaine. Les parents se demandent si la femme qui l'a abandonné était bien la mère biologique de l'enfant. On peut en effet se poser la question à la lecture de son dossier qui laisse planer un doute à ce sujet. Ce qui est sûr, c'est qu'il a séjourné dans une famille nourricière apparemment très chaleureuse. Elle a même prévu un livret personnalisé, sur lequel est notée l'évolution de l'enfant et qui comporte des éléments personnels tels que des photos, mais aussi des mèches de cheveux et d'autres choses qui sont autant d'éléments de son développement. Les parents sont heureux de disposer de ce genre de souvenirs et l'enfant devenu adulte aura aussi accès à des fragments d'un passé dont il ne se souviendra pas. Pour ces enfants, dont on ignore l'origine ou dont les conditions d'abandon sont floues, tout élément du passé peut prendre beaucoup d'importance et leur permettre de mieux se structurer en tant qu'adultes. Cela signifie que, oui, ils existaient avant.

L'autre couple déjeune seul. Pourtant, ils sont arrivés en Colombie plusieurs semaines avant nous. Leur histoire est vraiment difficile. Deux jumelles de trois ans de Medellín leur ont été proposées par une œuvre française. Les parents ont accepté le dossier, non sans l'avoir montré à un pédopsychiatre. Les petites filles étaient nées d'un inceste et la maman adoptive se posait de légitimes questions quant aux conséquences de la consanguinité. Le médecin leur répondit qu'à trois ans s'il devait y avoir des « tares » intellectuelles ou des retards psychomoteurs dus à cette consanguinité, ils se seraient déjà exprimés. Voilà donc les

Français partis pour Medellín. Quelques jours après avoir récupéré les enfants, ils se posent de plus en plus de questions. L'une des petites filles présente un comportement étrange, inadéquat avec son âge et en comparaison avec sa sœur.

Elle leur paraît attardée. Ils font examiner les enfants par un médecin qui diagnostique un retard important dans le développement d'une des fillettes, laissant entendre une « débilité » irrémédiable. Les parents se sentent incapables d'assumer ce handicap. Ils n'y sont pas préparés. Ils se résolvent à ramener les fillettes au *Bienestar*. Ils ne nous parleront pas de ce moment mais on devine quel déchirement cela a dû représenter. Et quel traumatisme pour les fillettes ! Quel gâchis !

Les médecins qui ont observé les enfants et n'ont pas mentionné ou pas détecté cet état de fait ont commis une négligence lourde de conséquences. Les parents, qui n'en étaient plus, ont préféré arrêter là le processus et rentrer en France. Mais, avec le surbooking des avions, ils ont décidé de passer quelque temps à Bogotá. Peut-être un peu pour ne pas revenir directement en France après une expérience aussi terrible. Mais aussi parce que le *Bienestar*, conscient de l'énormité commise, leur a promis de leur représenter un nouveau dossier le plus vite possible, éventuellement avant leur retour en France.

Effectivement, deux jours avant le départ pour Paris, l'administration leur propose une nouvelle adoption : deux garçons de deux et quatre ans. Les parents lisent le dossier, regardent les photos, réfléchissent. Comment s'engager dans une telle aventure après cet échec ? Comment s'investir psychologiquement et rentrer dans cette nouvelle histoire alors qu'ils ont vécu quelques jours avec deux petites filles pour lesquelles ils s'étaient également investis ? On ne peut pas imaginer les moments de doute et de désespoir qu'ils ont dû traverser. Ils décident finalement d'« accepter » le dossier. Et s'investissent mentalement dans l'adoption de ces deux garçons. Mais le *Bienestar* a refusé de les leur confier pour l'instant.

« *Nous devons les préparer psychologiquement à leur adoption,* leur a-t-on expliqué. *Normalement, cette préparation prend plus de temps. Là, on la fait en accéléré, certes, mais nous prenons quand même le temps de les laisser réfléchir devant vos photos, votre histoire. Il faut que tout ça mûrisse un peu dans leur esprit. Mais vous les aurez très bientôt* » leur promet-on.

J'admire ce couple qui reste calme et en particulier cette femme, si digne malgré son impatience légitime, et qui arrive à sourire et à rester sereine après l'épisode douloureux de Medellín, qui marquera sûrement leur vie à jamais. Comment ne pas se demander ce que vont devenir ces fillettes ? Pourtant, si leurs routes se sont croisées l'espace de quelques jours, ils ne sont en rien responsables de cet échec.

La salle à manger où nous prenons notre petit déjeuner est minuscule. Elle est prévue pour cinq familles environ. Ici, c'est beaucoup plus familial que chez Stein. Et le petit déjeuner moins copieux et moins varié. Jesús et Jean ne trouvent plus leur belle assiette de fruits frais. La pension est tenue par une Colombienne mariée à un Suisse. On ne peut pas téléphoner depuis les chambres. Lorsqu'on veut appeler, il faut le lui demander, elle fait elle-même le numéro et ouvre le compteur pour la note. C'est contraignant et tout le monde peut entendre nos conversations. Nous n'avons rien à dire de secret et les gens qui sont ici le sont pour la même raison que nous. En plus, tout le monde cherche à être discret mais nous sommes habitués à plus d'autonomie !

La fenêtre laisse apparaître un temps merveilleux. Aujourd'hui, nous devons nous rendre à Air France pour tenter de trouver un vol en fin de la semaine. Un autre couple de Français est resté une semaine de plus, avant que nous arrivions ici, pour cause de changement de date impossible. Avant de partir, je finis par parler au téléphone à l'employée chargée des changements de réservation à l'agence de Bogotá. Je lui explique à nouveau l'histoire de l'échange possible avec les billets des Français toujours à Cali. Cela arrangerait tout le monde.

Mon interlocutrice m'arrête immédiatement. C'est impossible. J'insiste en redonnant les coordonnées de la pension Stein, pour vérification et accord des Français. La femme me fait patienter et reprend le combiné au bout de quelques minutes :

« *C'est bon. Vous avez trois places réservées au nom de Perez Jesús Antonio, Perez Jean et Perez Guylaine pour le vol de samedi.*» Rassurée, je lui demande si les Français de Cali sont contents. « *Espérons qu'ils n'aient pas changé d'avis* », me répond-elle. Elle ne les a pas appelés. L'annulation et le changement de date de leur billet ont été fait sur notre simple demande. Nous les joindrons nous-mêmes pour leur en parler...

Lorsque nous sortons de l'hôtel, nous tournons à gauche et suivons la rue qui coupe la *Quinta*, que nous empruntons à droite. Nous marchons un bon moment. Le temps est très agréable. La circulation est dense, comme toujours à Bogotá. Nous passons devant plusieurs librairies. Si j'étais seule, je m'arrêterais dans toutes ! Chucho observe, pose parfois des questions auxquelles nous ne pouvons pas toujours répondre. Je gardais le souvenir d'un Bogotá froid et gris. Je suis heureuse de voir la ville sous ce nouvel aspect. Nous marchons tranquillement. Nous qui sommes habitués à toujours courir, du travail à la maison, ou à un rendez-vous, nous qui avons rarement, depuis quelques mois, des jours de congés en commun, nous profitons pleinement et sereinement de cette agréable parenthèse. Nous sommes ensemble, vivons à notre rythme, prenons le temps de bouquiner, de nous promener... Nous sommes même privilégiés par rapport aux autres adoptants : certains s'ennuient ! Leur séjour s'étire indéfiniment entre date de jugement reportée et petits soucis administratifs, d'autres, non hispanisants, ne peuvent profiter de leur temps libre faute de communication. Pour notre part, nous avons la sensation de gérer au mieux nos journées, libérés des contraintes d'un agenda.

Montée à **Montserrate**

L'agence d'Air France n'est plus loin. Au onzième étage du bâtiment moderne qui accueille les locaux de la compagnie française, nous retrouvons les parents d'Alexandro et un autre couple de Français qui parlemente pour changer de date de retour. Lorsque notre tour arrive, l'opération ne prend que quelques minutes et nous ressortons avec des réservations pour le vol du samedi. Rapide tour au centre commercial d'en face. Les prix sont élevés et nous ne trouvons pas de vêtements pour Jesús. Alors nous hélons un des innombrables taxis jaunes que compte cette ville. Direction *Montseratte*. Un petit téléphérique mène à ce point culminant de la ville, à trois mille cinq cents mètres, d'où la vue est imprenable. Le belvédère du *Cerro de Monserrate* est un sanctuaire religieux et un nid d'aigle offrant un magnifique panorama sur la ville.

Nous connaissons mais nous avons du plaisir à y retourner. Et nous ne pouvons pas laisser Jesús quitter Bogotá dans l'ignorance de ce lieu. La voiture roule un bon moment, emprunte une sorte de boulevard périphérique qui grimpe et nous dominons rapidement la ville. Au guichet du téléphérique, nous présentons Jesús comme un garçon de dix ans pour payer un tarif enfant. Nos finances commencent à fondre comme neige au soleil et il n'y a pas de petites économies ! Pendant la montée, nous admirons la vue sur cette ville gigantesque. Je reconnais parfaitement cet endroit où je suis venue en 1993. Mais cette fois-là, il pleuvait violemment et sans discontinuer depuis plusieurs heures et des coulées de boue avaient dégringolé de la montagne et envahi la route. C'était très impressionnant. Aujourd'hui, les cieux sont plus cléments et nous savourons notre chance. En haut, nous achetons des petites jumelles à Chucho qui va observer les quartiers de cette ville « tentaculaire » avec intérêt.

Nous rentrons dans le monastère et allumons deux cierges. « *Un pour vous et un pour mes autres papas* » (1) me dit doucement Chucho à l'oreille. Puis, nous marchons tranquillement dans l'allée bordée de boutiques d'artisanat. Nous achetons deux *ruanas* légères en souvenir, avant d'emprunter l'allée où se concentrent petits vendeurs ambulants et restaurants de fortune. Nous grignotons des épis de maïs grillés tout chauds assis sur le bord du chemin. Le bonheur quoi !

---

(1) Si *padres* signifie « parents », *papas* désigne la même notion, plus familièrement (papa et maman = *papas*).

Je donne les derniers grains de mon épi à un chien famélique en quête de nourriture. Ici, dans la capitale, il y en a beaucoup plus qu'à Cali. D'ailleurs, il y a beaucoup plus de misère, à tout point de vue. Je lisais ce matin dans *Hoy* qu'une étude récente montrait que près de la moitié de la population infantile bogotaine souffre de malnutrition. C'est pourquoi un plan a été lancé, financé par l'Etat, pour donner des petits déjeuners aux enfants de trois à quinze ans de mille écoles publiques, comprenant un produit laitier, un produit solide énergétique et un fruit. Cela rappelle les petits déjeuners de Mendès France dans les années cinquante en France.

Mais encore faut-il avoir la chance d'aller à l'école ! Car, si la scolarité est bien obligatoire en Colombie, il n'y a pas assez d'infrastructures et d'enseignants. Résultat : le jour des inscriptions, les parents font la queue toute la nuit qui précède devant les établissements. Seuls seront inscrits les premiers. Les autres ne seront pas scolarisés et resteront dans la rue ou chez eux. Le Père nous a parlé de ce problème dans le département du *Valle del Cauca.* Mais il est le même dans toute la Colombie. C'est pourquoi l'APAEC a aidé à financer en 2001 une bibliothèque à *Sosiego*, une banlieue pauvre de Bogotá, pour favoriser l'accès au savoir d'enfants défavorisés non scolarisés. Mais combien restent sur le carreau, perdant toute chance d'apprendre un métier qui assurerait leur avenir ?

Je ne parle même pas des grèves qui ponctuent la scolarité. Grève des enseignants menacés par la guérilla par exemple. Lorsque nous étions à Cali, la mairie appelait des étudiants en renfort pour du bénévolat, par voie de presse (*El Espectador* et *El Pais*). Les enseignants protestaient contre les menaces de mort dont ils faisaient l'objet et l'absence de sécurité dans leur établissement. Quelques mois après, le 27 janvier 2002, le Père Blanco nous écrivait : « *Demain, nous n'avons pas classe, mais ce ne sont pas des vacances. La guérilla a déclaré une grève armée, menaçant d'attaquer les centres vitaux de la région. Les autorités ont demandé de fermer les écoles, universités, commerces, etc., en prévision des esclandres. Il n'y aura pas de transport non plus. Beaucoup d'écoles ont reçu des menaces précises, de même que des églises et des hôpitaux. La mairie est occupée par des syndicalistes ultra depuis un mois. Vendredi, ils ont bloqué toutes les issues de la ville avec des camions renversés et brûlés. C'est pas gai ici*! »

Visite du musée de l'Or

Nous restons plus d'une heure à *Montserrate,* avant de redescendre en ville. Direction *Carrera 6 Esquina Calle 16*, le musée de l'Or (1), l'un des plus éblouissants du continent sud-américain. Nous voulons montrer à Jesús son impressionnante collection de trente-trois mille cinq cents pièces d'orfèvrerie précolombienne. Evidemment, à son âge, on apprécie rarement les musées. Mais je lui explique que celui-là est connu du monde entier. Que c'est une richesse culturelle incontestable de son pays, et qu'il lui appartient donc un peu, comme à chaque Colombien. Le musée, créé en 1939 par la Banque de la République, témoigne de la civilisation indigène et explique les différences artistiques et géographiques des Indiens *Quimbayas, Taironas, Sinus, Tumacos, Calimas, Muiscas, Tolimas,* etc. Apparemment, il a l'air convaincu. De toute façon, il est enthousiaste la plupart du temps lorsqu'on lui propose une visite ou une activité. Toujours prêt à expérimenter, à découvrir quelque chose.

Les appareils photo sont interdits ici, excepté dans la première salle, où j'immortalise Jesús et Jean encadrant une statue représentant un guerrier magnifiquement décoré d'or. Les salles suivantes sont obscures, mettant merveilleusement en valeur les trésors en or contrastant avec la misère du dehors. Dans la salle des *Muiscas*, nous nous arrêtons devant un radeau en or, représentant l'*El Dorado* que jamais les Européens n'atteignirent. Un ouvrage époustouflant de finesse dans les moindres détails des personnages. Tout en or.

---

(1) Museo del Oro, Carrera 6 Esquina Calle 16. Téléphone : 00 57 13 43 05 45 Fax : 00 57 12 84 74 50 - www. museo@banrep.gov.co. Fermé le lundi.

Je lis le poème qui le légende :

... En aquella laguna se hacìa una gran balsa de juncos...

Desnudaban al heredero en carnes vivas y lo espolvoreaban con oro en polvo y molido, de tal manera que en la balsa iba cubierto toto de este metal.

Hacía el indio dorado su ofrecimiento echando todo el oro y esmeraldas que llevaba en el medio de la laguna, y partiendo la balsa a tierra comenzaba la fiesta, con la cual ceremonia recibìan al nuevo electo y quedaba reconocido por señor y principe.

De esta ceremonia se tomó aquel nombre tan celebrado del Dorado... (1)

Juan Rodríguez Freyle

Chucho s'intéresse surtout aux momies ornées d'or et aux tombes. Mais, comme tous les visiteurs, il reste soufflé par le salon rond où l'on pénètre dans l'obscurité totale, d'où monte une musique tribale et d'où la lumière jaillit peu à peu pour découvrir un trésor de bijoux *Tolima, Quimbaya et Calima*. Une mise en scène grandiose qui produit à chaque fois le même effet sur les visiteurs ! J'insiste surtout sur l'orfèvrerie *Calima* pour attirer son attention. Il a tendance à tout survoler et je lui montre les richesses de sa région d'origine, *Valle del Cauca*, où vivaient ses ancêtres, les Indiens *Calimas*. Face à une citation d'un conquistador de 1550, je lui explique qu'il est issu de ces deux cultures, qu'il est à la fois l'Indien et l'Espagnol, l'indigène et l'envahisseur, la victime et le bourreau, réconciliés par leur métissage. Il semble le découvrir. Personne ne lui avait parlé de cela avant. En feuilletant un livre d'école d'histoire, je trouve pourtant quelques explications sur les mélanges de races. Mais dans les classes surchargées et

(1) « *... Dans cette lagune on construisait un grand radeau de jonc...*
On dénudait l'héritier en chair vive et on le saupoudrait avec de l'or en poudre, de façon à que tout le radeau se couvre lentement de ce métal.
L'Indien doré offrait tout l'or et les émeraudes qu'il apportait au milieu de la lagune et, en partant, le radeau commençait la fête. Avec cette cérémonie, le peuple recevait le nouvel élu en le reconnaissant comme Seigneur et Prince.
Ce culte fut nommé El Dorado... »

bruyantes, beaucoup d'informations passent inaperçues...

Nous sortons de là la tête pleine de souvenirs de perce-nez et de boucles d'oreilles en or, d'oiseaux et de grenouilles à traits humains, de pendentifs et de masques funéraires.

A droite en sortant du musée se tient un petit marché artisanal. Jesús se fait confectionner un bracelet en tissu portant son nom aux couleurs jaune, bleu, rouge du drapeau colombien. Je reconnais le type des Indiens que nous avons rencontrés quelques mois auparavant en Equateur. Effectivement, le commerçant me confirme ses origines du village d'Otavalo. En France aussi, on retrouve parfois ces *Otavalos* sur les marchés. Nous reprenons notre marche et arrivons non loin de la place *Bolivar*. Nous nous mêlons à un attroupement. Il n'y a là que des hommes qui s'affairent tout en gardant leur calme, qui s'abordent et se séparent, qui regardent autour d'eux sans pour autant paraître inquiets...

Je comprends rapidement. Nous sommes sur le marché aux émeraudes. Curieux ballet d'où bruisse une rumeur, où la marchandise est cachée dans de petits papiers blancs pliés en quatre ou en huit, dans la veste ou la poche du pantalon. Le négoce, plus ou moins légal, plus ou moins toléré, se poursuit sur une grande artère qui longe le ministère de la Justice et le siège du journal *El Tiempo*. Les acheteurs doivent faire le tri entre vrais et faux cailloux. On reconnaît les vendeurs à leurs petites feuilles blanches d'environ cinq centimètres carrés. Certains d'entre eux sont les mineurs eux-mêmes, qui viennent à Bogotá une fois par mois pour vendre leur production. D'autres sont des intermédiaires. Un homme d'une cinquantaine d'années nous aborde. Il a dans la main trois émeraudes déjà taillées. « *Regardez comme elles sont belles. Regardez, mais regardez au moins. Vous ne serez pas déçus.* » Nous ne sommes pas intéressés. Et quand bien même le serions-nous, nous n'achèterions pas dans la rue, nous ne sommes pas experts!

Je sais qu'une partie du négoce se fait ici. Et que des acheteurs viennent du monde entier. Mais eux savent démêler le vrai du faux. Et ont bien souvent des contacts sur place. Certains sortent leur loupe, d'autres attendent un rendez-vous. Curieuse ambiance. Nous prenons une photo. Pas plus. Nous nous doutons que certains n'apprécieraient pas d'être observé. « *Tu vois* » expliquons-nous à Chucho, « *ici, il y a beaucoup d'argent, beaucoup d'émeraudes, et presque autant d'armes* ! »

En bas de la rue, nous demandons à un policier si nous pouvons raisonnablement visiter le quartier ancien et populaire de la *Candelaría*. Nous en sommes très proches et je suis curieuse de m'y rendre. « *Non madame. C'est dangereux là-bas. Et pas seulement pour les étrangers. Pour les Colombiens aussi. C'est bien notre problème ! Puisque vous me demandez mon avis, je vous conseille de ne pas y aller.*» Jesús entend la conversation mais cela l'impressionne peu. Il a toujours su que certains quartiers étaient interdits aux étrangers. En réalité, le policier est alarmiste. Il serait dommage de se priver de cette visite. Nous la remettons toutefois à un autre jour.

Au hasard de notre chemin, nous passons devant une grande librairie dans laquelle nous rentrons. Jesús choisit *Tintin en America* et *Astérix en Hispania* et moi un bouquin sur les gamins de Bogotá écrit par Ernesto Calderón Soto : *La Vida de Ercal en el Cartucho.*

Le taxi qui nous ramène dans le quartier *El Chico* où se trouve la pension met plus de quarante-cinq minutes. Les embouteillages de Bogotá n'ont rien à envier à ceux de Paris !

Affalée sur le lit, je me plonge dans la lecture de *Hoy*. J'y apprends l'enlèvement par les FARC de l'ex-ministre de la Culture, Consuelo Araújo Noguera, la *Cacica del Vallenato* (1). Je lis aussi que le DAS (les services secrets colombiens) aurait déjoué un attentat des paramilitaires contre le président Pastrana !

Entre 18 et 20 heures, un ballet d'allées et venues d'hélicoptères au-dessus de nos têtes attire notre attention. Renseignements pris, la pension ne se situe pas à côté d'un hôpital, mais à côté d'une base militaire, ce qui nous réjouit moins.

---

(1) Consuelo Araújo Noguera est morte lors de sa détention, assassinée par son gardien, au moment où l'armée allait la délivrer. Quelques mois plus tard, sa nièce figurera dans le gouvernement constitué par le nouveau président Alvaro Uribe.

Je me demande si ces va-et-vient ont quelque chose à voir avec le fameux *Plan Colombia*. Du matériel, fourni par les Etats-Unis, sert à effectuer des fumigations dans les zones de grosse concentration des plans de coca. Et les hélicoptères ou les avions bombardent de produits pesticides les campagnes, au risque de contaminer les habitants eux-mêmes. Les paysans qui vivent dans ces zones consomment aussi les produits de leur agriculture, touchée par ces traitements chimiques. Et qu'adviendra-t-il des enfants nés de femmes enceintes ayant respiré l'air pollué, mangé des produits contaminés... Sans compter les conséquences sur la flore et la faune. D'un côté, on sent que la Colombie est sensibilisée aux problèmes d'écologie, on avertit par exemple les voyageurs dans les aéroports qu'ils ne doivent pas exporter des oiseaux ou des serpents exotiques, d'un autre, on bousille allègrement tout un écosystème, avec des conséquences qui s'étaleront peut-être sur des générations entières...

J'apprendrai le lendemain que le président du Venezuela a rendu visite à son homologue colombien, d'où des mesures de sécurité renforcées. Il est venu s'expliquer pour désamorcer la polémique provoquée par la diffusion d'une photo le montrant en compagnie d'un des leaders des FARC.

Au dîner, nous demandons au couple de Français s'il a des nouvelles de ses enfants toujours en famille d'accueil. Il ne connaît toujours pas la date de l'*entrega*. « *Vous aurez sûrement des nouvelles demain* » essaie de les rassurer Jean qui aimerait bien avoir raison. « *C'est ça. Il faut rester positif* », répond Françoise. Trois semaines qu'ils sont là, et leurs démarches n'ont pas encore vraiment commencé. Je me dis que nous avons eu bien de la chance. Même si l'on considère le lieu de notre séjour. La *pensión Stein* était de bien meilleure qualité. Ici, l'espace vert est réduit, le repas du soir est à 7 heures tapantes et il y a moins de choix. La soupe est un bouillon léger sans aucune comparaison possible avec les riches soupes de Stein. Quant à la fiche de renseignements de la chambre, elle vante l'accès à Internet mais le modem n'est pour l'instant pas installé ! Impossible de rentrer après 22 heures sous peine de trouver porte close, notre hôte ne disposant pas de personnel et ne voulant pas prêter sa clef par mesure de sécurité. Il est vrai que nous n'allons pas sortir tard mais nous souhaitions dîner un soir avec un confrère correspondant d'un média français en Colombie.

En fait, l'endroit est plus qu'acceptable mais nous avons été trop bien gâtés à Cali !

Chucho commence à faire la fine gueule. Lui qui dévorait et finissait tous ses plats les premiers jours commence à refuser telle ou telle soupe, à poser des questions sur la composition de tel ou tel plat. Maintenant qu'il a compris que la nourriture viendrait toujours en abondance, il apprend à choisir. Il commence à s'habituer au « luxe », le bougre...

Après dîner, nous nous installons dans les confortables canapés à côté du patio, et nous nous lançons dans les mots croisés de la page jeux de *Hoy*. Nous séchons assez rapidement et nous nous plongeons dans un livre laissé à notre disposition « *Así es Medellín* ».

La ville rappelle par certains aspects Cali. Une cité moderne avec des tours récentes et un réseau routier que bien des régions de ce pays doivent envier. J'en profite pour montrer des sculptures de Fernando Botero à Jesús. Le peintre-sculpteur connu dans le monde entier est la gloire de cette ville, qui présente plusieurs de ses œuvres sur les places publiques. Nous commentons les formes généreuses de ses personnages, avant de vérifier quelques pages plus loin que les femmes d'*Antioquia* n'ont vraiment rien de monstrueux !

J'en profite pour tester les connaissances de Jesús, tout en jouant. Quels départements colombiens connaît-il ? Comment les situe-t-il sur une carte? Les réponses, fantaisistes et hallucinantes, confirment mon impression. Il ne sait rien ou presque de son pays et ignore tout du reste du monde. Lui qui n'a jamais franchi les limites de son département et a dû se rendre deux ou trois fois dans sa vie hors des limites de Cali a une vision de l'univers très restreinte. Il situe Medellín dans le département du *Valle del Cauca* (celui de Cali), ignorait que Cartagena était une ville colombienne jusqu'à ce qu'on y aille et pense que le département de Bogotá s'appelle Bogotá. Quant au Brésil, il croit que c'est un pays qui englobe la Colombie. Ce n'est évidemment pas de sa faute. Nous mesurons chaque jour l'ampleur du travail à effectuer pour le remettre à niveau scolairement. Mais nous ne sommes pas surpris.

A 22 heures, *Cartoon Networks*, le canal préféré de Chucho à la télévision, fait de la résistance. *Las Chicas superpoderosas* enchainent mission sur mission infatigablement. Après plusieurs rappels à l'ordre, je me lève et j'éteins la télévision. La riposte ne se fait pas attendre : bouderie immédiate et aller simple au lit sans nous embrasser. Cette incapacité à accepter les ordres ou à supporter les frustrations risque de nous causer bien du souci. Je le pressens. Mais tous les enfants du monde n'ont-ils pas un penchant naturel pour l'hédonisme et ne préfèrent-ils pas en général tomber de fatigue devant un dessin animé plutôt que d'aller sagement au lit ?

Mercredi 26 septembre

***Validation de la procédure au* Bienestar**

Ce matin, Jairo montre une fois de plus son souci de la ponctualité en venant nous chercher comme prévu à 9 h 30 pour nous amener au *Bienestar* où nous avons rendez-vous à 10 h 30. Il s'agit d'obtenir le certificat de conformité de notre dossier. En clair, nous allons chercher un papier obligatoire authentifiant toutes les signatures apposées sur les documents signés à Cali, afin d'éviter tout risque de faux. Ce document nous est indispensable une fois rentrés en France afin de demander la nationalité française pour notre enfant. Ensuite, nous devons nous rendre chez Philippe Bordier, notre traducteur pour tous les documents écrits, et lui soumettre cet ultime papier de la procédure. Nous en profiterons pour régler les frais : quatre cent quatre-vingt dix-sept mille pesos (1) pour ses services lors de notre séjour sur place.

(1) Environ deux cent cinquante-deux euros.

Jesús a eu beaucoup de mal à se lever. Habituellement, cela lui plaît de recevoir des bisous à la volée, doucement d'abord puis accompagnés de petites chatouilles pour le faire réagir. Il prend donc toujours son temps pour en profiter au maximum... Mais, cette fois, l'animal a vraiment envie de rester au lit. Je pense également que la salle à manger ne lui plaît pas et il boycotte carrément le petit déjeuner. Est-ce que l'absence de pensionnaires colombiens lui pèse ? Résultat : nous avons droit à une de ces bouderies dont il a le secret. Il ne desserre pas les dents de la matinée et je suis presque gênée face à Jairo. J'ai peur qu'il pense que son adaptation est difficile alors que ces épisodes sont malgré tout passagers. Et plus dus à son entêtement qu'à un vrai conflit. Jairo est très subtil et ne montre rien. Il essaie de plaisanter avec Jesús qui reste muet puis abandonne et fait semblant de ne pas sentir le malaise.

Les locaux du *Bienestar*, en petites briques rouges, sont plus modernes que ceux de Cali, plus impersonnels aussi. Ce grand bâtiment est gardé à l'entrée derrière la grille par un cerbère. Il devance un autre gardien qui pratique une fouille à corps sur Jean à peine avons-nous passé la porte d'entrée. Nous laissons notre pièce d'identité au guichet et on nous donne un petit badge comme laissez-passer. Nous suivons Jairo à travers les étages et les couloirs. Il est ici chez lui et n'hésite pas une seconde. Le premier étage est en travaux et les dossiers s'entassent sous la poussière un peu partout, parfois à même le sol. Le nôtre aussi a transité par là. Je pense aux adoptants du monde entier dont les dossiers vont encore attendre ici des semaines, des mois, voire des années. Et aux gamins qui grandissent en perdant chaque année une chance de trouver une famille. Les murs du couloir sont tapissés de photos d'enfants, classés par pays d'adoption : *Sueda, España, Francia, Alemania*... Nous scrutons les petites mines réjouies éparpillées sur la planète.

Le certificat de conformité est délivré au deuxième étage. Comme à chaque fois, on nous demande de vérifier l'orthographe de nos noms et prénoms. Après, il sera trop tard pour modifier quoi que ce soit et une erreur dans l'état civil de Jean ou dans le mien pourrait nous poser des problèmes lors des vérifications à l'aéroport de Bogotá. Une seule signature suffit. C'est Jean qui s'y colle. Nous aurons toujours fait les démarches tous les trois. Comme si l'on finissait par apprécier toute cette paperasse !

En redescendant, nous passons devant une affiche destinée aux femmes à qui l'on propose un emploi à l'étranger. L'image et le scénario sont un peu naïfs mais clairs : gare aux filières de prostitution.

En face du *Bienestar*, Jesús lorgne sur un parc d'attraction , avec grande roue, grand huit et tout le bazar. *El Parque Salitré Mágico* est connu des enfants. On en fait la publicité à la télévision. Cela lui permet de desserrer les dents pour la première fois de la journée. « *Je veux aller là.* » Je note – et lui fait remarquer – qu'il utilise rarement le conditionnel dans ces cas-là... Je lui promets qu'on ira après avoir rendu visite au traducteur. Jesús n'est pas enjoué pour autant. Il sait bien qu'il vaut mieux tenir qu'espérer.

Philippe Bordier habite un quartier tranquille et bourgeois du nord de la capitale, le *Barrio Niza*. Une zone résidentielle. Nous passons la solide grille qui donne sur un jardinet calme. Ce Français vit en Colombie depuis presque vingt ans. Il nous attend sur le pas de la porte. Avant toute chose, il doit traduire le certificat de conformité. Nous savons parfaitement ce qu'il signifie mais tout le dossier doit être traduit par un traducteur assermenté. Celui-là nous a été recommandé par l'APAEC et nous ne regrettons pas notre choix. Cette association nous aura vraiment aidés par ses informations sur la marche à suivre mais aussi en organisant des réunions régulièrement, permettant aux futurs parents de rencontrer des adoptants et des adoptés, signe encourageant que « c'est possible ».

Philippe Bordier nous offre un café pour nous faire patienter et revient assez rapidement. Nous évoquons les avions pleins d'Air France, la difficulté de changer une date retour en France, l'arrêt de la ligne Paris-Bogotá par *Avianca*. Mais nous parlons surtout de la cherté de la vie en Colombie. En 1993, le coût de la vie nous avait paru moins élevé. Philippe Bordier confirme notre impression. La classe moyenne a de plus en plus de mal à conserver ce statut et se délite lentement. Pendant ce temps, Jesús donne l'impression d'un enfant triste et renfermé, mal intégré à sa nouvelle famille. La seule image qu'il donnera à Philippe Bordier est celle d'un petit garçon ne regardant pas dans les yeux, ne jouant pas, acceptant du bout des lèvres un petit gâteau. L'absence de petit déjeuner et le dîner léger de la veille doivent commencer à produire leurs effets... Sa mine paraît encore plus désolée avec sa croûte sur le nez qui n'en finit pas. Je me sens obligée d'expliquer au traducteur qu'il n'est pas toujours comme ça mais que, lorsqu'il décide de ne rien dire, nous semblons impuissants et ne pouvons rien pour le dérider. « *Vous avez lu son dossier. La lecture de son histoire explique facilement cette attitude.* » lâche, fataliste, le traducteur.

El Parque Salitré Mágico

Promesse tenue. Le taxi nous dépose vers midi devant les grilles du parc d'attractions. Jesús et Jean choisissent le « passe-port » pour neuf mille neuf cents pesos par personne, montagnes russes, auto-tamponneuses et maison de l'horreur en sus. Je me contente d'une simple entrée, quitte à prendre ensuite un billet pour un manège ou un autre. Chucho aime particulièrement les attractions violentes et bruyantes. Je préfère laisser Jean l'accompagner... De façon générale, il aime les activités qui permettent de libérer puissamment de l'énergie. Il montrera par la suite qu'il est aussi capable de se concentrer sur un travail manuel réclamant de la dextérité. Les montagnes russes expérimentées avec Jean lui redonnent instantanément le sourire. Je retrouve mon petit garçon enjoué et farceur dès sa descente du manège. Puis, il veut tous les tester, sauf ceux réservés aux plus petits. Des grappes d'enfants entre sept et seize ans envahissent le Parc. Ils portent l'uniforme de leur école. Il y a là trois établissements différents.

A plusieurs reprises, Jesús passe tout juste l'examen de la toise pratiqué à l'entrée de certains manèges pour écarter les enfants trop petits. Cela me fait penser à l'anecdote racontée par les Français de la pension. A Medellín, de telles toises sont installées dans le métro. Et les personnes mesurant moins d'un mètre ne paient pas de ticket. Un enfant de onze ans de petite taille ne paiera pas mais un de neuf ans plus grand devra s'acquitter d'un billet. Surprenant !

Jesús est infatigable, Jean non. Il évoque l'idée de ralentir la cadence au grand dam de Chucho qui ne sait où donner de la tête et veut profiter au maximum de son « passeport ». Nous mangeons sur le pouce des *papas a la francesa* (1) et un sandwich. Je me décide pour une visite du *castillo del horror* (2). Au moins, je ne serai pas secouée comme dans une lessiveuse et à part les cris des gamins, j'échapperai quelques instants à la musique criarde. A l'entrée, un panneau invite les cardiaques et les femmes enceintes à rester dehors. Je souris. Je me rappelle le « château » du même nom à Eurodisney, où des jeux de glaces et des hologrammes prêtent plus à rire qu'à trembler. Quelques fantômes, une sorcière, une ou deux portes qui claquent et les enfants crient dès qu'on les plonge un peu dans l'obscurité...

Mais les enfants colombiens ne sont pas des enfants français ! Ici, le château de la peur mérite son nom. On assiste à des scènes de torture très réalistes, le noir est parfois total. Nous traversons une pièce ou un boucher nous poursuit de sa machette maculée de sang. Des corps affreusement mutilés pendent au plafond. Des moignons violacés se balancent. Impossible de savoir comment avancer, on n'y voit rien du tout. La bande son est lancinante. Nous tâtons les parois pour trouver notre chemin. Je tiens la main de Jesús pour ne pas le perdre et je m'étonne de tant de réalisme dans la violence pour un « jeu » s'adressant à des enfants. Surtout lorsqu'on pense aux exactions commises par la guérilla, aux tortures infligées par les membres des AUC (3),

---

(1) Frites à la française.

(2) Château de l'horreur.

(3) *Autodefensas Unidas de Colombia*. Paramilitaires d'extrême droite de Carlos Castaño.

aux règlements de comptes des trafiquants de drogue etc.

Pas le temps de souffler. Jesús nous emmène tout droit vers les autotamponneuses. Conduire, cela lui plaît. Il pose déjà beaucoup de questions sur les panneaux de signalisation routière.

Nous avons du mal à lui faire accepter de rentrer à l'hôtel, peu avant 17 heures. Dans une heure, il fera nuit. Et puis nous sommes là depuis cinq heures et je ne sais pas si c'est l'altitude (2 600 m) ou le vacarme de la musique diffusée par les haut-parleurs mêlé aux cris des enfants, mais nous n'arrivons pas à nous débarrasser d'un fichu mal de tête.

Avant de partir, nous tentons notre chance dans un jeu de courses de chevaux en bois. Une fois, deux fois. A la troisième tentative, bien qu'honorablement classé, Chucho boude un peu de n'avoir pas gagné la compétition. Lui pour qui tout échec au jeu est ressenti comme une injustice est près de se renfermer. Je désamorce à temps. « *Tu sais, ces jeux sont souvent un peu truqués. Le propriétaire ne veut pas trop de gagnants. Et ils fonctionnent mal. Rends-toi compte du nombre d'enfants qui tapent sur les manettes chaque jour.* » Je sais, ce n'est pas glorieux, mais je m'éviterais volontiers une soirée semblable à la matinée...

De retour dans la chambre d'hôtel, nous comptons l'argent qui nous reste. Heureusement que notre voyage touche à sa fin car, hier, nous avons dépensé deux cents mille pesos, et plus encore aujourd'hui ! Mais il est vrai que nous avons réglé les frais de traduction. Nous devons prévoir la taxe que l'on paie pour sortir du pays, quatre-vingt-dix huit mille pesos pour Chucho, soixante-deux mille pesos pour Jean et autant pour moi, car nous bénéficions d'une réduction adoptants! Sans compter deux cents dollars pour les précieux services rendus par Jairo, incluant les frais de déplacement, les démarches administratives et les longues attentes aux Ministères pour faire tamponner nos documents. Comptons cent soixante-dix mille pesos de plus pour aller passer la journée de vendredi à Villa de Leyva... J'aimerais en profiter pour nous arrêter visiter la cathédrale de sel de Zipaquira. Il s'agit d'une œuvre taillée dans les années cinquante, dans une mine de sel qui était déjà exploitée par les

Indiens avant l'arrivée des conquistadores. Elle est dédiée à la patronne des mineurs et le Père nous a conseillé cet arrêt. « *Impossible* » me coupe Jairo lorsque je lui suggère ce programme. « *Nous pouvons aller un jour visiter Zipaquira, et repartir un autre jour pour Villa de Leyva, mais pas le faire dans la même journée. La route que nous allons emprunter pour aller à Villa de Leyva ne passe pas par Zipaquira. Sur la carte, c'est dans la même direction. Mais si nous nous arrêtons à Zipaquira, nous devons emprunter un tronçon entre cette ville et Villa de Leyva où je ne peux assurer votre sécurité. Je préfère prendre la voie rapide à la sortie de Bogotá, plutôt que d'emprunter ces petits chemins où on ne sait pas ce qui peut arriver.* »

Jairo pense bien sûr à la pêche miraculeuse. Le « sport » des guérilleros qui s'installent en embuscade sur une route et arrêtent les voitures en fonction de la valeur du modèle de véhicule. Ils gardent en otages au jugé les personnes susceptibles de leur rapporter de l'argent en réclamant une rançon. Nous sommes des proies rêvées. Inutile de tenter le diable. Surtout lorsque la personne qui nous le recommande nous a déjà été de si bon conseil. Pour les membres de l'ELN ou des FARC, nous sommes tous de riches Américains !

Avant de nous coucher, je questionne Jesús au sujet d'une petite boucle d'oreille trouvée ce matin dans son lit. Il n'a pas d'oreille percée et j'ai d'abord cru que la femme de ménage l'avait perdue en se penchant. Mais il me l'a aussitôt prise des mains. Il garde cet anneau pincé dans son tee-shirt, côté envers, depuis qu'il est avec nous. Je ne l'avais jamais remarqué. Il doit le changer de vêtement lorsqu'il est dans la salle de bains. Je comprends qu'il s'agit d'un cadeau. Une fille ? *Doña* Adela ? Il me répond que non mais ne veut en dire plus. Je n'insiste pas.

Jeudi 27 septembre
L'ambassade de France délivre le visa

Jairo appelle tôt ce matin pour nous prévenir. Il a un contretemps. C'est donc son père qui viendra nous chercher à 9 h 30 pour nous amener à l'ambassade de France où nous devons récupérer le visa de Jesús. Il s'agit là de notre toute dernière démarche administrative en Colombie. De retour en France, nous aurons bien sûr encore des papiers à envoyer pour obtenir un nouvel extrait d'acte de naissance délivré par Nantes puis son inscription sur le livret de famille et sa naturalisation. Mais il ne s'agit là que de simples échanges de courrier.

Ce troisième jour à Bogotá se lève sur un ciel un peu brumeux. Ici, lorqu'un nuage cache le soleil, mieux vaut prévoir une chaude laine. Les Français, qui sont à la pension depuis plus d'un mois, ont surtout eu un temps pluvieux, gris et froid. J'aimerais que nous ayons une fois de plus de la chance pour aller à Villa de Leyva demain.

Une bonne dizaine de personnes attendent leur tour pour obtenir leur visa, assis dans la salle d'attente de l'ambassade de France. Mais ceux des enfants adoptés sont délivrés à un autre guichet. Lorsque nous arrivons, le fonctionnaire est immédiatement disponible. Nous déposons la demande en quatre exemplaires. Nous attendons une dizaine de minutes pendant lesquelles nous regardons avec Jesús les posters affichés au mur : l'Arc de triomphe, la tour Eiffel, un paysage de Bourgogne, une abbaye du Languedoc-Roussillon, les falaises d'Etretat. « *On peut plonger de là-haut ? Ça doit être drôlement excitant !* » commente-t-il. Je lui fais remarquer qu'en étant ici, il est déjà un peu en France. Il observe chaque cadre et pose des questions.

Jairo père revient avec le visa collé sur le passeport de Jesús. C'est vraiment très rapide. Alors que je m'apprête à prendre un cliché de Jean et Jesús devant l'ambassade pour immortaliser ce moment important de notre vie, Jairo pose la main sur mon bras. « *Pas de photo ici, madame. C'est un peu comme le palais présidentiel, on n'a pas le droit de le photographier. Même de l'extérieur.* »

Flânerie dans la Candelaria

Nous décidons de nous rendre dans la *Candelaria*. Il serait dommage de quitter Bogotá sans visiter le quartier le plus vieux de la ville, son cœur colonial. Nous confions passeports et sac à main à Jairo qui les ramènera à la pension. Il arrête un taxi qui nous emmènera sur place. A quelques centaines de mètres de la place *Bolivar*, nous restons bloqués par une manifestation de sourds et muets, réclamant l'application de la loi n° 234, vraisemblablement relative à l'enseignement de la langue des signes. Il est vrai que, s'il n'y a pas assez d'écoles pour accueillir les enfants dès leur plus jeune âge, on imagine la pénurie en professeurs pour malentendants ! Nous réglons la course et finissons à pied. Petit arrêt place *Simon Bolivar*, devant la cathédrale, pour regarder passer la manif qui s'étire, entre ballons blancs et banderoles, avec des *bandas* (1) qui jouent juste à notre grand étonnement. Nous pénétrons dans la cathédrale aussi blanche à l'extérieur qu'à l'intérieur. Sept ou huit militaires en armes stationnent devant. Comme d'habitude, Chucho ne manifeste aucun élan religieux. Est-il gêné par notre présence ? N'a-t-il l'habitude que de la chapelle du collège ? Pourtant, il semblait connaître les églises de Cali. Nous ressortons quelques minutes après.

A notre droite, une maxime annonce, en haut du ministère de la Justice : « *Si las armas os han dado la independencia, sólo las leyes nos darán la libertad.* » (2) Les guérilleros du M19 ne devaient pas être sensibles à cette devise. Le palais a dû être entièrement reconstruit après un gigantesque incendie, en 1989.

Sur la place, des milliers de pigeons et quelques mendiants. Nous empruntons la rue qui longe la cathédrale à gauche et qui nous mène dans la *Candelaria*. Autrefois un quartier très cossu, il s'agit maintenant d'un lieu populaire et très fréquenté par les étudiants. Il y a plusieurs universités, des musées. Avec ses ruelles pavées étroites et escarpées, ses balcons en bois sculpté et ses couleurs vives, orange, jaune, bleu et rouge, ses patios s'ouvrant sur des richesses architecturales rénovées, on est ici bien loin des rues encombrées de voitures du centre-ville. Les

---

(1) Petits orchestres.

(2) « Les armes vous ont donné l'indépendance. Seules les lois nous donneront la liberté. »

balcons rappellent ceux de Cartagena. Certaines maisons ont abrité des hommes illustres comme le général Uribe, l'écrivain Rafaël Pombo, des hommes politiques comme Ernesto Samper ou Luis Carlos Galán. Nous passons devant le ministère de la Culture, la faculté de droit, l'Institut de développement démocratique (*sic*). Mais aussi le Musée militaire, celui des Arts populaires ou le musée archéologique que nous visitons.

J'y apprécie plus particulièrement les figurines précolombiennes des *Quimbayas* et celles des *Tolimas*. Le musée n'est pas très grand mais le lieu est sublime, avec des coursives en bois donnant sur un petit patio. Les explications sont claires. Nous montrons une fois de plus à Jesús les œuvres des indiens *Calimas* puisqu'il s'agit de sa région d'origine. Il y a là des poteries semblables en tout point aux *puros* que l'on trouve en Espagne pour conserver l'eau au frais. Pourtant, elles datent d'avant la colonisation ! Les Espagnols auraient copié cet ingénieux système ? Nous découvrons aussi les techniques d'ensevelissement des morts chez les *Muiscas*.

A l'entrée, la gardienne croit que nous sommes des éducateurs en nous voyant avec Jesús ! Nous étions déjà étonnés car c'est lui qui a décidé de visiter le musée. J'en avais envie mais je ne voulais pas lui imposer une visite ennuyeuse.

Nous continuons la promenade rue de la Faim, rue de l'Espérance ou rue de la Rose, jusqu'à trouver l'ancienne église en réfection de la *Candelaria*. L'intérieur est un peu kitsch mais en même temps somptueux. Un petit trésor de couleurs insoupçonnable de l'extérieur. Une fois de plus, Chucho baye aux corneilles. Drôle d'enfant de chœur !

Je regrette d'avoir oublié l'appareil photo. Cet endroit recèle vraiment l'âme de Bogotá. On se croirait loin, très loin de la ville bruyante et polluée. Pourtant, elle est bien là, tout près. Il suffit de descendre une ou deux rues et on retrouve le tapage de la capitale. La *Candelaria* donne l'impression d'un îlot sauvegardé qui fait de la résistance. Une sorte d'enclave où se serait niché un village.

C'est l'heure de la fin des cours, et des étudiants envahissent les rues. Il en sort de partout. On se demande où ils étudiaient car nous n'avons pas vu de grands bâtiments ! Nous commençons à avoir de l'appétit et nous nous mettons en chasse d'un restaurant. Celui dans lequel nous nous arrêtons ne paie pas de mine mais les plats entrevus par la fenêtre nous allèchent. Bonne pioche ! Le poisson grillé est exquis, son accompagnement de *yucca* bouilli, d'avocats pays et de bananes plantains frites n'a rien à lui envier. Le tout arrosé de bière locale et de coca pour Jesús pour moins de ... quinze euros pour nous trois ! C'est le meilleur rapport qualité-prix depuis le début de notre voyage.

Nous sommes ravis de cette promenade que nous n'aurions pas faite si nous avions suivi les conseils du policier en faction près du musée de l'Or. Ce quartier est très tranquille et infiniment agréable et je conseille à tous ceux qui sont de passage à Bogotá d'aller le visiter.

Nous marchons encore dans Bogotá, achetons quelques vêtements pour Jesús. Comme à Cali, à tous les feux, on trouve des mendiants, des jongleurs, des vendeurs de tout et de rien. Ici aussi les motards portent des jaquettes orange fluorescentes avec leur numéro d'immatriculation placardé sur la poitrine et dans le dos. Décision sécuritaire prise pour lutter contre les sicaires.

Quand nous arrivons à l'hôtel, nous sommes sur les rotules ! Nous nous habituons bien à Bogotá. Une fois les consignes de sécurité comprises et acceptées – pas d'argent, pas de papier, pas de bijoux ni de sac à main –, nous nous sentons chez nous ! Nous partons dans deux jours, après trois semaines de séjour en Colombie, et je serais volontiers restée plus longtemps !

Les ratés d'une procédure d'adoption

Tout le monde n'a pas notre chance. A 19 heures, le couple français attendant ses deux enfants rentre d'une réunion à l'*ICBF* de Bogotá. Lunettes noires pour Françoise, mine défaite pour Serge. Nous n'osons leur poser de questions. L'autre couple, qui séjourne ici avec son fils Alexandro, est plus proche d'eux pour être restés ensemble depuis plus longtemps à la pension. Et nous préférons qu'ils parlent s'ils en ont envie.

Le dîner est servi et nous nous retrouvons bientôt tous ensemble. Le sort s'acharne sur cette famille. Leur problème est purement administratif mais aura des conséquences lourdes. C'est tellement ridicule qu'on en rirait si cela ne concernait pas l'avenir de deux petits garçons et celui de deux adultes prêts pour l'adoption, sensibles, intelligents et sympathiques.

Jean et moi comprenons la chose suivante : il y a quelques mois aurait été votée une loi qui permettait aux parents de déclarer la naissance de leur enfant dans n'importe quelle commune de Colombie, c'est-à-dire pas forcément celle de naissance du bébé. Je suppose que cette loi avait pour but de pallier les carences d'un système qui avait pour conséquence que certains enfants non déclarés n'ont aucune existence légale. Certains parents ne déclarent pas tout de suite la naissance de leur bébé. Et avec les déplacements de population fuyant la violence, ceux qui n'avaient pas été répertoriés ne le seraient jamais. Quelques mois après, une autre loi aurait été votée, annulant la première, et malheureusement rétroactive. C'est-à-dire que tout enfant déclaré hors de sa commune de naissance devrait faire l'objet d'une nouvelle démarche auprès de l'administration pour que son état civil soit enregistré sur le lieu de naissance.

Cruel sort pour les deux petits attribués par le *Bienestar* à ce couple. Leur père ou leur mère biologique les a inscrits dans une commune distante de quelques kilomètres de Bogotá alors qu'ils sont tous les deux nés dans la capitale. Ils ont bien été légalement abandonnés. Ni le père ni la mère n'ont de droits sur eux. Leur histoire montre clairement que leur avenir est ailleurs, avec des parents qui pourront prendre soin d'eux. Rien de cela n'est remis en cause. Tout le monde est bien d'accord pour dire que Serge et Françoise ont la volonté et la capacité de devenir leurs parents, que ce serait un avenir souhaitable pour les enfants. Oui mais voilà, sur un des papiers de leur dossier, un tampon n'est pas le bon.

Sur le coup, on ne peut pas croire que cette situation ne va pas se dénouer. On essaie de rassurer les parents. Bien sûr, c'est un coup dur car ils espéraient pouvoir les avoir ce soir avec eux. Les enfants eux-mêmes sont actuellement préparés à l'adoption. On leur a montré des photos de leur nouvelle famille. On a verbalisé ce qui allait se passer maintenant pour eux. On ne va pas s'arrêter là ! L'avocat ou les fonctionnaires du *Bienestar* vont ajouter une démarche à leur travail, il y aura un additif au dossier, une ou deux signatures en plus, peut-être une petite taxe à acquitter et voilà. Il est impossible de penser que cela puisse remettre en cause toute la procédure. Les autorités vont faire un rectificatif ou une annotation dans le dossier, voilà tout.

« *Non* » explique Françoise qui reste lucide malgré tout. « *Il faut tout recommencer depuis le début ou presque. C'est-à-dire qu'il faut faire comme si les enfants venaient juste d'arriver au* Bienestar.

Refaire toute l'enquête auprès de la famille qui leur reste. Comme si ce petit dysfonctionnement administratif changeait quelque chose aux conditions de leur abandon. Cela doit prendre environ six semaines. Après cela, il restera encore les quatre semaines habituelles de procédure, au minimum ! Et cela, c'est la version optimiste. Car, en recommençant l'enquête de famille, le père ou la mère peuvent exercer un recours s'ilsle souhaitent. Cela déclenchera une nouvelle enquête pour savoir s'ils présentent de réelles motivations et des capacités pour élever leurs enfants. La première enquête avait clairement montré que non. Mais tout cela peut prendre beaucoup de temps. » Le couple est déjà en Colombie depuis presque un mois. Pour une procédure qui devait être simple et bouclée à l'origine.

« Quand on a eu des problèmes au début à Medellín, tout était foutu par terre. Tout ce que nous rencontrons maintenant n'est que la suite d'un engrenage infernal. Pourtant, quand nous sommes partis de France, notre dossier était clair, sans histoire. Maintenant, tout paraît du rafistolage », déplore Serge, clairvoyant et amer. Ils évoquent à peine les problèmes d'argent, de travail. Comme nous tous, ils ont prévu une absence d'un mois à six semaines. Comment expliquer cela à leur patron ?

Et l'*ICBF* ne les aide pas beaucoup. Pressentant un découragement bien compréhensible des parents, ils ont tout simplement prévu de leur proposer d'autres enfants, en remplacement. Comme on changerait de voiture. Françoise retient sa colère :

« *Quand nous sommes rentrés dans le bureau, j'ai compris qu'il y avait un problème. J'ai tout de suite repéré le dossier sur la table. Ce n'était pas celui de nos enfants. Je me suis dit, on va nous en proposer d'autres, mais en même temps, je ne voulais pas le croire. Comment peuvent-ils faire ça alors qu'on nous expliquait hier que, si nous ne les avions pas encore avec nous, c'est parce qu'il fallait du temps pour préparer les enfants psychologiquement à leur nouvelle famille ? Je me demande bien ce qu'on va leur raconter maintenant! Et les autres enfants ? Ceux qu'on nous propose à présent? Comme par miracle, ceux-là, on nous promet de nous les confier très rapidement si on le veut. Et la préparation psychologique ? Elle ne compte pas pour eux ? On nous a demandé de lire le dossier et de donner notre réponse le plus tôt possible. Tout juste si on ne devait pas répondre là, dans le bureau, alors qu'on était abasourdi par la nouvelle. C'est bien simple. Serge a pris le dossier mais, moi, je ne voulais même pas en entendre parler. Je vais jeter un coup d'œil ce soir mais je ne suis pas prête. C'était déjà difficile de s'investir sur les enfants de Bogotá quand nous devions adopter ceux de Medellín, mais là, recommencer encore une fois, c'est vraiment trop dur.* »

Nous sommes consternés, vraiment peinés et ne savons comment soulager ces gens. Nous essayons et ils restent polis mais nous savons bien que nos paroles ne pourront pas les apaiser.

Dans la soirée, je relis les dossiers des enfants avec Françoise. Le plus petit de la fratrie proposée en premier (celle qui pose ce problème administratif) est peureux et peu sûr de lui. Il est tendre avec sa mère de substitution – la nourrice –, son frère également. Comme tous les enfants en recherche d'affection, en attente d'adoption. Le dossier est relativement clair. Françoise s'est attachée à ces enfants qu'elle ne connaît que par leur dossier, comme tous les adoptants avant l'*entrega*.

Elle lit à contrecœur le deuxième (en fait le troisième !) rapport. Elle ne peut pas se résoudre à « changer » une nouvelle fois d'enfants. On comprend ce que cela a de déstabilisant. Toutes ces décisions à prendre, sans compter les problèmes pratiques à régler en France car leur séjour se prolonge et ils vont vraisemblablement rentrer seuls !

L'adoption en Colombie se passe généralement bien. Ils font partie de ceux qui n'ont vraiment pas de chance. Cela les désespère d'autant plus. Ils doivent se dire : « *Pourquoi nous ?* ». Jean me confie qu'à leur place, il aurait tout envoyé balader depuis longtemps. Connaissant son caractère, je le crois !

Je passe une mauvaise nuit. Je me demande si ces enfants seront adoptés un jour. Et nous sommes presque gênés de la rapidité et de la facilité de notre séjour ici quand on voit ce que ce couple endure.

Chapitre XI
Derniers jours en Colombie

Vendredi 28 septembre

Excursion à Villa de Leyva

Pour notre avant-dernier jour en Colombie, nous avons choisi de faire découvrir Villa de Leyva à Jesús. Nous sommes donc prêts comme prévu avec Jairo fils à 7 h 10. Ce dernier arrive, éternellement ponctuel. Nous prenons la route immédiatement. Les embouteillages commencent. Nous longeons la voie du fameux *Transmilenium*, le tout nouveau transport en commun de Bogotá, entré en service au début de 2001. Efficace, propre, rapide, il n'a rien à envier au métro de Medellín dont les Antioquiens sont pourtant très fiers. Moins cher, il transporte aussi plus de voyageurs. Du coup, les autres grandes villes de Colombie s'intéressent de près à ce nouveau moyen de transport. Sa réputation va au-delà des frontières, jusqu'en Equateur. Les abris présentent un design moderne, les voyageurs n'attendent jamais longtemps et le *Transmilenium*, qui dispose de son propre réseau routier, décongestionne le trafic.

Une demi-heure après notre départ, nous entamons l'autoroute. Dès que l'on sort de la capitale, le paysage se transforme : campagnard, avec des prés, des vaches et des maisons à flanc de montagne. Au niveau de la sortie *Chía*, je remarque sur la droite un petit château. « *C'était la maison d'un gros narcotrafiquant. Il a été tué par la police. A l'intérieur, c'est un petit palais. Robinetterie de la cuisine et de la salle de bains en or et tout ce que vous pouvez imaginer de plus beau. Aujourd'hui, cela appartient à l'Etat* », commente Jairo. Je croyais que ces choses-là n'existaient que dans les films...

Sur le flanc de la colline, les maisons avoisinent les piscines privées. On dirait un petit Hollywood. « *D'autres maisons ont été construites par des narcotrafiquants. Tous ne sont pas tués ou arrêtés* », poursuit Jairo. Cet endroit ressemble à la vision que nous avions eu en survolant la région de Medellín, alors que nous nous rendions à Pereira depuis Cartagena, il y a quelques années.

A gauche, nous passons devant *Atogrande*, la maison de campagne des présidents de la République. Une demeure blanche, près de l'autoroute, cossue. Quelques kilomètres plus loin, on se croirait à Disneyland. Sauf que le parc d'attractions avec son château façon gâteau à la crème en son cœur, trône au milieu d'un petit village aux pauvres maisons plutôt modestes. Un contraste inattendu.

Jesús dort à l'arrière de la voiture lorsque nous passons devant la fabrique de bière *Leona* et ses grandes cuves plantées dans le paysage. Nous roulons jusqu'au péage *Albaraccin* qui marque l'entrée du département de Boyacá. Il est neuf heures moins dix minutes et la brume envahit encore les flancs de la Cordillère orientale.

Nous entrons sur la terre de la civilisation *Chibcha*. Ce département est majoritairement agricole et pratique l'élevage du bétail. On y produit de la pomme de terre et nous ne compterons pas les camions surchargés de ce féculent que nous croiserons sur la route. C'est le second producteur de pommes de terre du pays. Mais le premier pour les oignons. Boyacá produit aussi de la *panela* (1), des bananes, du maïs, du manioc, de l'orge, du tabac et des fruits.

Les richesses de la terre du département de Boyacá s'exportent dans le monde entier : ici, on extrait les émeraudes les plus pures et les plus belles du monde. Les *guajéros* (2) fouillent la terre pour en extraire la pierre de leur vie. Celle qui sortira leur famille de la misère. La plupart du temps, ils trouvent de petites pierres, qui leur permettent tout juste de survivre. Et ils meurent les mains pleines de boue.

Certains *guajéros* sont des enfants. Des villages entiers poussent sur le flanc des montagnes, à côté des installations minières

---

(1) Sucre de canne non raffiné, en tablettes épaisses.
(2) Chercheurs d'émeraudes indépendants.

officielles. L'Etat concède l'exploitation de la montagne à des investisseurs qui font parfois appel à l'armée pour protéger leur concession.

Après le pont célébrant la bataille de Boyacá, nous tournons à gauche. Simon Bolivar est passé par là avec ses troupes le 7 août 1819 et a battu l'armée espagnole, donnant l'indépendance à son pays quelques mois plus tard. Nous sommes à cent trente kilomètres environ de Bogotá. Jairo emprunte une route qui s'apparente presque à un chemin. Nids de poule, tournants raides, nous entrons dans la montagne et passons le village de Samaca. Il y a beaucoup d'Indiennes le long des routes. Les paysages sont riches et verdoyants. Les silhouettes basses des paysannes drapées de couvertures colorées donnent vie à ce tableau.

Nous arrivons au croisement de la route menant de Tunja à Villa de Leyva. Le tronçon que nous n'avons pas emprunté est celui qui pourrait être dangereux pour cause de pêche miraculeuse. Jairo continue à gauche. Le paysage a changé. Nous ne sommes plus loin de notre point de destination et la végétation devient désertique, les montagnes plus arides.

Il est 10 h 15 lorsque nous parvenons à Villa de Leyva. Bienvenue sur la *Plaza Mayor*, une grande place majestueuse de laquelle partent de petites ruelles grimpant vers le ciel, bordées de maisons blanches à deux étages. Le film réalisé d'après l'œuvre de Gabriel García Márquez, *Crónica de una muerte anunciada* (Chronique d'une mort annoncée), avec Anthony Delon, a été tourné là. Les Colombiens aisés viennent passer ici leur week-end. Les restaurants et les boutiques d'artisanat proposant des bijoux, des articles en bois ou en cuir, des poteries ou des tableaux ne manquent pas. Mais le village a su garder intact son charme. Il est classé patrimoine historique national. Quelques balcons de bois sculpté apportent un peu de couleur. Le temps s'est arrêté ici, dans ces rues pavées.

Jairo fait un petit somme dans la voiture pendant que nous allons nous dégourdir les jambes. Est-ce l'altitude, les vacances ou la magie du lieu ? Nous fonctionnons au ralenti et nous y trouvons notre compte. Pas la peine de s'énerver. Les habitants de ce village ne sont pas stressés. D'ailleurs, les arbres à marijuana ont remplacé les eucalyptus qui bordaient la route sur le trajet !

Nous déjeunons tous les quatre, dans un agréable patio au charme suranné. Un peu comme à Cartagena, nous nous sentons en lieu sûr ici. Mais l'ambiance n'a rien à voir. Les touristes sont surtout des Colombiens qui ont l'habitude de venir. Le lieu, bien qu'envahi de petites boutiques, reste paisible et n'a rien perdu de son charme. Jesús a cueilli une feuille à cinq branches en souvenir. Dehors, des chiens libres dorment à l'ombre des voitures. L'un d'eux nous suit lorsque nous sortons du restaurant. Il s'arrête à l'entrée des boutiques où nous entrons et reprend son chemin avec nous quand nous repartons. Il nous accompagnera jusqu'à ce que nous montions dans la voiture.

Il n'y a pas grand-chose à faire à Villa de Leyva. Juste vivre. Entre ciel et terre. Se perdre dans une ruelle ensoleillée. Oublier la guérilla. Attendre. Avec, pour seul bruit, celui de ses pas sur les pavés. Loin de la pollution de la capitale, des tracas urbains, de la civilisation. Un endroit idéal pour un fugitif ! A part les gros véhicules tous terrains qui stationnent dans les rues, on pourrait se croire au siècle dernier.

Il faut compter quatre heures de route pour arriver ici de Bogotá mais nous ne regrettons pas le voyage.

Au retour, impossible de ne pas faire une pause sur le pont de Boyacá, à la gloire de Simon Bolivar et de ses hommes, victorieux des Espagnols. On y commémore la bataille du 7 août 1819 et son passage qui libérera définitivement Bogotá le 20 juillet 1820. Chucho s'intéresse vivement à cette visite et lit attentivement le prospectus donné à l'entrée. Il apprend par cœur la célèbre réplique du *Libertador* : « *Caracás me dió la vida, Boyacá me dió la gloria.* » (1).

La statue du général Francisco Paula de Santander, un des proches lieutenants du *Libertador*, fait face au petit pont et à la flamme qui brûle éternellement en souvenir. Il est l'auteur de la

(1) « Caracás m'a donné la vie, Boyacá, la gloire. »

maxime qui s'inscrit aujourd'hui en grosses lettres au-dessus de l'entrée du ministère de la Justice : « *Si las armas os han dado la independencia, sólo las leyes nos darán la libertad.* »

A l'entrée de Bogotá, les taxis réapparaissent. Je me rends compte que nous n'en avons presque pas vu sur tout le chemin. « *C'est normal. Il faut une autorisation spéciale pour les taxis qui veulent sortir de la ville. D'ailleurs, leur circulation obéit à des règles précises. En réalité, seule une partie des taxis travaille chaque jour. Les plaques qui finissent par 1 ou 2 ne travaillent pas le lundi, celles terminant par 3 ou 4 ne sortent pas le mardi, et ainsi de suite jusqu'au week-end. Moi, par exemple, je ne pouvais pas circuler aujourd'hui. Heureusement, ma sœur a un véhicule dont la plaque d'immatriculation convenait. C'est pourquoi elle me l'a prêté.* »

Le bercement de la voiture a tendance à nous endormir mais nous luttons. Nous n'allons pas fermer les yeux alors que demain déjà nous repartons. Je veux profiter de ce dernier coucher de soleil sur ce pays qui m'a tant séduite que j'ai voulu y adopter un de ses enfants.

A la pension, le couple de Français en mauvaise passe reprend le dessus. Ils ont pu voir les deux garçons du deuxième dossier proposé par le *Bienestar*. Certes, ils n'ont pas pu leur parler, ils les ont observés derrière une glace, discrètement, quelques instants. C'est une mesure exceptionnelle. Les adoptants ne voient jamais leurs enfants en chair et en os avant le jour J. Mais leur cruelle aventure n'est-elle pas aussi exceptionnelle ? Cela leur permet de pouvoir affirmer avec certitude qu'ils préfèrent rentrer en France et revenir quand l'état civil de leurs enfants sera notifié dans la bonne *notaria* et que le dossier sera prêt pour les chercher. Cela leur a donné un peu de baume au cœur. Ils rentrent en France par le même avion que nous demain, avec l'espérance de revenir fin novembre ou début janvier pour les adopter. Entre le 15 décembre et le 15 janvier, aucun juge ne prononce de jugement d'adoption à Bogotá. Ils espèrent donc avoir leurs enfants avant Noël (on leur a promis une procédure rapide) mais sont lucides. Ils ont déjà tellement connu de volte-face qu'ils préfèrent s'attendre à revenir en janvier ! Je leur dis qu'ils vivent un moment pénible mais doivent garder l'espoir. Quand ils les auront avec eux, le fait d'avoir attendu deux mois de plus n'aura aucune importance. J'espère vraiment avoir raison.

Comme chaque soir, Chucho appelle le *Padre*. Pour la première fois, il raconte spontanément sa journée et parle de choses et d'autres. Enfin ! D'habitude, c'est le Père qui doit faire les questions et les réponses, la conversation de Jesús se bornant la plupart du temps à quelques mots. « *Bueno* ; *un poquito* ; *si* ; ou *no* » représentant l'essentiel de ses interventions...

Nous ne questionnons jamais Jesús au sujet de ces conversations. Nous nous contentons de lui demander si le Père et les enfants vont bien. Mais cette fois, à la vue de sa triste mine, je l'interroge. Il finit par me confier qu'il a répondu « *un poquito* » à la question « *As-tu peur de partir en France?* ». Et pour qu'il prononce ce début d'aveu, c'est que la peur le taraude vraiment. Je lui explique qu'il est tout à fait naturel qu'il ressente ce sentiment. Le contraire serait presque inquiétant. Il quitte son pays pour un autre, dont il ignore tout ou presque. Mais j'essaie de le rassurer : en même temps, il n'a aucune raison d'avoir peur. Il a confiance dans le Père qui ne l'aurait pas laissé partir dans une aventure dangereuse pour lui. Il a confiance en nous et sait que nous serons près de lui pour lui expliquer, le renseigner, surtout au début, et le temps qu'il faudra, sur tout ce qui l'étonnera de l'autre côté de l'Atlantique. Toute la journée, il a donné le change en étant souriant et détendu. Mais l'inquiétude est bien là.

Samedi 29 septembre

Aller simple pour la France

Encore une mauvaise nuit peuplée de cauchemars. Je crois que je n'aurai jamais bien dormi à Bogotá. Pourtant, la pension est très calme et la literie de bonne qualité. Jean dort mal également et nos voisins de chambre se plaignent d'un mauvais sommeil. Est-ce l'altitude ?

Cette nuit, nous avons été réveillés à 3 heures du matin par une rafale de tirs. Je ne sais pas si cela se passait dans notre rue ou un peu plus loin, nous ne nous sommes pas amusés à ouvrir les volets. Cela n'a pas duré longtemps, moins d'une minute. D'ailleurs, les Français ne l'ont même pas entendu. Mais le tir était très intense, « nourri » comme on écrit dans les pages des faits divers des journaux français.

Cela nous était déjà arrivé une fois à Pereira, dans la zone caféière, en 1995. Lorsque Jean avait séjourné à Bogotá pour les championnats du monde de cyclisme en 1995, il avait également été réveillé dans les mêmes circonstances. Jean-François Rhein, un ami très proche, en reportage pour France Inter, avait même sorti son nagra sur le balcon de sa chambre d'hôtel pour enregistrer les sons. On comprend pourquoi il vaut mieux ne pas sortir la nuit ! « *Rendors-toi* » me dit dans un demi-sommeil Jean qui finit par s'habituer à ce genre de circonstances !

Michèle, notre hôte, nous racontait hier comment son frère s'était fait assassiner l'année dernière, en sortant du travail très tard, un soir. Un crime crapuleux. Simple vol d'argent.

Pas de temps à perdre ce matin. Opération nouvelle coupe pour Jesús. Autant le faire ici plutôt qu'en France, avec un coiffeur qui l'abreuverait de paroles incompréhensibles. Il suffit de traverser la rue. Le lieu est sommaire. Un évier avec un bac en plastique ajustable, un siège réhaussable... et le coup de ciseaux infaillible du patron qui s'y connaît.

Quinze minutes et six mille pesos après, nous revenons à la pension pour chercher Jean. Direction la *Quince*. Quelques gouttes tombent. Chucho s'amuse avec le grand parapluie prêté par Michèle. Je reçois un petit coup de baleine sur la tempe. « *Attention, tu peux crever l'œil de quelqu'un avec ça. Ne joue pas avec le parapluie. Il n'est pas fait pour ça* », lui dis-je avec un peu d'agacement, car je l'ai déjà prévenu à plusieurs reprises. Jean m'est témoin que je n'ai pas été hargneuse ou brutale, juste ferme car je sais qu'il n'est pas facile d'interrompre Chucho dans un jeu.

La réaction est immédiate. L'animal se renfrogne, ralentit le pas, nous laisse ostensiblement marcher de plus en plus loin devant lui, regarde ses pieds et ne nous adresse plus la parole. Un syndrome qui commence à nous être familier... Génial ! Je sens que nos dernières heures ici vont être inoubliables. Je n'ai rien à me reprocher mais j'aimerais bien rattraper le coup. Pas par faiblesse mais parce que je sais que, en quittant le pays, Jesús doit traverser un moment qui compte dans sa vie et j'aimerais bien que nous puissions le partager avec lui. Peut-être précisément comme il ne sait pas formuler ses angoisses se réfugie-t-il dans sa solitude ?

Nous étions partis chercher un drapeau, qu'il a réclamé en se levant ce matin. Il ne veut pas quitter la Colombie sans le symbolique drapeau jaune, bleu, rouge. Nous le comprenons parfaitement mais faisons chou blanc dans tous les magasins où nous nous arrêtons. J'espère en trouver un à l'aéroport. Il ne dit rien et je ne sais pas ce qu'il pense. Jesús n'est pas ami des promesses. Pour lui, quelque chose qui ne se réalise pas dans l'instant n'a pas de raison de se réaliser plus tard.

Le temps a franchement viré au gris. L'instant est un peu triste. Jesús envoie un mail de l'hôtel au Père car nous avons finalement accès à Internet depuis hier. « *Le dernier écrit sur le sol colombien* », inscrit-il, déjà nostalgique. Il n'oublie pas de joindre un mot pour *Doña* Adela et sa famille, leur promettant qu'il ne les oubliera jamais.

Nous déjeunons sans gaieté, pleinement conscients de ce qui nous arrive. Nous n'avons pas d'inquiétudes particulières quant à l'adaptation de Jesús en France. Nous nous attendons à tout et à son contraire. Nous ne serons forcément pas déçus. Et nous avons confiance en ses capacités. Mais nous savons aussi qu'il n'exprimera pas ses sentiments s'il se sent mal au moment de partir et que nous aurons d'autant plus de difficultés à l'aider à franchir ce moment. Je suis triste de partir.

13 h 15. Jairo est sur le pas de la porte, souriant, comme d'habitude. Notre avion ne décolle qu'à 17 h 40 mais les consignes de sécurité sont strictes à l'aéroport de Bogotá et les adoptants doivent montrer quelques papiers concernant les démarches et l'état civil de l'enfant avant de passer en salle

d'embarquement. Nous suivons toujours les conseils de notre « guide » qui s'est avéré si précieux et efficace durant notre séjour. Il nous dépose avec les valises devant l'aéroport *El Dorado* de Bogotá. « *Ne quittez pas les bagages des yeux, je gare la voiture et j'arrive* », nous conseille-t-il. Jesús est tout sourire et cache son émotion. Il s'est habillé de neuf pour ce jour important de sa vie. Il serre dans ses bras son lapin en peluche comme un petit. Il veut l'avoir à portée de main dans l'avion. Ça le rassure. Nous n'avons pas l'impression d'avoir adopté un enfant de douze ans et demi !

La queue est déjà impressionnante au guichet d'enregistrement mais Jairo va discuter quelques secondes avec le personnel au sol et nous passons presque tout de suite. Nous nous acquittons des taxes de sortie du territoire et enregistrons nos bagages. Avant de passer la douane, nous trouvons par chance un beau drapeau colombien dans une boutique de souvenirs.

Jairo me donne les papiers nécessaires à notre passage à la douane. L'acte de naissance modifié de Jesús, le jugement d'adoption, un autre document du *Bienestar*. Moi qui avais si bien suivi jusque-là tous les méandres de la procédure, je me serais peut-être trompée cette fois s'il n'avait pas été là. Je dois être un peu perturbée aussi. Nous le remercions chaleureusement. Lorsque nous rencontrerons des adoptants français en recherche d'une aide à Bogotá, nous le leur recommanderons.

Voilà. Nous avons tout notre temps pour dépenser nos derniers pesos. Jesús choisit des Compact Disc de *vallenatos*, un ou deux livres pour le voyage. J'achète un livre de cuisine et des mots fléchés colombiens. Et pour avoir un peu le goût de la Colombie en France, une boîte d'*arequipe* et une de *manjar blanco*.

Nous retrouvons le couple de Français de la pension au bar. Dernière *limonada*. Dernières bouffées du pays. Poitrine oppressée. Pincement au cœur. La boule dans la gorge. Chucho n'en peut plus de l'attente et me demande toutes les cinq minutes quand on embarque. L'avion est surbooké et le personnel d'Air France passe parmi les voyageurs pour leur proposer de rester vingt-quatre heures de plus à Bogotá, tous frais payés, avec cinq cents dollars par personne pour dédommager le contretemps ! Nous accepterions volontiers car les finances sont basses mais nous ne nous proposons pas. Jesús est bien trop impatient de partir maintenant et revenir en arrière, ne serait-ce que d'une journée, le perturberait sûrement. La confiance qu'il commence à mettre en nous est fragile. Pas la peine de l'ébranler.

Une demi-heure plus tard, cinq personnes ont accepté de remettre à plus tard leur voyage en France. L'embarquement peut commencer. C'est parti !

Dimanche 30 septembre

Le voyage s'est passé sans encombre. Chucho a trouvé l'avion « *muy rico* » et les jeux vidéo sur petits écrans individuels sur le dossier du siège de devant « *más chevre* » (1) selon ses expressions favorites. Il a même réussi à dormir deux heures, dans une position pourtant des plus inconfortables.

A l'arrivée à Roissy, nous avons longuement fait la queue au guichet des étrangers hors communauté européenne rentrant en France. C'est la seule façon de valider l'entrée de Jesús sur le territoire français, de lui faire tamponner son passeport légalement puisqu'il est encore colombien. Dans quelques mois, il aura la double nationalité. C'est aussi là qu'il quitte ses compatriotes pour se plonger parmi les Français.

Jesús ouvre grand les yeux. L'aéroport, le paysage qui défile derrière les fenêtres du taxi, l'arrivée sur la petite colline où nous habitons.

Nous lui faisons découvrir la maison et ses animaux, rangeons les valises. Nous luttons contre le sommeil, le décalage étant toujours plus fatigant dans ce sens-là, puisque nous avons raté une nuit. Lui est surexcité, absolument pas fatigué et nous tient bien en éveil. Il passe toute la journée à faire des diableries, à nous cacher nos sacs et téléphones portables, à courir après les chats et les chiens.

---

(1) « Très bien » et « super chouette ».

Le soir, il s'endort sans peine dans son nouveau lit, Pedrito, son lapin en peluche, dans les bras.

Lundi 1er octobre

Première journée entière en France pour Jesús. Premier réveil dans ce pays qui rentrera bientôt dans les froids de l'hiver, une saison dont il ignore tout. Avant de quitter son pays, nous n'avons pas oublié de lui expliquer le rythme saisonnier sous ces latitudes, et ses conséquences sur la nature. Nous ne voulions pas qu'il soit effrayé en voyant les feuilles jaunir et tomber des arbres.

Céréales au chocolat et une orange pressée pour se lancer dans la nouvelle aventure.

La première visite est pour le médecin, qui le trouve en pleine forme, avec un bon cœur. « *Il a souvent dû faire des otites car il a les tympans un peu abimés* » constate-t-elle toutefois. Cela doit dater de l'époque qui précède son arrivée à *Mi Casa*. Il mesure un mètre quarante-quatre pour trente-cinq kilos. La doctoresse prescrit un bilan sanguin complet « *pour voir si on doit donner quelques compléments alimentaires* » et des vaccinations obligatoires pour s'inscrire à l'école.

L'après-midi, je passe au journal déposer une photocopie de son extrait d'acte de naissance afin de pouvoir bénéficier des dix semaines de congé d'adoption. Nous rendons visite à la maman de Jean qui réside à Enghien. Tout cela effraie un peu Jesús qui ne nous lâche pas d'un pouce. Chez sa nouvelle grand-mère, il se plonge dans la lecture des *Cigares du Pharaon* pendant que nous discutons.

Avant la tombée de la nuit, petite visite expresse de la ville, tour Eiffel, Arc de triomphe (il reconnaît les monuments vus en photo à l'ambassade de France), place de la Concorde et Notre-Dame. Un premier aperçu avant de revenir visiter chaque monument plus tard.

Jesús pose énormément de questions sur ce nouvel environnement. J'ai à peine fini de répondre à une interrogation qu'une autre surgit. Les premiers temps, je dois parler sans cesse, car je suis la seule à pouvoir communiquer en espagnol avec lui. Tout l'étonne. Et il voit tout ! Sa capacité à appréhender le monde dans lequel il vit m'étonne toujours. Il a de très grandes qualités d'observation. Il finit par s'endormir dans la voiture qui le ramène à Chelles. Je lui enregistre un CD des *vallenatos* qu'il aime tant pour qu'il puisse l'écouter sur son Walkman. Demain est un autre jour.

CHAPITRE XII
La greffe a pris

Confidences

« *A la Sainte-Catherine, tout bois prend racine* » rappelle volontiers mon père, passionné par la nature, et qui a certainement planté plus d'une centaine d'arbres dans sa vie. Nous ne sommes rentrés qu'en octobre, mais, comme une bouture en automne, Jesús a immédiatement pris possession de son nouvel environnement. Tout était nouveau, la langue, la nourriture, la température, vivre dans une maison sans un autre enfant, mais aussi sortir d'une structure collective et découvrir la vie en société, dans un pays riche et en paix. Tout était surprenant, et pourtant, son intégration s'est faite naturellement, très vite et sans écueil.

En octobre, peu de jours après son arrivée en France, au cours d'une promenade à Paris, alors que nous passons devant le cimetière du Père-Lachaise, il fait ses premières confidences :

« *Mon père, celui qui est mort quand j'étais dans le ventre de ma mère, est enterré dans un grand cimetière de Cali. Un jour, j'ai vu sa tombe. J'y suis allé avec ma grand-mère. Mais je ne me rappelle pas bien où c'était. Et quand mon autre père est mort, en réalité mon oncle, c'est* Don *Demetrio qui m'a demandé si je l'aimais, si je voulais aller à son enterrement. J'ai dit non. Je n'aime pas les enterrements.*» Comme il a commencé à parler, il n'a pas de peine à poursuivre :

« *Mon oncle-père, il mentait à sa mère, ma grand-mère. Elle ne voulait pas qu'il sorte traîner dehors, ni qu'il fume car il était malade. C'était dangereux pour sa santé. Alors il sortait avec moi, soi-disant pour me faire prendre l'air. Et il fumait en cachette. Il me disait qu'il me battrait si je le disais à la* mamita. *Et il l'aurait fait bien sûr ! Alors, quand la* mamita *me posait des questions, je ne savais pas quoi dire. J'avais peur de mon oncle mais je n'aime pas mentir. Je me sentais mal dans cette situation. Je n'aimais pas trop cet homme, mais j'aimais bien ma grand-mère.*»

« Ma mère m'a amené un jour chez ma grand-mère. J'avais à peu près quatre ans. Elle m'a dit : "Je reviendrai te voir chaque semaine. Je ne peux pas te garder à la maison car je n'ai pas le temps de m'occuper de toi." Elle est revenue une fois ou deux, puis, plus jamais. Quand ma grand-mère m'a amené à Mi Casa, *elle m'a dit aussi qu'elle reviendrait me voir. Elle est revenue quelquefois et puis un jour, pff ! plus rien. Je crois qu'on l'a mise dans une maison pour les vieux ou quelque chose comme ça. Je ne sais pas où. Moi, quand les gens m'ont fait des promesses dans la vie, jamais ils ne les ont tenues. Je ne sais pas pourquoi.*

« J'ai revu ma mère une fois. J'étais dans une rue de Siloé. J'allais demander des carottes à un couple de petits vieux qui me donnaient des choses, des fois, quand je leur demandais. Sur le chemin, j'ai vu une femme, assise sur les genoux d'un monsieur. Je me suis dit : "Je connais cette femme. Ce visage... Qui ça peut bien être ?" Et je me suis rappelé que c'était normal que son visage me dise quelque chose parce que c'était ma mère ! Alors je l'ai appelée. Quand elle m'a vu, c'est comme si elle avait eu peur. Elle s'est levée et s'est enfuie. Alors j'ai couru pour la rattraper. Je voulais juste la saluer. C'est tout. Je ne sais pas pourquoi elle a couru, couru, jusqu'à disparaître. Je l'ai perdue de vue. Et je suis rentré chez la grand-mère. Je ne sais pas de quoi elle avait peur. C'est la dernière fois que je l'ai aperçue.

« Mon vrai père, je l'ai vu en photo une fois. C'est ma grand-mère qui me l'a montrée. La photo avait été prise à l'hôpital. Il avait pris un coup de couteau ou quelque chose comme ça. Il est resté un peu et puis il est mort. Il était blanc et gros. J'ai peur de devenir gros comme lui. Ma mère, elle, était trigueña, *comme moi. Peut-être plus indienne. Je ne me rappelle pas bien. Mais je sais qu'elle avait de jolis cheveux. Ils étaient comme les tiens, châtains avec des reflets roux, et souples.*

« Je me rappelle qu'il y avait d'autres enfants à la maison. Dont un plus petit. Un bébé. Je crois bien que c'était une fille. Mais je ne me souviens d'aucun prénom. Je sais que j'ai six

frères et sœurs. Mais je ne sais ni leurs noms, ni ce qu'ils sont devenus. C'est comme ça ! »

Ses centres d'intérêt les premières semaines sont essentiellement les chroniques météo de la radio et de la télévision. Il établit même une hiérarchie, certaines étant selon lui mieux présentées et plus intéressantes que d'autres. Il les regarde et les écoute comme d'autres enfants le feraient avec un dessin animé. La mise en place de l'euro le passionne. Il utilise le convertisseur et me pose des colles au moins deux ou trois fois par jour. La publicité à la radio d'une grande chaîne d'hypermarchés « *A partir de maintenant, l'euro, c'est pour tout le monde et pour tous les jours. Vivez la vie, la vraie avec Auchan* », le met dans tous ses états. Comment peut-on laisser passer pareil mensonge puisque l'euro ne sera utilisé qu'à partir du 1er janvier 2002 ?

Nous instaurons dès son arrivée un système d'argent de poche hebdomadaire, ce qui l'amène à me raconter un matin une anecdote : « *Un jour, j'avais envie de quelque chose mais je n'avais pas assez d'argent. Alors, avec les 500 pesos que m'avait donnés le Père un week-end, j'ai acheté un paquet de bonbons. Puis j'ai revendu les bonbons un à un au collège, en faisant un peu de bénéfice sur chaque bonbon. J'ai presque multiplié par trois la somme initiale, et j'ai pu m'acheter ce que je voulais. Mais il ne faut pas le dire au Père, car c'est interdit.* »

Le 5 novembre 2001, Jesús fait sa rentrée à l'école, en classe de CM2. C'est un peu difficile pour lui de se retrouver parmi tous ces enfants qu'il ne connaît pas et qui forment déjà un groupe homogène, parlant une langue incompréhensible pour lui. Il était plus confortable de rester à la maison avec moi ! Le pauvre n'en laisse rien paraître sauf au dernier moment où il me demande de l'accompagner dans sa classe et de rester avec lui. Auparavant, il s'est plaint un peu d'un mal de ventre. Je sais que ce qu'il fait est très difficile mais il fallait en passer par là un jour ou l'autre.

Je le récupère à 12 h 15 pour venir manger à la maison, une petite heure puis, retour à l'école jusqu'à 16 h 30. L'école française, c'est aussi un nouveau rythme auquel il n'est pas habitué. Je lui confectionne des *buñuelos* (confiserie) avec l'aide de mon livre de recettes colombiennes, pour le goûter. La première impression est très positive. La maîtresse est gentille, même s'il ne comprend pas ce qu'elle dit et les autres enfants, accueillants. Un peu trop peut-être les deux premiers jours, car tout le monde s'intéresse à cet étranger qui ne parle pas notre langue et il a parfois la sensation d'être dans un zoo, du mauvais côté des grilles.

Il a compris qu'il va à l'école pour se construire un avenir. Ce qui nous amène parfois à parler du métier qu'il aimerait exercer plus tard. Bien sûr, il n'a pas encore vraiment d'idée précise. Mais il sait ce qu'il ne veut pas faire! C'est déjà un premier pas. Devant un sujet d' *Envoyé spécial* sur les pompiers de New York après la catastrophe, il donne son avis : « *Moi, je ne serai jamais pompier ni policier, c'est trop dangereux. Je ne veux pas faire un métier où on peut mourir. Et quand je vais mourir, j'aimerais ne pas souffrir. C'est ça qui me fait peur. Souffrir, pas mourir. De toute façon, on mourra tous alors... Ce que je voudrais, c'est que, lorsque l'on sait que je ne vais pas tarder à mourir, alors, on me fait une piqûre et je ne sens plus la douleur. Je n'aime pas les cimetières ni les enterrements.*»

Nous passons une partie des premières vacances de Noël chez mes parents, en Ariège. Le 28 décembre, il découvre la neige aux monts d'Olmes. Une révélation. Sa première question devant la montagne enneigée : « *Il doit y avoir des ours blancs ici. Où peut-on les voir ?* »

De temps en temps, Jesús fait des comparaisons entre la vie en Colombie et celle en France. Un jour où je fais la vaisselle, il vient me demander : « *Il y a toujours de l'électricité ici ? Elle n'est jamais coupée ? Et l'eau ? Il y a toujours de l'eau au robinet ?* » Il est d'ailleurs assez économe, ne jette rien et sa chambre serait un vrai capharnaüm si je ne faisais pas de temps en temps un peu de rangement vertical, en son absence.

Devant un questionnaire de *Mon Quotidien*, un journal pour enfants, sur le thème « Que feriez-vous si vous étiez président de la République ? », il me demande de l'aide pour écrire en français :

– permettre aux enfants des rues d'aller à l'école
– donner à manger à tout le monde

– aider les pauvres à trouver un emploi
– aider les enfants des rues à trouver un toit
– aider les gens à avoir une maison
– répandre la paix dans le monde.

Un jour, alors qu'il me prépare une omelette tomates-oignons, il m'explique : *« J'adore ce plat. Parfois,* Doña *Adela m'en faisait le week-end. Mais pas toujours. Quand elle n'avait pas d'argent, on buvait du café et on mangeait du pain. »* A cette époque, je fais développer une pellicule de son appareil photo. Les clichés ont été pris en octobre et en novembre. Nous sommes surpris du résultat. Ils représentent tout ce qui lui appartient ou constitue son environnement : le chien du voisin, sa chambre, nos animaux... mais parfois les sujets en sont le radiocassette ou l'orgue offerts par les confrères du journal, son vélo dans le garage, sa bibliothèque. Chaque objet a été cadré individuellement.

Côté identité, nous sommes surpris de voir à quel point il aime écrire son nom et son prénom. Il « griffe » ses cahiers d'école, inscrit son nom sur chaque bout de papier qui traîne, près du téléphone, dans le bureau, sur les livres lui appartenant, sur le tableau des courses dans la cuisine. Nous retrouvons sa signature partout.

Quatre mois après son arrivée, il continue à se ruer à chaque fois qu'il trouve un coupon-réponse dans une publication ou un paquet de corn flakes, pour le plaisir d'écrire son nom et son adresse. La plupart du temps, il ne sait pas ce qu'il remplit ou ce qu'il commande mais il les remplit et il les découpe tous. Il les entasse dans sa chambre et je les jette en douce quand il part à l'école. Sinon, nous serions abonnés à tout ce qui peut se lire et recevrions des commandes de toutes sortes. Il écrit aussi son identité sur les journaux, le bloc-notes du téléphone... partout où il passe, il laisse sa trace !

Le 28 janvier 2002, je reprends le travail au journal. Le matin, il me serre très fort et joue à ne pas me laisser partir. Il m'appelle à plusieurs reprises au bureau comme je lui ai proposé de le faire s'il le souhaitait. A 19 h 30, il appelle très triste. Il aimerait que je rentre. Jean se rend compte que Jesús n'arrive pas à s'endormir. A 23 heures passées, il lutte encore contre le sommeil alors qu'habituellement, il s'endort aussitôt la lumière éteinte.

Le lendemain matin, il se lève seul pour venir me voir. C'est la première fois car il est habituellement long à se réveiller. Il me confie qu'il a écouté les bruits de la rue, analysant ceux des voitures en espérant reconnaître le son de la mienne. Le second jour, il me laisse un message très tendre sur ma messagerie. Visiblement, je lui manque ! Pendant des mois, je retrouverai, en rentrant tard le soir du journal, des mots scotchés sur la porte de la salle de bains, déclarations d'amour lyriques et dithyrambiques, alors que nous nous sommes quittés quelques heures plus tôt.

Côté scolaire, il fait des progrès. Sur son premier livret, la maîtresse, Sylvie Studzinski, écrit : « *Enfant non francophone arrivé en novembre sans maîtriser la langue. Il comprend maintenant le français, s'exprime dans la langue. L'apprentissage de l'écrit est en bonne voie. Jesús est sérieux et soucieux de réussir. Il n'éprouve pas de difficultés dans le domaine des mathématiques, s'intéresse aux activités scientifiques et géographiques. Son adaptation au sein de la classe a été très rapide.* »

Le quatrième et le cinquième mois, nous constatons un enrichissement en vocabulaire quotidien. Pour le pire comme pour le meilleur. Il est le miroir de nos défauts et nous nous rendons compte à quel point nous pouvons être grossiers parfois quand nous l'entendons jurer en français... Il apprend de plus en plus de mots et les utilise à bon escient. Il est toutefois dans une phase de transition où il choisit indifféremment espagnol et français et commence à mélanger ces deux langues. Il utilise parfois un verbe espagnol et le conjugue en français ou l'inverse. Il francise des mots en enlevant le "a" terminal et en mettant un "e" à la place, un peu comme font les Français qui manquent de vocabulaire en espagnol et qui se contentent de mettre un "a" à la fin des mots. Je comprends parfaitement ce langage car je retrouve instantanément les hispanismes dans ses phrases : « *Maman, elle a mal à la gargante* » (*garganta* :

gorge) ; « *J'ai mal au pied, je ne peux pas caminer* » (*caminar* : marcher) ; « *Ce papier, je le bote* » (*botar*:jeter) ; « *Chupa n'est pas contente, elle remue la cole.* » (*cola* : queue).

Chaque matin, je lui demande s'il a bien dormi et s'il se souvient de ses rêves. Lorsqu'il s'en souvient, il s'agit plutôt de cauchemars, heureusement très rares. En général, ils tournent autour du même sujet : les violences faites au Père et à d'autres enfants de *Mi Casa*. Le dernier en date : des voleurs s'introduisaient dans *Mi Casa* et tiraient dans une jambe du Père, blessé. Les enfants étaient ensuite évacués par les malfrats dans un autre endroit, sale et peu avenant. Le Père mourait. Dans le précédent cauchemar, une bande de voyous s'introduisait de nuit dans le collège et y mettait le feu. Le Père mourait ainsi que quelques enfants qui n'avaient pas eu le temps de s'enfuir. Les survivants, dont lui, étaient recasés dans un autre établissement.

A chaque fois, on retrouve la mort du Père, le déplacement vers un lieu sordide, la destruction de *Mi Casa* et un groupe de voleurs ou de guérilleros dans lequel il reconnaît toujours d'anciens élèves qui avaient volé le Père une fois, ainsi que l'intervention de la police. Deux événements vécus à *Mi Casa* sont ainsi mêlés : un vol commis par d'anciens élèves et l'introduction de malfrats de nuit dans l'établissement, début septembre, ainsi que l'invasion par la police ou l'armée des dortoirs, en pleine nuit.

Lorsque je lui demande de donner son avis, lors de la rédaction d'un texte relatant notre expérience, pour le journal de l'APAEC, il réfléchit et me dit : « *Dis-leur de ne pas avoir peur d'adopter des enfants déjà grands.*» Puis il ajoute : « *Les grands ont les mêmes besoins que les petits. Ils devraient aussi avoir le droit d'avoir des parents.* »

Puissent de futurs adoptants avoir entendu son message.

Dans les œuvres d'adoption et les institutions, des enfants « grands » attendent, nourris de l'espoir fou d'avoir un jour une famille bien à eux. Pour échapper à la rue, pour connaître l'insouciance, l'amour et la sécurité. Pour redevenir des enfants.

Chelles (Seine-et-Marne), février 2002

Remerciements

A Jean, mon mari

A mes parents, à nos familles, qui ont accepté Jesús sans a priori

Au père Victor Blanco pour sa patience et ses encouragements

A Purificación Nucete, la sœur qui a guidé les pas de Jesús et de sa grand-mère vers *Mi Casa*

A *Las Hermanas* Dora et Margarita, Maria Cortés (psychologue) au Frère Guillermo et tout l'encadrement de *Mi Casa*, à tous ceux qui ont pris soin de Jesús jusqu'à son adoption

A Oscar Izquierdo, Ortíz, Asdrúbal, Arango, Torcacita et à tous les enfants de *Mi Casa* en général pour leur accueil extraordinaire

A Fabiola Daza, remarquable avocate (et amie), dévouée, compétente et sérieuse

A Amparó de Ramirez et Adriana Etchevaría (*Chiquitines*) pour leurs encouragements

A *Doña* Adela, *Don* Demetrio, Lucho et Leydie,
la famille d'accueil de Jesús pendant les vacances

A tous les Colombiens de la *pensión Stein*, de Cali ou d'ailleurs, pour leur gentillesse, leur disponibilité

A Nicolas et Laurent Letourneau, nés à Tulua Valle et adoptés à Cali, pour leur site Internet, toute l'action menée
dans le cadre de leur association ALCAN et pour leur soutien précieux durant notre attente

A Monique et Bernard, leurs parents, pour leurs conseils et leur appui moral lors de nos démarches

A l'APAEC, dont les réunions régulières
nous ont permis d'y croire

A l'encadrement du secrétariat de rédaction du *Parisien*
et au service du personnel de ce journal pour m'avoir permis
de grouper suffisamment de congés pour les démarches
sur place !

Bibliographie

ADLER Jacqueline. *L'Adoption vécue.* Paris. Seuil 1978.

AMNESTY INTERNATIONAL. *Colombie. Droits de l'Homme-question d'urgence.* Paris AEFAI (Association pour les éditions francophones d'Amnesty International). 1988.

ARANGUREN MOLINA Mauricio. *Mi Confesión (Carlos Castaño Revela sus Secretos).* Bogotá. Editotrial Oveja Negra 2001.

AUZIAS Dominique et LABOURDETTE Jean-Paul. *Petit futé. Colombie* Paris. Nouvelles éditions de l'université 1999.

BETANCOURT Ingrid. *La Rage au cœur.* Paris. XO 2001.

CALDERON SOTO José Ernesto. *La Vida de Ercal en el Cartucho.* Bogotá. Renacer Editores 2000.

COMBES Claudette. *Les Enfants de la joie.* Paris. Robert Laffont 1979.

CYRULNIK Boris. *Les Vilains Petits Canards.* Paris. Odile Jacob 2001.

CYRULNIK Boris. *Un merveilleux malheur.* Paris. Odile Jacob 1999.

DUFOUR Josette. *Adopte-moi quand même.* Paris. Collection Les Enfants du fleuve. Fayard. 1991.

ESCUELA DE COMUNICACION SOCIAL Y PERIODISMO. *El Regreso del Infierno (Historias de Los Que Volvieron).* Bogotá. Universidad Sergio Arboleda 2001.

FOGEL Jean-François. *Le Testament de Pablo Escobar.* Paris Grasset 1994.

FOUGERE Catherine. *La Colombie.* Paris. Karthala 1992.

GIRARD Isabelle. *Clara. Récit d'une adoption.* Paris. Albin Michel 1998.

GONZALEZ Mariano. *La Adopción (Cómo Adoptarlo-Cómo Educarlo).* Madrid. Tema de Familia 2001.

GUTTMANN Serén. *Journal d'une adoption (Une filière à Hanoï)*. Paris. L'Harmattan 1997.

MERIENNE SIERRA Maricel. *Les Enfants de la rue à Bogotá*. Paris. L'Harmattan 1995.

MEUNIER Jacques. *Les Gamins de Bogotá*. Paris. Petite Bibliothèque Payot. Voyageurs 1977.

MINAUDIER Jean-Pierre. *Histoire de la Colombie de la conquête à nos jours*. Paris L'Harmattan 1997.

MONTANA Antonio. *Los Días del Miedo*. Bogotá. Intermedio 2000.

ORTIZ José A. *Colombie*. Paris. Guides Marcus 1997.

OZOUX TEFFAINE Ombline. *Adoption tardive*. Paris. Stock-Laurence Pernoud 1996.

PELISSIE DU RAUSAS Christophe. *Au plus petit d'entre les miens* - Paris. Fayard 1987.

Me REJOU Josette . *La Bible de l'adoption*. Paris. First Editions 1997.

REVELLI Philippe. *Colombie : la paix à mains nues*. Paris Edition de l'Atelier 2001.

REVELLI Philippe. *Avoir vingt ans à Bogotá*. Paris. Alternatives 2001.

RIGOLE Marc et LANGLOIS Claude-Victor. *Carthagène*. Paris. Ulysse 1998.

SALAZAR J. Alonso. *La Parabola de Pablo*. Bogotá. Planeta 2001.

SANCHEZ Gonzalo. *Guerre et politique en Colombie*. Paris L'Harmattan 1998.

SCHAAL Florence. *Recherche enfant passionnément*. Paris. Jean-Claude Lattès 1998.

VALLEJO Fernando. *La Vierge des tueurs*. Paris. Belfond 2000. (en langue espagnole : *La Virgen de Los Sicarios*. Bogotá. Alfaguara 2000).

VERDIER Pierre. *L'Adoption aujourd'hui*. Paris.

TABLE DES MATIERES

Achevé d'imprimer par Corlet Numérique - 14110 Condé-sur-Noireau
N° d'Imprimeur : 30319 - Dépôt légal : mars 2006 - *Imprimé en France*